SERIES OF STUDIES
ON
CHINESE
CONFUCIUS
TEMPLES

总 主 编　周洪宇

副总主编　赵国权

国家出版基金项目
NATIONAL PUBLICATION FOUNDATION

A
STUDY
ON
XI'AN
CONFUCIUS
TEMPLE

西安文庙研究

黄宝权 著

山东教育出版社
·济南·

总序

　　德国哲学家雅斯贝尔斯在其所著《历史的起源与目标》一书中，曾提出人类文明的"轴心时代"这一命题，即在公元前500年左右，古希腊、以色列、中国和印度，都处在人类文明的重大突破期，都出现了伟大的精神导师，诸如古希腊的苏格拉底、柏拉图、亚里士多德，以色列的犹太教先知们，古印度的释迦牟尼，中国的孔子、老子等，他们的思想一直影响至今。但相比较而言，孔子更具有代表性，其所创立的儒家思想不仅影响中国社会两千多年而从未中断过，且被后世创造性地转化为物质载体即文庙。如同"四书五经"一样，文庙在儒学传承中扮演着不可或缺的角色。尤其是文庙与官学或书院融合后，形成了中国历史及儒学文化史上特有的"庙学合一"或"庙学""学庙"现象，也使得文庙作为儒家文化的标志性符号，以其独特的精神特质深刻影响着中国的政治生态、社会生态、文化生态和教育生态，还辐射到周边及欧美不少国家和地区，至今仍彰显其强大的生命力，成为国内外学术界热议不休的历史"活化石"。

壹

据史料记载，主祀孔子的庙宇有文庙、孔庙、学庙、庙学、学宫以及宣圣庙、至圣庙、夫子庙、先师庙、先师殿、大成殿、礼殿、燕居堂、中和堂等不同的称呼，然最流行、最常用的就是文庙和孔庙，因而一些权威的大型工具书在对文庙、孔庙加以解读时，不同程度地认同文庙即孔庙、孔庙即文庙。如商务印书馆修订本《辞源》解释说，孔庙在"明清时也叫文庙"，文庙即孔子庙，"元明以后通称文庙"。[①]顾明远主编的《教育大辞典》认为，孔庙"亦称文庙"，文庙"即孔庙……元以后多称文庙"。[②]近人的学术论著中也多持此意见，这主要是基于对主祀孔子这一历史存在的认同。

"文庙"一词，较早见于《南齐书》。齐高帝时的尚书右仆射王俭，针对明堂与郊祀之礼，曾引用《郑志》中赵商与郑玄的一番对话，赵商问曰："说者谓天子庙制如明堂，是为明堂即文庙邪？"[③]《新唐书》中又有"汉孝惠、孝景、孝宣令郡国诸侯立高祖、文、武庙"[④]的记载。汉惠帝刘盈乃刘邦之子，西汉第二位帝王。可见，在西汉初年就有文庙的称呼，只是此时的文庙与孔子及其被封为"文宣王"没有必然联系。

在古汉语中，"文"与"武"是相对的一组概念。按古制，凡有功于社稷的文臣武官，均可设庙祠以祀。如主祀姜子牙的武成庙、主祀岳飞的岳飞庙、主祀关羽的关帝庙等，都属于"武庙"。而主祀姬旦的周公庙、主祀孔子的孔庙、主祀孟子的孟庙、主祀颜回的颜庙、主祀子思的子思庙、主祀曾参的曾子庙，以及孟子游梁祠、子贡祠、武侯祠、包公祠、

① 商务印书馆编辑部编：《辞源》，商务印书馆1979年版，第778、1362页。
② 顾明远主编：《教育大辞典》第8卷，上海教育出版社1991年版，第152页。
③《南齐书·礼上》。
④《新唐书·高郢传》。

范公祠等，都属于文庙。且武庙与文庙各有其配享及乐舞礼制，如《宋书》所载，曹魏时期"制《武始》舞武庙，制《咸熙》舞文庙"[①]。尤其是自唐宋以后，各地既建文庙又建武庙。因此，广义上的文庙，是一种与武庙相对的、主祀有功文臣或先儒先贤的礼制性建筑，体现出历朝历代"文治"的政治意图，负载有"价值判断和意识形态韵味"[②]，属于文化史学研究的范畴。而狭义上的文庙，则单指主祀孔子的礼制性建筑，亦即孔庙，也就是本丛书所论及的文庙。

就狭义上的文庙来说，史料及后世文献多以孔庙相称，明清尤甚。这是因为孔子乃"文道"之奠基者。自汉初始统治者就开始推崇孔子及其创立的儒学，汉高祖刘邦路过曲阜时还"以太牢祠焉"[③]。汉武帝"独尊儒术"后，儒学便一跃成为官方哲学，在其后上千年的发展历程中，孔子犹如道教尊老子、佛教尊释迦牟尼一样被推上神坛，或被追封为"文宣王"，或被奉为"万世师表"，主祀孔子的礼制性建筑文庙也逐步遍设于京师及全国各地。

按所承载的功能，文庙可以分为四类：

一是国庙。这是由帝王代表国家祭拜孔子的礼制性建筑，主要是设于京师的皇家孔庙。曲阜孔庙在京师未设孔庙之前曾一度扮演国庙的角色。

二是家庙。家庙是孔子家族的宗庙，如曲阜孔庙、浙江衢州孔庙以及河南郏县文庙（既是家庙又是学庙）等。

三是学庙。因庙设学、因学设庙或庙学同建，形成"庙学合一"的格局，具体是指与各级官学及书院直接相关的主祀孔子的庙宇，因而也多被称为"庙学"。明清时期多被称为文庙，如上海文庙、苏州文庙、郑州文庙等。还有被称为学宫的，如广东的番禺学宫、海南的文昌学宫等。此类文庙数量庞

---

① 《宋书·乐一》。
② 〔英〕海伍德：《政治学核心概念》，吴勇译，天津人民出版社2008年版，第4页。
③ 《史记·孔子世家》。

大，除少量的国庙、家庙、村庙外，其余的全部是学庙。

四是村庙。凡是学庙普及不到的边远地区，地方官员为推崇弘扬儒学、满足民众对圣人孔子的崇拜和对儒家文化信仰的需求，便在人口聚集区的村镇设孔庙奉祀孔子及有功于儒学的先儒先贤，可称之为"村庙"。如福建连城县培田村有一处清乾隆四十四年（1779年）所建的"文武庙"，文庙和武庙建在一栋两层阁楼内，下层武庙祀关羽，上层文庙祀孔子。在中原一带，多有因孔子圣迹所到之处而建的纪念性孔庙，如河南永城的芒砀山夫子庙是为纪念孔子在此避雨晒书而建的，河南淮阳的弦歌台为纪念孔子在此绝粮依然"弦歌不衰"而建（附有书院，亦为学庙）等。村庙数量不多、规模不大、建制不一，但与其他文庙一样承载着传承儒学与社会教化的功能。

贰

文庙起始于何时，学术界众说纷纭，或言早至春秋，或曰晚至唐朝。但无论始于何时，它总有一个产生、发展及演变的过程，其历史积淀也足以占据儒学发展的半壁江山。

文庙的雏形当从曲阜因宅设庙始，即孔子去世后，其居室由后人奉为庙，"故所居堂、弟子内，后世因庙，藏孔子平生衣、冠、琴、车、书"，且在孔子冢祭奉孔子，"鲁世世相传，以岁时奉祠孔子冢，而诸儒亦讲礼、乡饮、大射于孔子冢"。①此时的曲阜孔庙虽属家庙性质，并非严格意义上的礼制性庙宇，孔子冢之学亦属私学，且孔庙与孔子冢不在一处，但毕竟是主祀孔子，又兼有私学活动，可称之为文庙雏形，实开文庙建制之先河。

① 《史记·孔子世家》。

　　文庙与政治结缘、与官学融合，可追溯到东汉时期蜀郡重修的文翁石室（即蜀郡郡学）中的"周公礼殿"。据史载："蜀儒文章冠天下，其学校之盛，汉称石室、礼殿，近世则石九经，今皆存焉。"①可以说，蜀郡郡学中的周公礼殿实乃"中国古代庙学合一的最早范本"，"曲阜之外中国所建最早祭祀周公、孔子的机构"。②但这只是地方政府行为，尚未在全国实施，更是主祀周公，并非孔子。自汉武帝"独尊儒术"后，统治者把尊孔崇儒提到国家治理的高度，开始加封孔子及其后裔。永平二年（59年），汉明帝更是诏令郡县学校皆祀周公、孔子。这是首次以中央诏令的形式祭祀周公、孔子。

　　魏晋南北朝虽王朝更替频繁，加之佛道及玄学的冲击，但统治者的尊孔崇儒政策没有弱化，文庙礼制建设多有成就。如曹丕于黄初二年（221年）下令，"鲁郡修起旧庙，置百户吏卒以守卫之，又于其外广为室屋以居学者"③，还要求各地修葺孔庙，重开祀孔之制。东晋时在国子学"增造庙屋一百五十五间"④。北魏太武帝时"起太学于城东，祀孔子，以颜渊配"⑤，开创中央国学祭孔之制；孝文帝不仅在国都平城（今山西大同）创建孔子庙，开国都孔庙之先河，还下诏规范祭孔礼制，要求"自今已后，有祭孔子庙，制用酒脯而已"⑥等。

　　隋唐时期重新确立儒学及孔子的政治地位，文庙进一步规范化和制度化。唐高祖李渊于武德二年（619年）下诏在国子学中立周公、孔子庙，四时致祭。唐太宗李世民下令停祭周公，开国学文庙主祀孔子之先例；贞观二十一年（647年）开始确立追祀先贤先儒的制度，是年唐太宗下诏，以左丘明等二十二人配享文庙。开元八年（720年）唐玄宗下诏，以颜回等十哲从祀孔子，并塑为坐像；开元二十七年（739

① [宋] 席益：《府学石经堂图籍记》，见 [宋] 程遇孙等编《成都文类》卷30，文渊阁四库全书本。
② 舒大刚、任利荣：《"庙学合一"：成都汉文翁石室"周公礼殿"考》，载《四川大学学报（哲学社会科学版）》2014年第5期。
③《三国志·魏书二·文帝纪第二》。
④《宋书·礼一》。
⑤《魏书·世祖纪上》。
⑥《魏书·高祖纪上》。

年）追谥孔子为文宣王，追赠颜回为兖国公，其余九哲弟子皆为侯，另追赠曾参以下七十三人为伯，孔子自此开始被称"王"。自唐以来，庙学合一进程逐步推进，庙学之制更加完备，史载"唐开元间，定孔子为先圣庙，而衮冕南面，每岁春秋祀焉，由是庙学之礼益备，凡有学者必有庙，示其尊也"①。

宋元时期，文庙设置更为普遍，"宋兴，崇尚文治，吾夫子之祀遍天下"②。不仅是官学，还有自宋朝日益兴起的书院内也必崇祀孔子，"每个书院必塑有孔子及十哲的肖像，甚至图画七十二贤一同配飨"③。尤其是北宋至和二年（1055年），宋仁宗开加封孔子嫡长子孙"衍圣公"的先例；南宋绍兴十年（1140年），宋高宗诏令"以释奠文宣王为大祀"④，即规定祭祀孔子的礼仪与祭祀社稷的大礼相同，均为国家级的重大祀典。至元朝，元武宗加封孔子为"大成至圣文宣王"⑤；至明朝嘉靖年间，历经数百年的"孟子升格运动"，儒学的重要传承人孟子被正式封为"亚圣"。在此情况下，文庙遍及全国各地，"郡县有学，学必有庙"⑥。

明清时期，"文庙"这一称呼开始被广泛使用。朱元璋即位后，改称孔子为"先师"，洪武元年便"以太牢祀先师孔子于国学"⑦，还"诏天下通祀孔子"⑧。明永乐八年（1410年），不仅"令天下文庙圣贤衣冠绘塑不合古制者悉改正"⑨，且改学校先师庙为"文庙"，自此"文庙"之名盛行天下。至明末，全国各地所建文庙多达1560所。⑩清初，康熙帝亲笔御书"万世师表"匾额悬于文庙大成殿，这是历史上首次称颂孔子为"万世师表"，表达出统治者对孔子及儒学的敬仰之情，也昭示出儒学的文化力量。至清末，文庙增至1740多所。⑪

① 吴澄：《崇仁县孔子庙碑》，见《吴文正公集》卷15，台北新文丰出版公司1985年版。
② ［南宋］陈宜中：《学道书院记》，见《苏州府志》卷26，清光绪九年刊本。
③ 陈青之：《中国教育史》，商务印书馆1936年版，第195页。
④ 《宋史·高宗六》。
⑤ 《元史·武宗一》。
⑥ ［清］阮元：《两浙金石志·杭州路重建庙学之碑》。
⑦ 《明史·太祖二》。
⑧ 《明史·太祖三》。
⑨ 《明会典·卷八十四》。
⑩ 王贵祥：《明代不同等级儒学孔庙建筑制度探》，载《中国建筑史论汇刊》2012年第2期。
⑪ 刘新：《儒家建筑文庙》，中国建筑工业出版社2013年版，第18页。

　　清末开办新式学堂后，庙学开始分离，文庙由以往的祭祀与教学两大主要功能蜕变为单一的祭祀功能，没有了"官学"这一光环，其维修和保护自然会受到一些影响；但不能否认其大教育功能的存在，那就是继续承担着社会教化的重任，且依然是广大士子心仪向往的神圣殿堂。虽经风风雨雨，仍有不少的文庙得以较好或部分地保存下来。改革开放后，文庙作为优秀传统文化的重要组成部分而受到普遍关注，其资源的开发和利用也被提到日程上来，文庙发展又迎来了一个新的春天。据国家文物局《文庙、书院等儒家遗产保护利用现状调研报告》（内部资料）统计，截至2016年底，除内蒙古、西藏、宁夏及台湾、香港、澳门外，共有327处文庙列入省级重点文物保护单位和全国重点文物保护单位名录，其中国保级文庙为108处。此外，日本、韩国、越南等周边国家也有近100处文庙。可以说，文庙立足本土，辐射周边，形成足以和佛寺、道观相媲美的"儒庙景观"。

叁

　　自文庙登上中国历史的舞台，便开始发挥其独特的多元功能，影响到中国的政治生态、文化生态及教育生态。

　　毫无疑问，文庙的强势缘于与政治生活的结合。自西汉确立以儒治国后，魏晋至明清皆秉承儒治政统，不断提高孔子及儒学的地位，称孔子为"人伦之表"，称儒学为"帝道之纲"，为此不断地完善庙祀孔子的礼仪制度。期间，儒学确实遭受过不同学术流派的冲击，但因儒学自身的包容性与再生力，以及与政治生活的紧密联系，它在博弈中始终占据着权力的中心位置。历代各地文庙正是在这一儒化的背景下得以建造的，反过来又对政治生态起到一种固化作用。诸如每当因社会剧烈震荡带来道德秩序的破坏、所谓"不孝不悌之事，频见词诉"[1]之时，统治者都毅然决然地动用儒学来拯救社会道德的缺失。每当基业稳定之际，统治者又会诏令修建文庙以传承儒学，并利用文庙祭孔活动来"宣德化""正人心"。总之，要让"君君、臣臣、父父、子子"等伦理观念根植于官员及民众心中，杜绝一切"僭越"行为，借以维系和谐的政治生态。

基于与政治生活的结缘，文庙在一定程度上成为以儒学为主体的中国传统文化反映在现实中的物化形式。这一被物化的建筑群，与"四书五经"一样，具有同等重要的文化传承价值。如果说"四书五经"借助文本来传承儒家文化的话，那么文庙则是借助建筑、礼仪等起到文化传承的作用。诸如按照礼制，文庙建筑分别有九进、七进、五进、三进院落等，常与官学毗邻，庙中有学、学中有庙等，将古代的庙宇性建筑文化传承至今。又如文庙的祭祀活动，从供奉人物的选择、座序排列到祭祀时的祭器、祭品、礼服、礼仪、音乐、舞蹈等，无不在制造一定的场境和氛围，引发民众对儒学文化的认同，从而形成特有的文化基因和精神特质，以至祭祀文化代代相传，生生不息。

基于文庙与官学或书院的结缘，文庙的设施及祭祀活动又有"风励士子"的强大教化功能，足以使在读学子形成对师道和学业的敬畏感。这是因为文庙中的受祀对象，已成为道德、道统、学统的象征，是言谈举止、待人接物的标杆，更是一种精神文化的符号。那么在文庙内祭拜这些先圣先贤，足以"使天下之士观感奋兴，肃然生其敬畏之心，油然动其效法之念"[2]，亦即通过"营造出一种庄严肃穆的场景，

---

① [南宋] 徐元杰：《延平郡学及书院诸学榜》，见《梅野集》卷11，文渊阁四库全书本。
② [清] 庞钟璐：《缮写成帙恭呈御览仰祈》，见《文庙祀典考》卷50，清光绪戊寅家藏本。

使人们对先圣先师先贤等供祀对象的崇敬之情升华为一种神圣的体验"[1]。正是这种庄严肃穆的文化场景，使得诸生在先圣先贤像前"穆然而志专，徘徊乐之，不忍去也"[2]。从"穆然"到"乐之"再到"不忍去"，足见谒祠之举对在院生徒的感染力之大。更使得"自为童子时"的文天祥，看到文庙中还奉祀乡贤先儒欧阳修、杨邦乂、胡铨等塑像，且"皆谥忠"，欣然慕之曰："没不俎豆其间，非夫也。"[3]如此，一代代学子带着对师道和学业的敬畏，去追逐"希圣希贤"的人生理想，最终实现"传道济民"的处世目标，这也是"庙学合一"价值的最好体现。

肆

正因为有如此多元的价值及功能，文庙才能在庙学分离后艰难地生存下来，后来者才能继续守望着中华优秀传统文化这块沃土而不至于断裂或丢失。改革开放以来，国家更加重视保护和弘扬中华优秀传统文化，文庙作为儒家文化的载体自然迎来了难得的发展机遇。曲阜孔庙的祭孔活动以往由民间团体主持，从2004年起转而由地方政府主办，2007年又上升到由山东省政府与教育部、文化部等联合主办，由此带动了各地文庙的官方"祭孔"活动；越来越多的文庙遗存被列为全国重点文物保护单位，同时带动了全国各地对文庙遗存的修复和保护工作。党的十八大报告明确指出"文化是民族的血脉，是人民的精神家园"，并基于对优秀传统文化营养的汲取，提出了"二十四字"的社会主义核心价值观。2014年五四青年节当日，习近平总书记在与北京大学师生座谈时指出，中华优秀传统文化已经成为中华民族的基因，植

[1] 肖永明、唐亚阳：《书院祭祀的教育及社会教化功能》，载《湖南大学学报（社会科学版）》2005年第3期。
[2] ［南宋］陈傅良：《潭州重修岳麓书院记》，见《止斋集》卷39，文渊阁四库全书本。
[3] 《宋史·文天祥传》。

根在中国人内心，影响着中国人的思维方式和行为方式，今天，我们提倡和弘扬社会主义核心价值观，必须从中汲取丰富营养，否则就不会有生命力和影响力。2017年1月，中共中央办公厅、国务院办公厅印发《关于实施中华优秀传统文化传承发展工程的意见》。该意见指出，在五千多年文明发展史中孕育的中华优秀传统文化，积淀着中华民族最深沉的精神追求，代表着中华民族独特的精神标识，是中华民族生生不息、发展壮大的丰厚滋养，是中国特色社会主义植根的文化沃土，是当代中国发展的突出优势，对延续和发展中华文明、促进人类文明进步，发挥着重要作用。同时，该意见从重要意义、总体要求、主要内容、重点任务、组织实施和保障措施等方面予以战略性、全局性部署。党的十九大报告中，同样强调"文化是一个国家、一个民族的灵魂。文化兴国运兴，文化强民族强。没有高度的文化自信，没有文化的繁荣兴盛，就没有中华民族伟大复兴"，"中国特色社会主义文化，源自于中华民族五千多年文明历史所孕育的中华优秀传统文化"，在新时代传承与弘扬优秀传统文化，必须"创造性转化、创新性发展"。那么，文庙作为传播儒学的主阵地，理应成为培育和践行社会主义核心价值观的重要文化阵地。事实上，已有部分文庙积极开展国学教育普及活动，如举办成人礼、开笔礼、拜师礼等，取得明显效果。

但在现实中，文庙的发展还面临诸多问题或难题。有些地方政府文物保护意识淡薄，有部分文庙遗存得不到正常的维修和保护；部分得到保护的文庙，其蕴藏的多元功能尚未得到有效发挥，甚至存在过于功利化的倾向；部分文庙设施及祭祀活动不合礼制，存在一系列具体问题，比如祭祀日应是生日还是卒日、受祀对象只是孔子还是分层次进行、每年各地文庙是同时祭祀还是"各自为政"、祭文是年年都写还是规范统一，以及在东西两庑及乡贤祠、名宦祠中是否可以续增一些新儒学代表人物等问题。要根本解决文庙发展中的问题，有待于对文庙的深入系统研究。

伍

自从文庙问世后，就有不少学者从不同的角度、用不同的方式，对文庙的建制、布局、祭祀、教化等问题做过不同程度的思考和论述。自明清以来，在举国编著大型丛书、类书的驱动下，大批学者开始对文庙的各种资料进行梳理、研究和汇编。如《明史·艺文志》就载有潘峦的《文庙乐编》、何栋如的《文庙雅乐考》、黄居中的《文庙礼乐志》、瞿九思的《孔庙礼乐考》；《清史稿·艺文志》载有阎若璩的《孔庙从祀末议》、庞钟璐的《文庙祀典考》、蓝锡瑞的《醴陵县文庙丁祭谱》、郎廷极的《文庙从祀先贤先儒考》等。此外，还有陈锦的《文庙从祀位次考》、张俣的《文庙贤儒功德录》、金之植的《文庙礼乐考》、牛树梅的《文庙通考》以及民国时期孙树义的《文庙续通考》等。这些成果对文庙的发展流变、建筑形制、祭祀礼仪及从祀制度等都做了系统考辨。改革开放以来，随着国家对优秀传统文化传承的重视及文化遗存保护力度的加强，义庙研究呈现出良好的发展态势，先后出版多部有代表性的学术著作，诸如范小平的《中国孔庙》（2004）、陈传平主编的《世界孔庙》（2004）、刘亚伟的《远去的历史场景：祀孔大典与孔庙》（2009）、孔祥林等的《世界孔子庙研究》（2011）、彭蓉的《中国孔庙建筑与环境》（2011）、董喜宁的《孔庙祭祀研究》（2014）、朱鸿林的

《孔庙从祀与乡约》（2014）等。这些学术成果从历史学、建筑学、考古学、美学等多学科多维度对文庙进行了系统性、综合性思考与研究。但在文庙理论的提升、文庙精神的挖掘、文庙文化的传播、新时代文庙如何保护利用等问题上，还需要我们进一步去思考、去探索。

本套"中国文庙研究丛书"以马克思主义唯物史观和方法论为指导，以全球视野、中国立场、问题意识、实践导向为基本价值取向，坚持历史与逻辑相一致、宏观与微观相统一、本土与域外相参照、理论与实际相结合的基本原则，充分运用历史法、文献法、比较法以及田野调查、计量分析、文本叙事、图像佐证等研究方法，从选址布局、建筑特色、祭祀礼制、教化活动、文化传承等多个维度，对各地有代表性的文庙逐一进行微观分析和深度描述，使其成为介于学术性和普及性之间的一套文庙研究丛书。纳入丛书第一辑的有十二部研究专著，分别是《曲阜孔庙研究》《西安文庙研究》《上海文庙研究》《郑州文庙研究》《太原文庙研究》《苏州文庙研究》《南宁文庙研究》《济南府学文庙研究》《宁远文庙研究》《定州文庙研究》《建水文庙研究》《正定文庙研究》，其他有代表性的文庙也正在研究之中。在此基础上，我们后续会进行历代文庙史料搜集与整理以及文庙专题研究、文庙通史研究等，努力使"文庙学"成为一门专门学问。同时，也期待有更多的文庙爱好者加入文庙研究队伍，通过深入系统的研究以及多种形式的学术交流活动，让中国的文庙文化走向世界，让世界了解中国的文庙文化。

周洪宇

2020年12月

目 录

引　言　　　　　　　　　　　　　　　　　　　　001

01 > 西安文庙的沿革与现状

西安文庙创建及庙学合一阶段：唐代至明代　　　013

西安文庙附属碑林阶段：清代至20世纪90年代　　036

西安碑林文庙快速发展阶段：20世纪90年代至今　045

02 > 西安文庙的选址与布局

西安文庙的选址理念　　　　　　　　　　　　　053

选择风水和谐之吉位　　　　　　　　　　　　054

巧借西安城墙以成"万仞"之势　　　　　　　　055

地势东南较低以利于排水　　　　　　　　　　055

西安文庙的布局结构　　　　　　　　　　　　　057

西安文庙的空间格局　　　　　　　　　　　　　062

03 > 西安文庙的祀仪与礼制

西安文庙的建筑礼制 069

西安文庙的祭祀制度 075

文庙的奉祀人物 079

文庙祭祀名目 087

文庙的祭器与祭乐 106

西安文庙祭祀的文化意义 109

04 > 西安文庙的教育与教化

西安文庙的学校教育 116

西安文庙的社会教化 121

在西安文庙立石经碑刻以教化民众 121

开展祭祀活动推行教化 137

利用西安文庙建筑本身开展教化 142

05 > 西安文庙的建筑与生态

西安文庙建筑概况 147

西安文庙建筑风格与格局 152

前导建筑和构筑物 152

奉祀建筑 164

祔祀建筑 171

服务建筑 179

碑林相关建筑 180

西安文庙建筑的特点 198

建筑格局完整，主要古建筑基本得以保存 198

建筑文化特征明显，突出儒家思想和孔子的

崇高地位 198

建筑以官式为主，兼具陕西地方风格 199

建筑距离设计精妙，景观视线布置合理 199

建筑单体在以"百尺为形"的前提下，兼有自身

独特的尺度特点 201

西安文庙对周围生态环境的影响和塑造 203

对自然环境的影响和塑造 203

对周围人文生态环境的影响和塑造 205

对西安城市天际线的塑造 208

06 > 西安文庙人物考

唐代 213

韩建 213

宋代 214

吕大忠 214

明代 216

马文升 216

余子俊 217

商辂 217

王尧封 218

清代 219

崔纪   219

毕沅   220

07 > 西安文庙的文化传承与保护利用

西安文庙对中国文化的传承与发展   226

西安文庙与经学的传承与发展   226

西安文庙与金石学的传承与发展   229

西安文庙的保护与利用   239

西安文庙的保护理念   240

西安文庙的开发和利用   245

附录：西安文庙碑记   249

主要参考文献   299

后　记   303

引 言

　　西安，古称"长安""镐京"，坐落在渭河南岸，是中国著名的七大古都之一，前后经历了十三个王朝，至今已有三千一百多年的建城历史，是国务院公布的全国首批国家历史文化名城之一。

　　在西安三千一百多年的建城历史进程中，留下了厚重的历史积淀和丰厚的文化遗产。在一万平方公里的区域内，蕴藏了三十四处文物保护单位（国家和省级重点文物保护单位84处），古遗址、陵寝四千多处，出土文物十二余万件，[①]西安成为我国文物资源蕴藏最为丰富的地域之一。西安是名副其实的世界遗产的著名集散地，目前共有六处被列入《世界遗产名录》，它们分别是秦始皇陵及兵马俑、大雁塔、小雁塔、唐长安城大明宫遗址、汉长安城未央宫遗址以及兴教寺塔等。此外，还有创造了人类仰韶文化的原始母系氏族公社的完整村落——半坡遗址；中华民族始祖之墓之一——黄帝陵；闻名全国的游览胜地——华清池；世界上最大的地下军事博物馆——秦始皇兵马俑；曾经创造了中国历史上著名

---

① 赵荣：《陕西省大遗址保护新理念的探索与实践》，载《考古与文物》2009年第2期。

秦始皇兵马俑

华清池

的"贞观之治"的唐太宗李世民的陵寝——昭陵；中国历史上第一个女皇帝武则天与其丈夫唐高宗李治的合葬墓——乾陵；从宋代开始建置的中国古代碑石精华荟萃之所——西安碑林；为安葬和祭祀唐代高僧善导和尚而修建的佛教净土宗的祖庭——香积寺；明代用以报时的古建筑——钟鼓楼；雄伟壮观的古城堡——明代古城墙；等等。

西安古城墙

除了众多的文化遗址外，西安还有俯拾即是的秦砖汉瓦、别具风韵的半坡人面鱼纹陶器、历史悠久的秦腔音乐和丰富多彩的地方戏曲，王羲之、柳公权、颜真卿、赵孟頫等历代名家的碑帖字画，富有汉唐风味的西安美味珍馐，印有西安文物胜迹图案的纺织品和工艺品，富有民族特色的服饰、用具，以及各种有趣的民间习俗、美丽动人的民间传说和神话故事，这些都极大地激起了人们对古都西安的美好向往。

长期以来，西安作为全国对外开放的重要城市之一，与世界很多国家和地区进行着友好往来和经济文化交流。近年来，随着我国对外经济的发展和商贸往来的不断增加，以及旅游业的快速发展，西安成为重要的旅游地区，吸引了大批海内外游客前来游玩兴业。西安与日本的京都、奈良、船桥、晋州结为友好城市。每年都有一些国家的元首、贵宾、专家学者和旅游者络绎不绝前来西安寻古访幽，观光游览。

2018年2月，国家发展和改革委员会、住房和城乡建设部发布《关中平原城市群发展规划》，支持西安建设国家中心城市，建设国家综合交通枢纽，将西安建设成为具有历史文化特色的国际化大都市。西安城市建设迎来了发展的大好机遇。

在西安众多的文化遗产资源中，西安文庙无疑是其中重要的组成部分。与西安文庙共为一体的西安碑林一向以碑石荟萃而著称于世，被誉为我国古代书法艺术的宝库和巨大的石质图书馆，至今已有一千多年的悠久历史。

西安文庙有着悠久、灿烂、曲折的历史，最早可以追溯到建于唐代初期国子监内的孔子庙堂，唐高祖令国子学立周公、孔子庙，以周公为先圣，以孔子为先师，四时致祭。唐代著名的《开成石经》和《石台孝经》当时就立于西安文庙之内。唐代末年，随着地方藩镇割据势力混战，国家陷入战乱，农民起义军在首领朱温的率领下，于天复元年（901年）攻破长安城。唐昭宗在朱温的胁迫下迁都洛阳，长安城遭到起义军的大肆破坏。后来时任唐代佑国军节度使的韩建对长安城进行了改建，韩建放弃了原长安城的外郭与宫城，以原地垣为基础，另建了一座新城，原国子监连同其内的文庙被弃于城外。后来韩建将弃于城外的太学和石经迁入新长安城的"尚书省之西隅"，文庙内的石经如《开成石经》《石台孝经》等同时被迁入新长安城，这是西安文庙建成之后的第一次大规模迁移。经过唐末和五代时期战乱的破坏，长安城逐渐失去了往日的辉煌与繁荣，特别是自唐代迁都之后，长安城由国都降为地方重镇，西安文庙也在北宋时期沦落为京兆府的地方文庙，此时的文庙与府学合为一体，出现庙学合一的现象。随着宋代金石学的兴起，此后相继有一大批名碑陆续汇集于西安文庙之中，使得西安文庙逐渐成为历代名碑石的汇集地，逐渐发展成为碑林，碑刻成为西安文庙的重要组成部分而存在。北宋崇宁二年（1103年），朝廷下令对西安文庙进行重修，重修后的西安文庙出现了"庙学之称，总五百楹，宏模廓度，伟冠一时"的空前兴盛的盛况。此时的西安文庙和府学、碑林基本成为一体，历经宋、元、明、清等多代整修，一直未发生过实质性的变化。早期的碑林一直附属于西安文庙，但到清代碑林逐渐独立。民国时期，各地的孔庙交由孔教会专门管理。1920年，民国政府对西安文庙进行了一次规模较大的整修，起到了很好的保护作用。

1938年，随着西安碑林管理委员会的成立，碑林得以独立。1944年，陕西省历史博物馆（后名称发生多次变更，1950年改名为西北历史文物陈列馆，1952年改名为西北历史博物馆，1955年改名为陕西省博物馆）建成使用，西安文庙划归博物馆，从此正式成为碑林的一部分，逐渐丧失了其原有的独立地位。

1947年，由陕西省教育厅、陕西省历史博物馆以及孔教会、省财政厅、省建设厅联合组成了"陕西省整修孔庙委员会"，对西安文庙进行了一次全面的整修，西安文庙面貌得以焕然一新。1959年9月13日，西安文庙主体建筑大成殿因遭到雷击起火，致使西安文庙大成殿被烧毁。大火之后的大成殿仅残留下大殿台基，于1974年被拆除，此后再也没有得到重建，大成殿遗址成为今日西安碑林广场，西安文庙因此成为国内为数不多的缺失大成殿的文庙之一。

1961年3月4日，西安碑林（含文庙）成为国务院公布的第一批全国重点文物保护单位。

1991年，陕西历史博物馆落成开放，陕西省博物馆除了碑石、石刻和书法类文物外的其他文物均移交至陕西历史博物馆，陕西省博物馆成为以收藏和研究历代碑刻和石雕艺术品为主的专题性博物馆。1993年1月，陕西省博物馆正式更名为西安碑林博物馆。

从20世纪90年代以来，随着西安城市建设步伐的逐步加快，西安开展了大规模改造旧城、建设新城区、新项目的活动，城市建设不断刷新和改变着西安旧城区的面貌，很多的历史文化街区、文化遗址、历史古迹等消失在人们的视野中。著名历史街区如南院门等历史遗址相继消失；西安南、北大街相继被改造成为现代化的商业街和城市道路，保留有明清传统街道风格和氛围的西大街于2001年被全面拆除；2003年，拥有百年历史的陕西督军老宅也被"隆隆"的推土机夷为平地。在城市化快速发展的进程中，西安文庙同样无法幸免。随着西安文庙周边的南大街、东木头市以北、开通巷以东的城市建设不断加快，西安文庙近千年来长期依存的环境面貌被迅速改变，外部环境的巨大变化使得西安文庙的生存空间越来越小，给西安文庙的保护和发展带来了巨大的挑战。

近年来，文化建设日益成为我国现代化建设的重要内容。习近平总书记指出："文以载道，文以化人。当代中国是历史中国的延续和发展，当代中国思想文化也是中国传统思想文化的传承和升华，要认识今天的中国、今天的中国人，就要深入了解中国的文化血脉，准确把握滋养中国人的文化土壤。研究孔子、研究儒学，是认识中国人的民族特性、认识当今中国人的精神世界历史来由的一个重要途径。"[①]一些有识之士认为，中国优秀传统文化中蕴藏着解决当代人类所面临的难题的重要启示，可以为认识世界、改造世界和治国理政提供有益启迪。在此背景下，文庙逐渐引起了学界同仁的重视，逐渐发展成为学术界的一个热点，涌现了一大

① 习近平：《在纪念孔子诞辰2565周年国际学术研讨会暨国际儒学联合会第五届会员大会开幕式上的讲话》，2014年9月24日。

批代表性的研究成果，如陈传平的《世界孔庙》、陈启泰等的《历代文庙研究资料汇编》、成一农的《地方志庙学资料汇编》、董宁喜的《孔庙祭祀研究》、范小平的《中国孔庙》、孔祥林的《世界孔子庙研究》、李秋香的《文庙建筑》、李文的《孔庙文化功能的当代价值》等。但上述大多数研究或是从宏观的角度对文庙进行研究分析，或是从古建筑保护的角度对文庙进行研究，缺乏对单个文庙的具体而深入的系统研究，更鲜有从教育和文化的角度对文庙进行系统研究。

当今世界，国与国之间的较量越来越体现在文化软实力的较量上，文化软实力成为衡量一个国家综合国力和国际话语权的关键因素。党的十八大以来，以习近平同志为核心的党中央大力倡导要坚定并增强文化自信，实现中华民族的伟大复兴。随着中华民族伟大复兴的中国梦进程的加快，以儒学为代表的传统文化的发展正迎来复兴的春天。

贞观四年（630年），唐太宗诏令"州、县学皆作孔子庙"，确立了庙学合一的布局，文庙从此代代相传，成为古代城市的文化符号。文庙作为先贤遗留下来的宝贵文化遗产，不仅众多的建筑群具有重要的保护和研究价值，而且其在传承中华文化、人才培养、国家治理的过程中的重要作用更值得深入探究，新的历史条件下如何更好地发挥和拓展文庙的作用和功能需要进一步的研究和探索，文庙未来的发展亟需得到全社会的共同关注。

在中国众多的文庙中，西安文庙是一所具有代表性的文庙。武德二年（619年），唐高祖颁布《令国子学立周公孔子庙》，公开宣布"朕君临区宇，兴化崇儒"，西安文庙为国家级文庙。但由于种种历史原因，西安文庙逐步丧失了独立发展的地位，成为西安碑林的附属物，长期作为西安碑林博物馆的一个组成部分而存在。随着碑林博物馆的影响越来越大，很多人只知道有碑林而不知道有文庙，不知文庙就在碑林中共存，更不知历史上文庙和碑林之间的复杂关系。西安文庙作为先于碑林而存在的重要历史文化遗存，历经长期发展，已然失去了其独立存在的格局，使得西安文庙的影响越来越弱，西安文庙作为弘扬和传承中华优秀传统文化的重要载体逐渐被忽视，西安文庙的价值和功能无法得以充分彰显和发挥，这不能不说是西安文庙的悲哀。

本书本着实事求是的原则，对西安文庙进行系统深入研究，在前人研究的基础上系统梳理西安文庙历史发展的脉络，重点对西安文庙的教育、教化、保护与传承等做进一步的深入探究，并力求做到学术性与可读性兼顾，为中华文化的发展和文庙研究事业的推动尽绵薄之力，以期引起更多同仁对文庙的关注，共同推动对我国文庙和优秀传统文化研究的深入发展。

西安文庙的沿革与现状

西安文庙创建及庙学合一阶段：唐代至明代

西安文庙附属碑林阶段：清代至20世纪90年代

西安碑林文庙快速发展阶段：20世纪90年代至今

文庙又称孔庙、夫子庙，是古代奉祀孔子的庙宇，也是传承中华儒学文化的重要载体。我国古代的文庙可分为两种：一种是建于孔子故里的孔氏家庙，如曲阜孔庙；另一种是建于京师及各地官学中行释奠之礼的文庙，有"庙学合一"之说，西安文庙就属于后者。

据史料记载，孔庙于春秋时期鲁哀公十七年（前499年）建于孔子旧宅。北齐时，于坊内立孔颜庙，唐武德二年（619年）于国子学立孔庙，贞观四年（630年）各州县普遍建立孔庙。明清时孔庙也称文庙，旁设学官，每年春秋会举行隆重的祭孔大典。

西安文庙位于西安市碑林区府学巷，现在已发展成为西安碑林博物馆，整个建筑群规模宏大，气势磅礴。因为这里藏有丰富的唐、宋以来的碑刻，所以人们都习惯上称其为西安碑林。

西安文庙的历史可以追溯到唐代初期建于国子监内的孔子庙堂，著名的《开成石经》《石台孝经》当时就立于文庙之中。唐代天祐元年（904年），朱温挟天子唐昭宗迁都洛阳，留守于长安的佑国军节度使、京兆尹韩建对长安城进行改建时，将原来立于国子监的《开成石经》迁移到城内原尚书省之西隅。北宋元祐二年（1087年），《开成石经》被再次搬迁，最终移入西安文庙内，当时被迁入文庙的还有唐玄宗书写的《石台孝经》、颜真卿的《严氏家庙碑》和《多宝塔感应碑》、柳公权的《玄秘塔碑》、徐浩的《不空和尚碑》等书法名碑。北宋崇宁二年（1103年），大臣虞策将西安文庙及府学迁建于"府城之东南隅"，即今西安碑林博物馆现址，至此，西安文庙、府学、碑林三者最终同在一处，这是西安文庙不同于其他文庙之处。

西安文庙棂星门

西安碑林国家文物保护单位纪念碑

　　随着北宋时期西安文庙迁入府学，我国历史上的"庙学合一"制度逐渐形成。至明代，碑刻不断增加，聚碑成林，碑林的规模越来越大，最终发展成为蔚为大观的西安碑林。经过数百年的发展，西安碑林已发展成为世界闻名的博物馆，被誉为"经史宝库""书法渊薮"。西安碑林于1962年9月被国务院确定为全国重点文物保护单位。据《陕西通志》记载：

> （西安）文庙在府治东南，建自宋，元至元中廉希宪修，明正统间知府孙仁益增拓之。正殿七间，两庑各十七间，庑南为厨舍，东西各二间；前为仪门，稍南为碑亭二，两司府县官厅东西相向；又南为宰牲所，前为棂星门，门前为泮池，跨以石桥，万历庚子巡按李思孝建，桥前为太和元气坊，左右碑亭二，永寿王府中尉惟焂建。坊前为屏，东西二坊曰贤关曰圣域，庙左为启圣祠。①

从上述文献记载来看，西安府文庙自宋代开始创建，其后历经元、明两代不断加以整修，建筑体制和规模较前代更加恢宏壮观。现今所看到的西安文庙建筑皆系明、清时期所建，上述《陕西通志》所记载的厨舍、两司府县官厅和宰牲所等建筑物，有的已然改变了原貌，有的早已毁废无存。如西安文庙的主要建筑——大成殿，不幸毁于雷火。今日，我们见到的原大成殿的东西各有碑亭三座，而《陕西通志》中则未见著录，从碑亭内所树立的清代"御制"碑可以看出，这应当是清代时期增建的。总的来看，西安文庙在历史上曾几易其名，从宋代始建西安文庙，到后来的陕西省博物馆，再到后来的西安碑林博物馆，西安文庙经历了一个漫长而曲折的发展历程。

① [明] 赵廷瑞修，马理、吕柟纂：《陕西通志》卷6《古迹》，明嘉靖本。

西
安
文
庙
创
建
及
庙
学
合
一
阶
段
：
唐
代
至
明
代

　　西安文庙的历史最早可以追溯到唐初。据史料载："武德二年（619年）元月，令国子学立周公、孔子庙，以周公为先圣，以孔子为先师，四时致祭。"另据《唐会要》卷三十五记载，贞观二年（628年）十二月，尚书左仆射房玄龄，国子博士朱子奢建议："……武德中，诏释奠于太学，以周公为先圣，孔子配享，臣以周公尼父，俱称圣人，庠序置奠，本缘夫子，故晋宋梁陈及隋大业故事，皆以孔子为先圣，颜回为先师，历代所行，古人通允，伏请停祭周公，升夫子为先圣，以颜回配享。诏从之。"①这是关于西安文庙的正式记载。贞观四年（630年），皇帝诏令各州县皆设立孔庙，孔庙因而遍及全国。当时的西安文庙在国子监内，位于长安城务本坊内，大约在今西安市文艺北路一带。

　　唐朝末年，地方藩镇割据势力混战，整个国家陷入了混乱局面。其中一支农民起义军在领袖朱温的率领下，在混乱战局中逐渐强大起来，于天复元年（901年）占领洛阳，遂打

① [宋] 王溥：《唐会要》卷35《褒崇先圣》。

着护驾卫国的旗号西入关中，控制了长安城，当时的皇帝唐昭宗成为朱温的囊中之物。其后，朱温强迫唐昭宗于天祐元年（904年）迁都洛阳。朱温对长安城大肆破坏，拆毁宫殿，强占民居，烧杀掠夺，无恶不作。代表着当时世界先进文明程度的长安城遭到毁灭性破坏，几乎成为一片废墟。天祐元年，当时出任佑国军节度使的韩建对遭受严重破坏的长安城进行了重建。经过慎重考虑，韩建放弃了原长安城的外郭与宫城，以原皇城垣为基础另建了一座新城，原国子监连同其内的文庙被抛于城外。后来韩建将弃于城外的太学和石经移入新城。北宋建隆三年（962年）刻的《重修文宣王庙记》记载了此次搬迁情况：

> ……昔唐之季也，大盗寻戈，权臣窃命，地维纽绝，八銮迁胁于东周；天邑成墟，三辅悉奔于南雍。天祐甲子岁，太尉许国□公时为居守，才务葺修，遂移太学并石经于此。①

此处提到的太尉许国某公即为上文提到的韩建。"遂移太学并石经于此"中的"太学"即国子监，西安文庙就在当时的国子监之中。因此，韩建移"太学并石经"是西安文庙自唐代建成以来的第一次大规模迁移。西安文庙在这次迁移过程中被迁往何处？北宋元祐五年（1090年）所刻的《京兆府府学新移石经记》碑如是载曰：

> ……旧在务本坊，自天祐中韩建筑新城，六经石本委弃于野。至朱梁时……乃迁置于此，即唐尚书省之西隅也。②

① 北宋建隆三年（962年）立的《重修文宣王庙记》，此碑现藏于西安碑林博物馆。
② 北宋元祐五年（1090年）刻立的《京兆府府学新移石经记》，此碑现藏于西安碑林博物馆。

据清代学者徐松考证，"唐尚书省之西隅"在今西安市北广济街一带。

经过唐末和五代时期的战乱，长安城逐渐失去了往日的繁荣与辉煌，特别自迁都之后，长安城的地位由国都降为地方重镇，后发展成为北宋时期的京兆府。当初被韩建迁入府城中的国子监也变得有名无实，其中的文宣王庙降格成为北宋京兆府的地方文庙。此时西安文庙旧址仍然保留在"唐尚书省之西隅"。北宋建隆三年（962年）所刻立的《重修文宣王庙记》碑对北宋初期的西安文庙概况有如下记述：

> ……霞张梦奠之楹，粉耀藏书之壁，增华崇丽，眩目惊心。青璪丹梁，见廊庑轩墀之洁；藻扃潇甫帐，有豆笾庋梜之仪，莫不赋采挥毫，参灵运思。尧身禹状，□神凛凛以如生；月角山庭，画像莘莘而在列。介珪华衮，享王爵于高封；八簋三牲，遵国章于常祀。工徒告毕，庙貌斯严。①

从碑文可以看出，北宋初期对西安文庙及相关建筑曾进行修缮，并对西安文庙部分建筑物重新做了彩绘。虽对于当时西安文庙的布局结构不得而知，但可以肯定的是有主殿，有被描述为"尧身禹状，介珪华衮，享王爵"的孔子像，并按照帝王的规格"八簋三牲"经常举行祭祀活动，并有藏书的建筑及廊庑等。

后来，北宋时期又对西安文庙的大门进行了重修，大中祥符二年（1009年）所刻的《北宋永兴军新修玄圣文宣庙大门记》记载了这次整修情况：

① 北宋建隆三年（962年）刻立的《重修文宣王庙记》，此碑现藏于西安碑林博物馆。

……至于斋戒之室，讲习之堂，□□之器，三者交阙。加之闬闳不峻，阛阓俯近，隘类晏宅，陋同颜巷。……乃审制度以造俎豆，由是祭器列焉；乃限嚣尘以严启闭，由是重门辟焉；□□□矛以建厅事，由是洗心者肃焉……解颐者萃焉。①

自从962年西安文庙重修四十余年之后，西安文庙已破败不堪，于是北宋祥符年间对西安文庙进行了修整，重造"祭器""□□□矛以建厅事"，特别对西安文庙的大门进行了大规模重修，即"限嚣尘以严启闭，由是重门辟焉"，并将当时的西安文庙围成一个独立的院落保护起来。

宋代元丰年间，西安文庙也曾有过一次迁移。据元代人骆天骧所写的《类编长安志》一书记载，石刻卷中有一块名为《宋京兆府移文宣王庙记》，下注曰："龙图阁待制知永兴军府事吴防撰，鹿州观察使石卷舒书。元丰三年二日。"此碑现已亡佚，仅保留有碑目，碑文内容至今已然无从知晓。这里提到的碑文的撰写者为"吴防"，据研究碑林的学者路远考证，认为此处的"吴防"应指的是"吕大防"。吕大防（1027—1097）系北宋名臣，此人乃蓝田"吕氏四杰"之一北宋大臣吕大忠之弟，宋代元祐年间曾官拜尚书左仆射。据《宋史·吕大防》记载，元丰之初，吕大防恰在知永兴军府事任上，此次迁移文庙，很有可能就是由吕大防主持并立碑以记其事的。此时的西安文庙已经实现了"庙学合一"。按照路远的说法，"府城之坤维"应是1080年西安文庙（包括府学）的迁移之处，但迁移的确切地址难以考证。宋崇宁二年（1103年），西安文庙重新建立。据当年所刻立的《京兆府重修府学记碑》载：

① 北宋大中祥符二年（1009年）刻立的《北宋永兴军新修玄圣文宣庙大门记》，此碑现藏于西安碑林博物馆。

前宋崇宁二年，命郡县建学，以宾兴贤能。府帅枢密直学士虞会策承命诣学，谓诸生曰："……今府城之东南隅，水易就下，地且文明，欲改卜其处可乎？"众生怡然曰："诺。"乃范湖州规制，经营建立，庙学之称，总五百楹，宏模廓宽，伟冠一时。[1]

虞策将文庙迁于范雍创办的府学（今孔庙现址，包括碑林），即今西安的"府城之东南隅"，即今西安碑林所在地。

北宋至和元年（1054年）所刻的《京兆府小学规》载曰："府学榜准使帖指挥于宣圣庙内置立小学，所有合行事件需专指挥……一应生徒依府学规，岁时给假，各有日限……"据上文提到的北宋元祐五年（1090年）刻的《京兆府府学新移石经记》碑记载说"移石经于府学之北墉"，北宋移石经与文庙无关，但当时的文庙与府学已然成为一体，所以当时迁移石经时应当连同文庙一起迁移了，在管理上文庙归属于府学，成为府学的一部分。

路远在《西安碑林史》中如是指出，西安文庙的建置由府学"榜准"，碑文后署名为"府学教授"，"提举府学"等官员，又可见其附属于府学，受府学节制。自从北宋崇宁二年（1103年）迁移西安文庙（包括府学），并对西安文庙进行大规模的整修后，形成了"庙学之城，总五百楹，宏模廓度，伟冠一时"的空前兴盛的局面。自此，西安文庙、府学、碑林基本成为一体，历经金、元、明、清诸代未发生实质性迁移和变动。

北宋灭亡之后，金军南侵，女真族控制了关中地区和淮河以北中原地区一带，西安文庙随之处于金军管辖和控制范围之内。不过，在如何对待中原汉族儒学文化的态度上，女

[1] 宋崇宁二年（1103年）刻立的《京兆府重修府学记碑》，此碑现藏于西安碑林博物馆。

真族表现出较为积极和务实的态度。金王朝崇尚儒学，大力推行汉化教育，于天德三年（1151年）在燕京置国子监，并在全国范围内恢复科举制度，在各地兴办地方官学。与此同时，西安文庙和府学得到了当地政府的维修和保护。金正隆二年（1157年）的《京兆府重修府学记》碑记述了当时维修西安文庙的场景：

> 自罹兵革，残毁几尽。贞元乙亥岁，河间韩公希甫亚尹京兆。视事之三日，谒奠于文宣王。酌献礼毕……谨按尚书省批松礼部节文，应有宣圣庙去处，即便修整。今此庙貌倾圮，黉宇颓弊，何以仰副明天子作成之意？遂即议于府尹完颜公胡女，遵奉朝廷之命，鸠工计役。拾堕瓦于废基，抡坚材于坏屋，新寝祠而重俨像，创修廊而绘列贤。师儒讲诵之有堂，生员居处之有庐，以至斋祭之室，庖湢之所，各有其序。补葺罅漏，剔秽治芜，期年而成。韩公又出己俸，重修祭器，俎豆之属，大率皆备，乃延诸生入学肄业。①

可见，当时的西安文庙及府学基本上被"残毁几尽"，当地政府奉朝廷之命对西安文庙和府学进行维修。在金王朝封建化日益加速的背景下，这次对文庙及京兆府学的维修工程力度和规模相当之大，不仅维修了相关的建筑物，还"新寝祠而重俨像，创修廊而绘列贤"，并"重修祭器"，几乎对当时的文庙和府学进行了重建，西安文庙又恢复了往日的兴盛场景。此后，金王朝于贞祐二年（1214年）和正大二年（1225年）对府学和文庙进行过两次不同程度的整修。第一次整修情况见《金兆府重修府学记》碑（金贞祐二年立），

① 金正隆二年（1157年）刻立的《京兆府重修府学记》，此碑现藏于西安碑林博物馆。

但具体情况不详。第二次整修记载于《大金重修府学教养之碑》，此碑现存于西安碑林，关于整修的情况有如下的记载："檄有司督工役，支倾补缺，联断洗昏，植跋碑于芃草，基废址于蕳蔬。殿宇翠飞，石经堵立，斋厨廊庑，焕然一新。"[1]在金统治的百余年时间内，共对西安文庙及府学进行了三次整修，不仅维持了西安文庙的格局并有一定的增设，为西安文庙后来的发展奠定了基础。

正大八年（1231年）蒙古军占领关中，金军放弃京兆，退守潼关，至此，关中地区进入了蒙古族统治时期，长期的战乱使关中地区的经济、文化和教育受到了严重破坏，但蒙古政权对西安文庙和府学仍然进行了必要的保护和维修。据西安碑林所藏的刻于元至元十三年（1276年）的《大元国京兆府重修宣圣庙记》碑记载：

> 京□旧有宣圣庙，辛卯弃城，殿宇倾颓。总管田候，护持仅存。甲辰岁，征南先锋使夹谷公□□扈国昌言，慨然以修复自任。即葺正殿，复起二门，工粗毕而力不继。又十余年，平章廉公、参政商公宣抚陕□，乃为构其两庑……[2]

可见，当时元政府对西安文庙和府学仅进行了局部修缮。

十余年之后，元中统二年（1261年），元世祖忽必烈命京兆府大臣廉希宪、商挺二人重新对西安文庙的东西两庑及局部建筑进行了维修。1270—1271年，元政府又对西安文庙进行了两次全面的整修。至元十三年（1276年）的《大元国京兆府重修宣圣庙记》对整修的情况作了详细的记载：

[1] 金代正大二年（1225年）刻立的《大金重修府学教养之碑》，此碑现藏于西安碑林博物馆。
[2] 元至元十三年（1276年）刻立的《大元国京兆府重修宣圣庙记》，此碑现藏于西安碑林博物馆。

······会平章廉公之檄至，许以栾材······所鸠之赀，总为钱二千□□缗。以新易旧，以崇易庳，□徒藏事，绰绰然有余裕矣。命京兆总管府判寇君元德董其役，经始于至元七年之冬，断手于明年之夏。□大成殿为七楹，高其□□□□□乃命工更塑先圣先师及从祀者十人之像。内外二门，榱□尤甚，悉从改作。······又作二堂于大门之内，东□先正七贤之祠，西则亭□斋居之次，祭器有库，烹饪有厨，□其坛槐，其市缭垣，疏屏、□窗，绰契，丹艧之华，涂垩之余，无所不用其力。虽皆严公之指授而纲维□□是修饰之，润色之，判府寇君之功为多。爰择吉日，舍菜告成，诸生济济，骏奔在庙。礼殿高明，法庭宏敞，周庑深□，重门洞彻。①

　　这是自金正隆二年（1157年）西安文庙重修之后，又一次较大规模的整修。新建成的"大成殿为七楹"，改建了内外二门，重塑先圣先师孔子像和十哲之像。这次整修使西安文庙的格局得以重新恢复，形成了气势宏伟的规模。

　　元大德十一年（1307年），元政府下令加封孔子为"大成至圣文宣王"，并于元皇庆二年（1313年）立"加圣号诏碑"，当时的中奉大夫、陕西诸道行御史台侍御史赵世延书并跋文，此碑现立于西安碑林博物馆内。

　　后来，元代对西安文庙进行整修，元代所立的《奉元路重修文庙学记》碑文记载了元惠宗至元二年至五年的（1336—1339）的维修情况。据碑文记载，此次重修西安文庙规模较大，前后共耗时四年，整个整修的工程分为三个大的阶段。第一个阶段是重修文庙，至元二年（1336年）四月

① 元至元十三年（1276年）刻立的《大元国京兆府重修宣圣庙记》，此碑现藏于西安碑林博物馆。

《加圣号诏》碑

动工，第二年八月竣工，共耗资"二万缗（缗为古代计量单位，即一缗为十串铜钱，一般每串一千文）"。元代御史李伯述、何执礼、李中、蔡明、安达尔和府学教授张冲参与了重修文庙的工作。第二个阶段是至元三年（1337年）二月，元政府"又给经费修石经廊庑"，对碑林建筑进行全面整修。第三个阶段是至元五年（1339年）夏，御史李中利用维修府学结余下来的经费，对文庙、府学的一些辅助性建筑物进行维修，主要包括神厨、仓屋、更衣室和提学官廨等。至元五年（1339年）冬，蔡明、安达尔对棂星门进行重修，这次是对西安文庙一次较为全面的整修，西安文庙得以焕然一新。

至正六年（1346年）所立的《奉元路重修庙学记》碑记载了至元七年至八年的文庙整修情况：

> 奉元本京兆，汉唐故都，地望尤重，是以分镇于陕者，平章廉公希宪、参政商公挺、佥事严公忠范，先后作成宣圣庙，儒学于郡东南。有礼殿、有仪门、东西庑为从祀之舍，殿后有石经之亭，唐人石刻附焉。仪门之外有斋官，外□都官，有棂星门，此其大略也。①

从此次的整修可以看出，当时新修的文庙以及碑林的格局与现今的文庙、碑林的格局基本一致。"礼殿"应为大成殿，"仪门"则应为小殿，二者之间为东西两庑，仪门外围斋宫，以及俗称为"石门"的"棂星门"。从此碑文的记载可以看出，此时西安文庙、碑林的建筑格局已经基本形成。

元代对西安文庙的最后一次整修是在至正二十五年（1365年），立于至正二十六年（1366年）的《大元重修宣圣

① 元至正六年（1346年）刻立的《奉元路重修庙学记》，此碑现藏于西安碑林博物馆。

庙记》对这一次的维修情况进行了记述：

> ……易漫漶为鲜华，变破败为完整。正殿、两庑、
> 仪门、神库、七贤，及二处衣堂、石经廊、孝经亭、梁
> 栋榱桷，门窗阶陛，灿然改观……①

此次文庙维修只是在原有的基础上进行了部分修缮，文庙的格局并没有较大调整。

明代建国之后，改奉元路为西安府，置西安行省，以西安为其治所。明初近六十年间，未发现有整修西安文庙、碑林和府学的记载。据西安碑林现藏的明成化十一年（1475年）《重修西安府学文庙记》碑，在追述西安庙学发展历史时，曾提到明代正统年间曾有过对西安文庙和碑林的整修，这是目前所掌握的明代以来最早的关于西安文庙和碑林的整修记载，碑文说：

> ……我朝正统间，都御史陈镒、王文相继出镇，以庙庑岁久颓敝，尝命有司重加修葺。然规制卑窄仍旧，春秋祭享，乐具既设，或风雨间作，几至废礼。②

这次整修范围仅限于文庙，整修后"规制卑窄仍旧"，可见是一次小规模的一般整修。

据西安碑林的记事碑刻记载可知，对西安文庙及其附属建筑的维修，应达八次以上，其中规模较大的一次维修是明成化九年（1473年）对文庙的整修，立于成化十一年（1475年）的《重修西安府学文庙记》碑写道：

> ……成化戊子，副都御史马君文升巡抚是邦，只谒

① 元至正二十六年（1366年）刻立的《大元重修宣圣庙记》，此碑现藏于西安碑林博物馆。
② 明成化十一年（1475年）刻立的《重修西安府学文庙记》，此碑现藏于西安碑林博物馆。

庙下，顾瞻咨嗟，意图恢拓。时属边方多事，未果。越壬辰秋仲，举释奠礼，适大风雨，殿庑益倾圮。乃谋诸巡抚御史苏盛，左布政使朱英，按察使宋有文辈，撤而新之，众议克合。遂令西安知府孙仁，出公帑羡余之积，以市材木，集在官民夫匠□，以供诸役。扩其旧址，首建大成殿七间，崇四丈有五，深五丈，袤九丈有二。两庑各三十间，崇深视殿半之，袤且数倍。次作戟门，又次棂星门，又次文昌祠、七贤祠、神厨、斋宿房、泮池，及殿后汉唐石刻之属，旧覆亭宇，咸增新之，饰以丹漆，加以藻绘，高卑大小举以法，无复昔时之陋。经始于癸巳春正月，至秋八月讫工。[1]

此次整修是在陕西巡抚马文升的倡导下主持修建的。明代成化四年（1468年），马文升刚出任陕西巡抚时，曾有重修庙学的打算，但因"边方多事"而未能实现。成化八年（1472年）仲秋，马文升以释奠之礼适逢大风雨为契机，重提整修庙学之提议，得到地方政要的大力支持。此次整修工程由西安知府孙仁具体负责实施，工程始于成化九年（1473年）春，于当年八月完工，历时八个月之久。这一次对西安文庙的整修主要是在旧址的基础上进行扩建，扩建情况与元至正六年（1346年）的《奉元路重修庙学记》碑所记载的西安文庙建筑情况大致相同。唯一不同的是元代没有提及对泮池的整修。此次整修共分为两个方面：一是对西安文庙旧有建筑"撤而新之"并"扩其旧址"，即对西安文庙进行重建和扩建；二是对"殿后汉唐石刻"所覆之"亭宇"等保护性建筑"咸增新之"，重加漆绘，并"高卑大小举以法"，即对西安文庙内碑石位次作了适当调整。此次整修之后，西安文庙

[1] 成化十一年（1475年）刻立的《重修西安府学文庙记》，此碑现藏于西安碑林博物馆。

的建筑物共计有：大成殿、东西两庑、戟门、棂星门、文昌祠、七贤祠、神厨、斋宿房、泮池等。此时西安文庙建筑规模和格局与元至正元年《奉元路重修庙学记》中所记元代文庙的建筑格局大致相同。这里提到的"文昌祠"是祭祀文昌帝君之祠。文昌帝君即梓潼帝君，据《明史·礼志》记载："梓潼帝君者，记云：神姓张名亚子，居蜀七曲山，仕晋战殁，人为立庙。唐宋屡封'英显王'。道家谓帝命梓潼掌文昌府事及人间禄籍，故元加号为帝君，而天下学校亦有祠祀者。"[1]至于此处提到的"七贤祠"则很有可能是宋、金时期文庙中的"七贤堂"。在元代，文庙中已有七贤祠。据嘉庆本《长安县志·祠祀志》载："七贤祠在文庙戟门左，祀宋张子、吕大忠、大钧、大临、范育、苏昞，皆有绘像。"[2]此处提到的张载等七人皆为宋时陕籍名儒，明代的七贤祠所祭祀的人也应为此七人。

实际上，明成化九年（1473年）的整修并不包括府学，因此关于重修府学的记载鲜有发现。其实，明代学校发展之兴盛已远远超过前代，明政府崇文重教，大力发展教育事业。明洪武二年（1369年）朱元璋曾下令全国各府、州、县建学，全国各地的教育事业得到快速发展。碑林现藏嘉靖十一年（1532年）康海所撰的《西安府重修学庙之碑》有这样的碑文："庙学，成化初修于余公。"此处的"庙学"据碑文判断应当指的是府学，此处的"余公"应指的是余子俊，字士英，青神人（今四川省乐山市人），天顺初出任西安知府，此人在陕从政十余年，颇有政绩。此外，嘉庆本《咸宁县志》卷十三"县学"条记曰："县学在文庙左，启圣祠右，旧在县治西，成化七年提学金事伍福奏徙文庙东，知府青神余子俊修葺。"这条记载可以证明余子俊在任西安知府期间曾有

---

① [清] 张廷玉纂：《明史》卷3，《礼志四》。
② [清] 舒其绅等修，严长明等纂：《西安府志》卷62，《古迹志》乾隆本。

过修学之举。

明成化七年（1471年）咸宁、长安二县学曾迁建于西安文庙。关于咸宁、长安二县学的迁建，上面已经提及，最早记载此事的是成化十一年（1475年）《重修西安府学文庙记》碑，碑文记述了咸宁、长安二学的迁建情况："先是，君（指马文升）以附郭长安、咸宁二学僻从县治，去庙甚远，师生朔望艰于行礼，乃命所司徙长安学于庙之东，咸宁学于庙之北，而府学旧在庙西，是庙岿然居中。"[①]嘉靖十五年（1536年）《陕西西安府县儒学先圣庙重修记》碑亦有这样的记载："郡学自宋已在兹矣，二邑学成化辛卯（即成化七年），始□□治之西迁于今庙学左右。"[②]这样自咸宁、长安县学迁至西安府学、文庙后，就形成了西安独特的"一庙三学"的局面。今日西安文庙、碑林附近所在的三学街，其名称便由此而来。

另一次对西安文庙、府学的重要整修发生在嘉靖九年（1530年），康海所撰嘉靖十一年（1532年）所刻的《西安府重修学庙之碑》对此有较为详细的记载。碑文首先叙述了康海嘉靖六年东游华山路过西安时，谒宣圣庙，观碑洞古刻，"见庙瓦渐坏，台陛倾圮，斋堂学舍敝漏弗治"，而嘉靖十一年当他再次拜谒宣圣庙时，却发现庙学已被整修一新，"比昔加壮矣"，并得知是西安知府李文极所为，接着康海援引他当年十月李文极给的书信，交代了此次庙学整修的详细过程：

> ……庙学，成化初修于余公，今六十年。往岁戊子，府尝请于巡抚榆次寇公，将举行矣，值岁灾不果。去年庚寅，巡抚麻城刘公，巡抚昆山朱公与藩、臬朱公亟命举行。檐牙槺桷增数尺，覆瓦易以琉璃，阶陛围以

① 明成化十一年（1475年）刻立的《重修西安府学文庙记》，此碑现藏于西安碑林博物馆。
② 明嘉靖十五年（1536年）刻立的《陕西西安府县儒学先圣庙重修记》，此碑现藏于西安碑林博物馆。

石槛，两庑与戟门、棂星，更用新木，改以石柱，坚致工好，大异往观。而牲房、斋宿所、乡贤、名宦祠，及府学圣制箴亭与明伦堂、斋号、膳房，新者创之，谬者正之，敝者理之，罔不焕然即绪。所作止于半载，所费未及千金，夫匠一募于官，财力弗扰于下。同知衡水李君梅，实承委专事者。[1]

此次整修的对象主要包括文庙和府学，未提及碑林和咸宁、长安二县学。这一次的整修是在原有基础上的一次翻修，没有新建或扩建项目。但和上述文庙整修情况不同的是，这一次的文庙大殿更换了覆琉璃瓦，阶陛加石圈石槛，棂星门改为"石柱"。碑文中所列举的文庙建筑，未见有文昌、七贤二祠，以后的碑文中也不见提及，取而代之的则是新出现的"乡贤祠、名宦祠"，但碑文中未明确说明此二祠是否为新建，但或许是因文昌、七贤二祠之旧改建而成。此后明清两代，西安文庙中乡贤祠、名宦祠一直存在。府学中之"圣制箴亭"，是为奉明世宗朱厚熜御制"敬一箴"碑而建。"明伦堂"是明清时期府学的重要建筑，据乾隆本《西安府志·学校志》载："成德唐元末毁，明宣德中建为明伦堂。"成德堂是元代府学中最大建筑，由此可以看出，明伦堂是在宣德年间在元末已毁的成德堂的旧址上新建而成的。

嘉靖十五年（1536年）明政府对西安庙学进行重修，不过这次整修的重点不在文庙，而在于府县三学，据《陕西西安府县儒学先圣庙重修记》（此碑李时撰文，管楫书写，苏民篆额），记载碑文说：

……嘉靖壬辰，巡抚陕西都御史庙谒孔子，遂诣三学而周视之。见庙学未备而亭弗新也，乃蹶然进学，□诸生于堂下而问故，则对曰：郡学自宋已在兹矣，二邑学成化辛卯始□□治之西迁于今庙学左右，载尘肆倾而圮。今三学唯有庙，有庑，有堂，学官赁舍而栖，诸同差寂而肆，盖不适以兹为蘧庐而克悰之。都御史曰：嗟，牧一方者，予责也，其士之不能牧，而况民乎哉？是诚在予也。……越明年癸巳岁，登乃□□陕西左布政使曰：庙学之修，以君职之，百用悉取若司羡财之在藏者，勿烦于郡邑。①

由碑文可以看出，嘉靖九年（1530年），刘天和李文极对庙学整修的重点在庙而不在学，所以刚上任的王尧封来到"三学"，仍"见庙学未备而亭弗新也"，表明自成化年以来，府县三学尚未经过认真整修，以致"学舍倾圮"，连学官都要"赁舍而栖"，更何况府县学诸生。《陕西西安府县儒学先圣庙重修记》碑文对此次整修列出了一个详细的清单：

> ……□□□孔子庙者，为侠垣堵廿，树墉一，疏槛四。修于郡学者，为敬一亭、明伦堂各五栋，正门、次门各三栋，斋室有四，教授、训导廨五区，粟廪、吏屋九栋，横舍为八栋者十有二，墉墙为堵四百有九。修于二邑学者，为敬一亭、明伦堂、正门、次门各举三栋，教谕、训导廨各举三区，斋室、粟廪、吏室各举六栋。横舍在咸宁者为栋四十六，在长安者为栋六十一，墉墙在咸宁者为堵百十有七，在长安者为堵百十有二。表三坊于外，而各有颜。盖历旬未十，而昔之缺者尽备，故者尽新矣。②

① 明嘉靖十五年（1536年）刻立的《陕西西安府县儒学先圣庙重修记》，此碑现藏于西安碑林博物馆。
② 明嘉靖十五年（1536年）刻立的《陕西西安府县儒学先圣庙重修记》，此碑现藏于西安碑林博物馆。

上述碑文对此次整修建筑物的情况罗列得非常详尽，这次文庙中除增建夹墙"侠垣"二十堵，照壁（树塘）一堵和窗槛（疏槛）四面外，其中殿、祠、门、庑因三年前刚刚整修过而均未述及，重点对府学和二县学进行全面整修。除重修亭、堂、书斋、仓廪及学官、教官办公用房之外，三学均新建有大量学舍，并重了围墙（燎塘）。此次整修工期不算太长，"历旬未十"，即不到一百天的时间。这里的"敬一亭"即前文之"圣制箴亭"，由碑文可知，府县三学均建有敬一亭和明伦堂，只是规格有所差别。此外，这次整修未"烦于郡邑"，即没有打扰地方政府，而是由左布政使黄臣直接主持整修。

嘉靖十五年（1536年）对西安文庙进行过重修，《陕西西安府县儒学先圣庙重修记》载道："孔子庙者，为侠垣堵廿，树塘一，疏槛四。"可以看出，这次重修西安文庙增建了夹墙（侠垣）二十堵，照壁（树塘）一堵和窗槛（疏槛）四面，这是以前重修西安文庙所没有过的。

嘉靖三十四年（1555年）发生了西安文庙和碑林史上的一件大事，关中地区发生大地震，致使碑林藏石遭到了巨大的破坏。据《明史·五行志》记载：嘉靖"三十七年正月庚申，陕西地震"。当年"十月丙午，华州地震，声如雷。至壬子又震，戊午复大震，倾陷庐舍甚多""隆庆二年三月甲寅，陕西庆阳、西安、汉中、宁夏，山西蒲州、安邑，湖广郧阳及河南十五州县，同日地震……四月乙酉，凤翔、平凉、西安、庆阳地震，坏城伤人。"在这场巨大的惨烈的自然灾害面前，西安文庙未能幸免，其遭受到的破坏程度可想而知。在地震的破坏下，其中《开成石经》折断者就有四十石，占总数三分之一多，其余没有断裂的碑石亦受损严重。

可以想象，西安文庙及其府县三学，变为断壁残垣，一片狼藉。地震发生后不久，西安碑林、文庙和府县三学有过重建，西安文庙基本按原貌进行重建，其规模和格局未发生大的变化。

万历十三年（1585年）对西安文庙进行了整修，这是嘉靖三十四年（1555年）大地震后第一次整修，嘉庆版《咸宁县志》"县学"条记载了此次对咸宁县学的整修情况：

> 万历十三年邑大夫李成芳重修，顺天府尹长安王鹤为之记……嘉靖癸未，司府以颓圮一修葺之，迩来几三十年，复积渐就敝，莫能为省问者。李公下车之初，振举废坠，首先学校……于是以学宫弟子游息荒陋白于上官，上官可之，遂经营其事焉。门垣敝于剥落则坊之，泮池荒于蒿莱则刈之，陋而无拦则砖以饰之，学舍刻葺者葺之，不可则新之，益之，堂规制侵于风日，则广其檐楹五架深邃之。自此宫墙整饬，气象宏丽，焕然称壮观矣。盖费出于俸金，力假于役夫，不劳民而肤功奏。①

此次对西安文庙的整修情况交代得很不具体，但从字面上可以看出，这是一次以粉饰旧建筑物为目的的小规模维修工程。

万历二十年（1592年），朱惟焯主持修建文庙坊、亭，这是西安文庙历史上一件由个人出资修建西安文庙的义举。此事当时并未立碑记载，直到二十多年后的万历四十二年（1614年）才刻立《奉贤宗建文庙坊亭记》，此碑由朱惟焯之子奉国中尉朱怀焳所立。《奉贤宗建文庙坊亭记》记载了

① 《咸宁县志·县学》，嘉庆版。

当时修建的状况："坊、亭构造乃万历二十年秦府永寿王府辅国中尉惟焵用金四百余两所成也……于庙门外特构一坊，上书'太和元气'；坊之左右，各建碑亭，左书'道妙时中百代斯文之主'，右书'德弘参赞万年儒教之宗'。"[1]同时，清嘉庆本《咸宁县志·庙宇》也记载描述了当时的西安文庙格局："门前为泮池，跨以石桥。桥前为太和元气坊，坊左右碑亭二，永寿王府中尉惟焵建。"可见当时的"太和元气坊"位于泮池之南，正对石桥，今天的"太和元气坊"仍然存在，但两个碑亭已荡然无存。

明万历二十二年（1594年）对西安文庙、碑林进行了一次大规模整修，这是明代万历年间乃至整个明代最为全面的一次整修，整修的范围涉及文庙、碑林和府县三学。嘉庆本《咸宁县志·学校志》"县学"条下记曰："知县李得中谒庙，视邑学瓦毁栋欹，慨然动兴废补敝之思，申之提学沈季文、西安知府曹璜，移会长安令沈听之，并文庙、三学因其故址重修饰，庙舍焕然改观。周宇为记。"雍正本《陕西省通志·学校志》"西安府学"条下记载："万历癸巳，淫潦弥时，公私垣舍大坏，庙学滋甚。知县李得中谋诸长安令沈听之，相与共请诸府道，于是工成不日焉。"咸宁令李得中与长安令沈听之，以整修庙学为名共同请示西安府和陕西提学，获得批准后对文庙、咸宁、长安二学以及碑林石经等进行整修。

关于此次整修的缘起，《咸宁长安二县尹修葺文庙记》这样记载："是岁之春，抚台刘公瞻拜庙廷，已而下修葺之令，礼也。督学沈公讲道堂皇，唯修葺之令是申，职也。咸宁县尹李君，长安县尹沈君，唯修葺之令是从，有司存也。"[2]此处的"抚台刘公"指时任陕西巡抚的刘光国，此次整修就是由他下的命令。"督学沈公"即沈季文重申此修葺令，然后由咸宁、长安二县尹即上文提到的李得中和沈听之二人具体操办一切。而关于整修的内容，《咸宁长安二县尹修葺文庙记》记载得也较为简略："坏者更，阙者补，敝者新，繇殿宇而两庑，繇门舍而诸厨，繇泮池以及学宫，靡不毕举。"此处提到的整修范围主要包括文庙，至于府县三学只用"以及学宫"一笔带过，未谈到碑林的整修情况。

与《咸宁长安二县尹修葺文庙记》相比，周宇所撰写的《重修儒学碑》所记述的内容要详细具体得多。此碑文首先描述西安文庙、府县三学当时的位置、格局，并追述其发展的历史，同时提到了碑林，碑文载曰："庙之后环列古诸石经、石刻，覆以步栏，陆离盘纡，港洞若洞署，俗谓之碑洞。"[1]所谓"步栏"亦称为步檐，即走廊。看来当时石经和碑刻是以覆建廊庑的方式进行保护的。而关于当时庙学和碑林的记载情况则是："……迩年震圯相继，滋久滋剥，瓦有毁、栋有欹、庳有颓，檐扉陁陊，丹腥尘蚀，遂使愿观宗庙之美者瞻拜成叹。"[2]这是明代万历年间几次整修碑文中唯一一次提及地震对西安文庙的破坏情况的。此次整修由咸宁、长安两位县令具体负责，除了对各自县学进行整修外，"庙学东，东令董之，书院西，西令董之"，即文庙和府学在东，由咸宁县令负责，正学书院在西，由长安县令负责。整修的经过为："先殿庑、厅堂、门序，以及牲厨、诸舍，若启圣，若名宦、乡贤诸祠，后若篋亭，若石经步栏，次郡学堂斋，横舍以及门序，若尊经阁，次若东邑学一视郡学，罔不毁者守，欹者正，颓者峙，陋陂者、尘蚀者，巩以密，辉以丽矣。"[3]

崇祯九年（1636年）所立的《重修文庙碑记》记述了明代最后一次整修西安文庙的情况。经过此次整修，文庙得以焕

[1]《重修儒学碑》，刻立年代不详，此碑现藏于西安碑林博物馆。
[2]《重修儒学碑》，刻立年代不详，此碑现藏于西安碑林博物馆。
[3]《咸宁长安二县尹修葺文庙记》，刻立年代不详，此碑现藏于西安碑林博物馆。

然一新，"其殿七楹，东西庑各十九楹，启圣三楹，覆琉璃，坚以林木，饰以丹垩。而棂星门、戟门、敬一亭、碑亭、牌坊，悉比于旧，焕丽有加。尊经阁峙于之后，泮池带于前，祭祀之具，各瞻其物。"①

万历年间对文庙和府县三学的最后一次整修发生在万历四十六（1616年）年，西安碑林现所藏的万历四十八年（1618年）的《重修庙学记》碑记述了当时文庙的情况：

> ……历时既久，土木败蠹，庙貌弗饰，学舍相次颓塌，弦诵乐育之区，几于附赘，风气日漓，青衿之士进取诎焉。②

面对文庙受损的颓废现状，新上任的西安知府梁鼎贤命咸宁知县丁流芳，西安府同知伍维新负责筹措整修经费，很快就开始对文庙动工修葺：

> ……遴选府知事潘善督文庙、府学工，咸宁丞张待礼、长安丞郭知彰督两县儒学工……于万历四十六年孟夏肇工，增陴营缮，先庙堂门庑，次祠斋廨舍，次棂星泮壁，与夫庖廪厩之属，并协殚厥□，次第大饬其旧。榱敝者□，栋挠者易，垣倾者辟。又增修云路于府学门外，层台南向，高可登览。并丹垩两旁坊牌，新建碑亭，规模益拓宏丽，风气攸完。越明年仲春告成，数十年之废，一朝具兴。③

可见，这次整修对象的重点是文庙和府县三学，并未专门提到对碑林的整修情况，此次整修过程共历时近一年。由

① 明崇祯九年（1636年）刻立的《重修文庙碑记》，此碑现藏于西安碑林博物馆。
② 明万历四十八年（1618年）刻立的《重修庙学记》，此碑现藏于西安碑林博物馆。
③ 明万历四十六年（1618年）刻立的《重修庙学记》，此碑现藏于西安碑林博物馆。

于西安知府梁鼎贤维修工作尚未完工，便升任提学副使，随后由其继任者西安知府陈并先负责完成余下整修事宜。

明代对西安文庙的最后一次整修是在崇祯九年（1636年）。崇祯年间的明王朝已经变得腐败不堪，各地农民起义不断，明王朝已然走到了穷途末路，而陕西西安正是明军镇压农民起义军的主要战场。崇祯九年对西安文庙的整修，就是在这样的背景下进行的。1636年所立的《重修文庙碑记》记事碑（碑文的作者是巡按陕西监察御史钱守廉），记载了这次整修情况：

> 比年秦大饥，萑苇作难，汲汲治武备不遑，虽率循故，事祀春秋，而庙貌浸圮，顾瞻不扬，文事遂衰。余巡兹土，心窃痛之。

碑文简要交代了文庙整修的原因和背景。据碑文介绍，此次整修的规模不大，整修范围仅限于文庙，整修经费大多来自地方官员的捐献。碑文的作者也即此次整修的主要倡导者钱守廉"出俸金百，以告诸一时同志，司、道、府、厅以及州县长吏，咸允乃心，各捐俸金有差。不借官帑一锱，民间一力，而大工毕"[1]。

整修之后，"其殿七楹，东西庑各十九楹，启圣三楹，覆以琉璃，坚以材木，饰以丹垩。而棂星门、戟门、敬一亭、碑亭、牌坊，悉比于旧焕丽有加。尊经阁峙于后，泮池带于前，祭祀之具，各瞻其物。"[2]此处将明末这一次整修时文庙的建筑情况列举得十分清楚，但没有提及府县三学和碑林的整修情况，在当时内乱外患交困的情况下，明政府已无暇对府学县学和碑林进行整修，只能对文庙加以修缮，表明

---

① 明崇祯九年（1636年）刻立的《重修文庙碑记》，此碑现藏于西安碑林博物馆。
② 明崇祯九年（1636年）刻立的《重修文庙碑记》，此碑现藏于西安碑林博物馆。

明政府当时对儒家思想还是较为认同和尊崇的。

明末时期文庙中的建筑主要有大成殿、东西二庑、戟门、文昌祠或七贤祠（嘉靖之后改为名宦祠或乡贤祠）、神厨（或称牲厨）、斋宿房、棂星门、泮池、泮桥、木牌坊和碑亭等。

从上述文庙的历史沿革可以看出历史上西安庙与学的关系。自唐武德二年（619年）六月戊戌，令国子学立周公、孔子庙四时致祭开始，文庙与国子监合为一体，此时，各府、州县也都是庙学一体，并形成定制，一直延续至唐末。此后宋初的八十余年间，国家一直奉行着重科举、轻学校的文教政策。当时的官学只有中央政府所办的国子监，地方官学基本上处于取消和散乱状态，各地出现了有庙无学的状况。北宋初京兆府（西安府）中也是有庙而无学，直到仁宗景祐元年（1034年）时任户部侍郎永兴军范雍奏文朝廷，请求创办府学，后得以批准，这一史实记载在《牒永兴军碑》和《永兴军中书札子》中。初建之西安府学，从当时碑文记载"学舍五十间"可知规模并不大，地址在"府城中之系官隙地"，方位不详，对于新建府学与城中原有文庙的关系，以及是否在府学中建有文庙，也未提及。

西安文庙附属碑林阶段：

清代至20世纪90年代

西安碑林自形成起至清代，一直附属于西安文庙和府学，是西安文庙的一个重要组成部分，但从清代开始，西安碑林的独立性逐渐增强。这表现在西安碑林整修不再作为文庙、府学整修的一部分附带进行，而是单独整修，专门立碑记事。

清代延续了明代崇文重教的传统，较为重视文庙的整修。清代曾对西安文庙、府县三学进行过多次修复，是碑林发展的重要阶段。仅顺治年间就曾对西安文庙进行过三次整修，但整修规模都不大，只是在原有的建筑上进行维修，基本维持了西安文庙原有的建筑格局。在整修过程中，不仅增加了大量的碑刻，还将一些新出土的碑刻移至碑林。据统计，自清顺治三年至光绪十八年（1646—1892）的二百四十六年间，碑林得到了进一步的充实和发展，共增加了各类碑刻二百五十六种，内容丰富，题材广泛，有纪功、纪事、修桥、建筑、修栈道、河渠、整修寺观庙宇、府县三学、田赋、学规、诗词、格言、名人书帖和各类石刻图画等。书法风格多样，成为研究地方史志的重要资料。乾隆四十四年（1779年）的《西安府志》记载了当时西安文庙的情况：

> （文庙）在府治东南。建自宋初，元至正间行省平章廉希宪修，明成化建巡抚马文升，嘉靖间巡抚王尧封，万历癸巳长安令沈听之、咸宁令李得中先后增修。前有坊，内为棂星门，次戟门，次两庑，各十七间。中大成殿，殿内恭悬本朝康熙二十三年十月御书"万世师表"额、雍正四年三月御书"生民未有"额。咸宁学之东为崇圣祠。正殿后为碑林，俗称碑洞。碑林经始于宋元祐庚午龙图阁学士吕大忠。明成化癸巳，中丞马文升修。万历癸巳，首令沈听之、李得中复修。本朝康熙庚子，候补令朱爝重加辑治。①

清代乾隆壬辰年间，中丞毕公对西安文庙内的石经重新修葺。《西安府志》对清代石经修葺情况做了明确记载：

> 西安郡学后旧有碑林，置唐、宋以来石刻，岁久未修，墙宇倾圮，兼以俗工日事捶拓贞珉，将有日损之势。余简任封圻，莅止斯上，释奠之始，议加改建，不一岁而工毕。为堂五楹，砌置《开成石经》及宋、元以前碑版，又南置《石台孝经》。以上屋宇，并周以阑楯，其锁钥有司掌之，帖估不得恣意摹拓，庶旧刻得以垂诸永久。至明代及近人碑刻，则汰存其佳者，别建三楹于敬一亭之西为安置，兼以资拓工□食焉。②

① [清] 舒其绅等修，严长明等纂：《西安府志》，乾隆四十四年，第344页。
② [清] 舒其绅等修，严长明等纂：《西安府志》，乾隆四十四年，第345页。

清末，中国进入半殖民地半封建社会，政府的统治日益腐败。特别是清末民初，各地军阀割据，战乱不已，民不聊生，无论官方还是民间均无暇顾及整修西安文庙和碑林，自道光二十二年（1842年）以来，碑林近百年未曾有过像样的整修记载，导致部分建筑房屋年久失修，碑林发展进入停滞和损毁时期。

自1922年开始，作为文化收藏机构的西安碑林转交陕西省立图书馆管理。为了便于管理和分类识别，陕西省立图书馆将西安碑林划分为十二个区。据时任陕西省图书馆馆长的张知道所著的《西京碑林》记载，其分区和藏石情况大致如下：第一区为孝经亭，主要有《石台孝经》及宋至康熙年间的碑石三十三种，共八十四石。第二区为唐宋名碑及部分清代碑石共九十一种，共一百五十三石。第三区主要是《开成石经》、清代刻补《孟子》及部分清代碑石，分成东西两室及两庑，共二十九种，共一百三十三石。第四区有宋、元、明、清碑石六种，共二十二石。第五区有唐、宋、金、清碑石四十四种，共十八石。第六区有唐、清、民国碑石十一种，共十一石。第七区有南北朝至清代碑石五十二种，共六十八石（含部分墓志）。第八区主要陈列《淳化阁帖》及明代碑石六十四种，共四百三十七石。第九区有少量唐碑、明清及民国碑石二十七种，共九十二石。第九区中间有孔子像。第十区有明清以来线刻画及诗文碑刻一百三十五种，共一百八十七石。第十一区为碑林办公室，内有清代碑石十一种，共三十八石。

尽管当时社会动荡，但西安碑林作为文化收藏机构，仍起到了应有的保存文化遗产的作用。碑石的数量逐年不断增加，据《长安史迹考》记载碑刻有六百六十七方。1914年出版的《图书馆所藏碑林目表》收录碑石一百七十二种、九百五十九石。据1935年张知道《西京碑林》藏石统计：北魏四石、北周二石、隋三石、唐三百一十一石、后梁二石、宋四十石、元十一石、明一百四十八石、清八百四十七石、民国二十五石等，除去当时图书馆藏石二十种，二十四石外，西安碑林实际藏石四百七十四种，一千四百石，比清末时增加了一倍。

1935年春，"中央古物保管委员会"在西安设立办事处，向国民党政府提议整修西安碑林，并得到了批准和拨款，同年11月成立了"整修西安碑林工程监修委员会"，整修工程实行公开招标，北京鸿兴建筑公司中标承包，于1937年4月21日正式破土动工。全部工程的设计由建筑学家梁思成具体负责指导。

整修工程分成修建房屋和调整碑石陈列两大方面。在碑林的建筑布局上，打破了以前的分区布局，根据具体情况进行新建和改建。按碑石陈列的具体计划，采取先立碑、后建房的方法，将原来埋入地下的碑座全部挖出，使其露出地面。在建筑风格上，采取庭院式布局，宫殿式仿古建筑。共建成八座陈列室，六条游廊，用来陈列碑石。又建卷棚式建筑三座，储藏室两个，休息室、管理室各一座，并重建大门楼。

此次整修对碑石陈列进行了进一步调整，采取了分类排列法。根据碑石的年代、内容，分为石经类、唐碑帖类、法帖类、绘画类、记赞类、诗文题跋类、箴铭格言类等七大类。陈列室内的碑石除石经外，一律将原来的横排改为竖排。这样的分类陈列具有较强的系统性、科学性，安排合理，既便于观赏、采光，又彻底改变了碑林长期以来陈列无序、碑石拥挤、狭径如洞的旧观。在整修的过程中，工作人员对全部碑石的保存状况做了调查，对残破者作了详细的记录。同时对明嘉靖年间地震后黏接错行者三十一石，请张木生进行了校证、接补。还发现了石经残石两方，分属于《论语》和《左传》，均嵌补于碑中。此外还发现了《唐不空和尚译经记》、《唐慧日寺真言碑》、佛经残石等数种。在整修过程中考虑到地震对碑石的危害，由监修委员会张继提议在《开成石经》上加钢筋混凝土梁以防震，得到认可。梁思成设计图样，去除原石经的碑首，加上钢筋水泥横梁，并在一定距离内加水泥立柱。虽然取消了石经的碑首，影响了其原貌，但从保护碑刻的角度来看，还是利大于弊的。

整修工程至1938年3月全部竣工并通过验收，共耗资七万余元。整修工程结束后，特请于右任题写了"西京碑林"匾额，悬于大门之上，将原悬挂于此的相传林则徐所书的"碑林"匾额移至《石台孝经》亭上。这次整修工程规模宏大，不同于一般意义上的修葺，近乎重建。经过整修后，整个西安碑林的建筑布局更加合理，碑石陈列有序，整个碑林面貌焕然一新，基本形成了今天西安碑林的格局。客观而言，在抗日战争爆发期间和国难当头的艰难环境下，国民党政府在民国时期为保护西安碑林所作出的巨大贡献是值得肯定的。

民国期间，于右任将其"鸳鸯七志斋"藏石，全部捐献给西安碑林。在1937—1938年整修西安碑林时，特新建第八室将这批墓志嵌于墙上陈列。据统计，这批墓志实际数目共三百一十八种、三百八十七石（包括墓志盖），汉《熹平石经》残石及黄肠石六种，晋墓石六种，北魏墓志一百三十六种，东魏墓志七种，北齐墓志八种，北周墓志五种，隋墓志一百一十三种，唐墓志三十五种，后梁墓志一种，宋墓志三种。这批墓志石刻，书法精美，具有很高的历史价值和艺术价值。陕西省历史博物馆原馆长董仲潜在其《鸳鸯七志斋记》一文中说："西京碑林之石刻，创始于唐，内多唐代名贵碑石，沿至宋元明清，屡有增益，独缺晋魏石刻，秦汉碑版更无矣。三原于右任先生，竭其生平之力，搜集海内出土志石，不下三百八十余方，魏墓志居其大半，齐周隋唐外，尤以《熹平石经》残石更为稀世奇珍。"这批墓志，填补了碑林中汉至北朝碑刻极少的缺憾，为碑林增添了新的内容。

1944年，陕西省历史博物馆成立，文庙和碑林均划归该馆管理，西安碑林正式归于博物馆系统。1950年，在碑林和文庙的基础上，成立了西北历史文物博物馆，后改为西北历史博物馆，1955年更名为陕西省博物馆，碑林为该馆基本陈列内容。

1959年9月13日，碑林前孔庙大成殿遭雷击焚毁，此后再未重建，大成殿原址成为今天的碑林广场。

1961年3月4日，国务院公布西安碑林为第一批全国重点文物保护单位。

中华人民共和国成立后，国家曾对西安碑林进行过几次整修。1952年由陕西省人民政府拨款对碑林进行了全面维修和调整。对六个陈列室和碑亭等建筑，换顶翻修，加固地基。同时对碑石进行了调整和清理，撤去一些明清及近代的学术、艺术价值不高的碑刻，充实了汉、晋、北魏、隋、唐等名碑。

1974年，对陈列《开成石经》的碑林一室进行了全面翻修。1975年对《石台孝经》进行了整修。《石台孝经》自碑林创建以来，经历了明嘉靖大地震，虽未断裂，但台基破裂，碑体倾斜错缝，四石不能合拢。由于此碑置于碑亭内，体积巨大，整修比较困难，故采取用钢筋混凝土加固地基，对错缝处扶正黏补的方法，使其恢复了原貌。修复过程中，在碑身四石连接的榫卯处，发现了南宋拓整幅《集王圣教序碑》拓本，可谓弥足珍贵。还发现了宋元祐以前的钱币和女真文字书一批，说明碑林自迁建以来，《石台孝经》再未移动过。

1979年，对西安碑林的牌坊、碑亭、泮池进行了修缮，翻修了碑林二至六室。对所陈列的碑石进行了防震加固，用角钢将碑首、碑身、碑座焊接加固，各碑之间互相连接，对著名的碑刻加玻璃进行保护。

1982年，工作人员在碑林六室前新建了一座陈列室，为碑林七室。次年，对碑石的陈列进行了调整，将原在三室的《淳化阁帖》迁至第七室专室陈列。又将新入藏的《唐藏怀恪碑》《宋折克行神道碑》等陈列于第三室，将《黄庭坚诗帖》《米芾行书四条屏》《祝允明书·乐志论》等陈列于第四室，增添了新的陈列内容，并开阔了陈列空间。

中华人民共和国成立以来，担负着碑石收藏、保护、研究、陈列之任务的西安碑林，不断增加新的藏品。碑石的来源主要有三种形式：一是各界人士的捐赠；二是新出土的碑志；三是在原存地保存条件不佳，为集中保管迁入碑林的。

第一种形式，各界人士的捐赠。1951年，西北历史文物陈列馆为支援抗美援朝举办了文物捐献及书画义卖活动，阎复初捐《隋仁寿造像》等两种，王耀堂捐《北魏景明造像》一种，阎秉初捐唐经幢二种、造像二种。碑志收藏家张钫（字伯英，他曾收藏唐墓志一千余种，名"千唐志斋"，今存河南省新安县铁门镇故里）将其收藏的《唐李术墓志》《翻刻集王圣教序碑》等十七种碑石捐献给碑林，张凤翙将家藏的董其昌书《式好堂法帖》捐给碑林，段绍嘉（曾在陕西省博物馆任职，书法家）将《唐王公素墓志》等十二种墓志捐给碑林。

第二种形式，新出土的碑志。中华人民共和国成立后，随着大规模基本建设的进行和考古事业的快速发展，陕西境内出土了众多的碑石、墓志，它们大量地被收藏入西安碑林。著名的有《唐郭荣碑》《唐李夷简家庙碑》《唐道德寺碑》《唐杨孝恭碑》《唐回元观钟楼铭》《宋折克行碑》《宋折继闵碑》，以及大量北朝至清代的墓志，达千余方。

第三种形式，新迁入碑林的碑石。最重要的是将原存于小碑林的一些著名碑刻一并迁入碑林。1928年以来，国民党陕西省主席宋哲元将西安、富平、华阴、兴平等地的汉唐以降的碑石，集中在陕西省政府新城内保存陈列，以供观赏，取名为"小碑林"。宋伯鲁、宋联奎书有《小碑林记》刊石。1949年前后，取消了新城的小碑林，将原存此处的《汉武都太守残碑》《唐颜勤礼碑》《唐述圣颂》《唐美原神泉诗序》《唐慧坚禅师碑》《黄庭坚诗帖》《锄经堂法帖》以及近代一些名人书写的碑刻移存碑林。另外，陆续从各地迁置碑林的著名碑石有《汉曹全碑》《汉仙人唐公房碑》《汉仓颉庙碑》《前秦邓太尉碑》《前秦广武将军碑》《北魏晖福寺碑》《唐同州圣教序》《唐臧怀恪碑》《宋德应候碑》等，既对这些碑刻起到了保护作用，又将这些碑刻集中陈列，便于人们观览和研究。

1987年，古老的西安碑林以崭新的面貌迎来了900周年华诞。1988年1月5日陕西省博物馆与中国书法家协会，为西安碑林建立900周年举行了隆重的纪念活动，举办了碑林科研成果展和书法作品展览，并举行了西安碑林学术讨论会，编辑出版了《纪念西安碑林建立900周年专刊》。

1991年，陕西历史博物馆落成，陕西省博物馆除碑石、石刻及书法类文物外的其他文物均移至陕西历史博物馆，碑林成为以收藏和研究历代碑刻和石雕艺术品为主的专题性博物馆。1993年1月，陕西省博物馆正式更名为西安碑林博物馆。

　　今日之西安碑林博物馆，藏品丰富，碑石林立，蔚然壮观。碑刻的时代序列完整，真、草、隶、篆各种书体齐备，计有七座碑石陈列室，八座碑亭，九个碑廊，多面碑墙。据《西安碑林书法艺术》藏石细目统计，共有碑石四百九十六种，墓志九百六十九种，经幢六十三种，造像八十五种，线刻画八十五种，共一千五百九十八种，三千二百多石，是我国目前最大的碑石收藏地。

西安碑林博物馆大门

从20世纪90年代至今，碑林进入了一个崭新的发展阶段。陕西省各级政府和组织对西安文庙和碑林特别重视，对其古建筑和周边环境进行了整治和保护，采取了"修旧如旧"的保护理念对文庙古建筑进行保护和修复，并对文庙、碑林进行了科学系统的规划和建设，同时对文庙、碑林周边环境进行绿化、改造和升级，形成了中华人民共和国成立以来南有文庙、北有碑林、西有陵墓石刻、东有宗教石刻的"一轴两翼"的陈列展示格局，西安文庙、碑林迎来了发展的春天。

西安文庙（碑林）展室作为向游人展示的重要平台和场所，由于长时间得不到有效保护和整修，导致损坏严重，已无法满足西安文庙（碑林）快速发展的需要。1996年，碑林组织人员对第六展室的现状进行了实地测量，发现当时西侧山檐塌落，最大处长达二十六厘米，仅用木柱支撑；屋面起鼓，导致雨水无法顺利流淌，且渗漏现象严重；屋架的结构没有严格按照大木作结构，且用料较少，无法承载；部分柱子存在遭受白蚁蛀蚀的问题。专家们经过详细论证，于2006年对碑林六室进行了整体整修和保护。将展室的椽子和飞椽全部予以更换，增加防水材料，确保屋面不致渗漏，同时对屋面瓦件进行全部更换，对原梁架结构予以更换，加大用材的尺寸，对部分腐朽的柱子予以更换，保证其能够安全承载。同时对展室按照原有的彩绘样式进行彩绘。

2008年，陕西省文物局组织相关人员对西安碑林的前大门进行了整修和改造。碑林大门修建于20世纪50年代，东西对称，但因为门洞较低，导致车辆无法顺利通行，因此对前大门进行了升级改造。整修时基本上是按照原有的建筑格局，把门洞梁以上的部分进一步加高，而下部的构件均保持不动。整个大门基本上按照古建筑的规制重新进行制作、建造。整修后的碑林门楼古朴大方，不失典雅，翼角突起，线条流畅，给人以庄严肃穆之感。

据路远的《西安碑林史》记载，1937年民国政府曾对碑林第四展室进行过一次大的整修。碑林四室为硬山式屋面，但由于第四展室的木构架多处遭受白蚁的蛀蚀，使东北角柱基本丧失了承载力，导致屋面渗漏严重，严重危及室内文物的安全。后来，在征得陕西省文物局的批复后，于2006年11月开始对碑林四室进行整体整修，此次维修工程于2007年4月基本完成。在这次维修过程中，主要采取部分落架维修处理。整修期间保持四室中的石刻文物不发生移动，尽量对其进行妥善保护。针对原有的建筑地基处理较差的突出问题，工作人员在山墙的四周挖了回填坑，按照3∶7的灰土比例夯实，并用钢筋混凝土梁浇注，上托山墙重量，对原有的屋架根据现状进行保护使其基本还能够继续使用。展室的原有的木结构基本更换完毕（除了明间西边三根柱子之外），特别是东北角山墙柱及西北角山墙柱，檩子、柱子及梁枋和原有的规格保持基本一致，屋子上的椽子和飞椽比原有尺寸略大，门和窗基本保持不变，对拆卸下来的破损的物件进行修整后重新使用。同时，对屋面望板及连檐全部进行更换，对其进行重新油漆彩绘处理，基本按照原样进行修复，没有进行做旧处理。砖面部分基本按照原来的规格进行修复，整个屋面形式基本没有发生什么变化，瓦件及脊件等都做了更换处理，屋面进行了防水处理。地面铺砌方块青石，使其与整个建筑相互协调。针对四室西边有三块巨型石碑的情况，在这一次维修时，为了保护这三块巨型碑石，特意在西山墙处做出挑檐一座以遮风挡雨，对文物起到了更好的保护作用。四室原有的结构只有正门一座，在这一次维修时，考虑到以后碑林扩展的现实需要，在展室北边也开了一座门，与南边的门的规格保持一致。

20世纪90年代以后，西安碑林组织相关人员对西安文庙的古建筑群进行大规模整修，其中对文庙碑亭的整修能够反映出对文庙古建筑群的整修力度。现在所看到的文庙内七座碑亭皆为清代所建，它们沿文庙中轴线对称而立，南北相距16.5米，东西相距14.5米。七座碑亭结构基本一致，均为八角攒尖顶，上覆黄色琉璃瓦，柱脚立于柱顶石上，柱头与枋结合处做箍头枋准卯，在下架形成圈梁式结构，柱头安装角云，以承接搭交处檐檩，沿全檩轴线平面安置扒梁以承金檩，搭交檐檩、金檩之间沿对角线置梁，形成屋面的八条屋脊，角梁后尾的八根由戗共同交于雷公柱。

1998—1999年曾对西安文庙碑亭（除了一号碑亭外）进行了一次大的翻修，并按照"修旧如旧"的原则，严格按照现场勘查、实测、照相、论证等程序进行。主要维修内容包括：

（1）对地面残损处进行修理。原有地面残破不堪，且铺地砖规格、大小不一，破损率达60%以上。其中踏步青石松动，部分甚至出现断裂，散水残破情况也较为严重。针对这种情况，整修过程中对碑亭地面全部重新铺砌规格统一的青砖，散水下做了15厘米的防水层后铺砌青砖。（2）对碑亭围护结构进行修复。在整修前，原有碑亭部分的石栏板已然无存，由水泥抹面代替，其中四、五、六、七号碑亭的门窗基本保存完好。在此次整修过程中，重点更换损坏的石栏板，并对碑亭糟朽变形的门扇严格按照原有样式予以更换。（3）对部分糟朽梁架进行更换。由于年代久远，原来的二、三号碑亭部分角柱已经基本被白蚁蛀空，基本丧失承载能力。因此，在维修过程中，对这些损坏严重的木构架进行了更换和调整。（4）对屋面进行重新更换。当时，由于七座碑亭的屋面均存在不同程度的松动、破碎和漏雨现象，在维修中，对碑亭屋面上的所有构件进行全部更换。（5）对地面进行白蚁防治。针对潮湿环境容易滋生白蚁的情况，在维修地基时，在灰土中加入化学试剂氟蓝丹夯实，用专门的杀蚁溶液涂刷至少三遍，使溶剂能够充分浸入木材内部，起到了防治白蚁的作用。此外，在碑亭主体结构维修完毕以后，严格按照原有的照片实际色彩情况进行了彩绘，使整个碑亭建筑看起来焕然一新。

此外，在原有西安文庙和碑林的基础上，自1963年起开始启动修复和扩建旧石刻艺术馆。石刻艺术馆项目于1992年在陕西省发改委立项，于2004年得到国家文物局的批复。新石刻艺术馆建筑物抗震设防烈度为八度，建筑工程等级为二级，耐火等级为一级，框架呈剪力墙结构，与旧石刻馆沿碑林中轴线对称，总占地面积为3098平方米，总建筑面积为7903平方米，外观为仿古大屋顶结构，共分上下两层，局部为三层，底层为混凝土框剪力墙结构，主要用来库存文物。其中一层主要用于陈列展厅、多功能厅及文物保护实验室。二层为善本书库及字画库。新的石刻艺术馆建成之后，从2010年5月开始正式对外开放，从此西安碑林成为前有文庙、后有碑林、东有宗教石刻、西有陵墓石刻的"一轴两翼"的建筑新格局，陈列展示总面积达到了七千五百二十五平方米，基础设施得到了进一步完善，使得西安碑林的硬件及软件设施都得到了质的提升，大大改善了所藏文物的保管条件，有力提升了其陈列展示水平，同时文庙内的古建筑得到了科学合理的修缮，环境也得到了进一步整治。漫步在文庙和碑林之中，到处绿草如茵，青石铺地，大批古建筑庄严雄伟，石碑石刻文质相辉，给人以一种安静、祥和、庄重之感，西安文庙（碑林）的发展进入了一个崭新的发展时期。

西安文庙的选址与布局

西安文庙的选址理念

西安文庙的布局结构

西安文庙的空间格局

西安文庙现位于西安市文昌门内三学街，初建于唐代末年，经过历代不断的整修，至明清时期仍保留有比较完好的建筑群，诸如泮池、棂星门、照壁、牌坊、华表、碑亭、两庑、戟门。

自汉代以来，统治者推崇和尊奉儒学，受到儒学思想熏陶而产生和发展起来的文庙随之得到重视。文庙最初为人们祭祀儒学的创始人孔子的专门场所，由于历代王朝大力提倡尊孔崇儒，儒家思想学说和孔子的影响力不断增强，逐渐形成了"庙学合一"现象。西安文庙亦逐渐成为传授儒家经典学说和宣传教化民众的文教圣地，由奉祀儒学圣人孔子的祭祀场所，逐渐演变成为宣扬儒家思想学说的礼制建筑圣地。正所谓"古人因地建城，因城建署而学校庙祠因类及之，尽所以而治民事神者"①。文庙成为我国古代城市的重要标志建筑之一，在一千多年的历史中得到较好的承继。文庙还承担着地方官学的教育职能，集我国古代城市"治民""事神"两大职能于一身，发挥着学校教育和庙宇祭祀的双重作用。②因此，西安文庙在择址上非常考究，符合古代礼制的要求，同时，文庙在建成后对周围的环境产生了一定的影响。

① 张机高编：《佛坪县志》，台北成文出版社1968年版，第22页。
② 周春芳：《明清陕西教育建筑文化研究》，西安建筑科技大学2016年博士学位论文，第123页。

西安文庙的
选址理念

古人认为，文庙作为祭祀和宣扬儒学先师孔子的文教圣地，与当地的文运密切相关，关系到当地文风的兴衰，只有文风昌达，才会给当地的读书人带来好运，人才辈出。文庙在古代兼具祭祀和教化两种功能，所以修建文庙不仅仅在于尊孔、崇儒，也在于兴教，更在于为当地人祈求文运，表达了古人对于繁荣当地文化的美好期待。所以，古人认为这样重要的建筑，其处所的选择事关重大，直接关系到当地的文风兴衰和人才的培养。

西安文庙现为西安碑林博物馆的一部分。西安文庙始建于宋徽宗宣和年间，历经元、明、清各代的屡次修缮。整个文庙建筑形制宏伟，蔚为大观。文庙前为仪门，进而为棂星门，门前辟有泮池，一座石桥横跨泮池两端。二门里东亭置放有唐代景云钟，该钟铸于唐景云年间，上刻有浮雕鸟兽，并刻有唐睿宗李旦亲自撰写的钟铭。西亭放置有大夏赫连勃勃时代雕塑的石马。现在保存的照壁、牌坊、泮池、棂星门、华表、碑亭、戟门、两庑均为明清时期的建筑。

文庙建筑既需要体现礼制，又要体现文治教化。所以，西安文庙在择址卜相当讲究，兼具封建礼制与堪舆形学思想的双重影响。总的来看，西安文庙的择址巧妙结合了中国传统礼制文化、地理条件等方面的因素，力求达到自然和人文融合的"天人合一"的理想境界。

选择风水和谐之吉位

古人对建筑物的方位选择历来较为考究。对于古人来说，无论营建何种建筑，都要参考风水理论[①]和风水先生的建议，必须要选定"风水宝地"才能开始修建。文庙建筑在城市中的方位历来受到人们的重视。

《阳宅三要》曰："阴阳之理、自古攸分，二者不和，凶气必至。故公廨要合法，而庙亦不可不居乎吉地……文庙建于甲、艮、巽三地为得地也……"[②]《相宅经纂》也有类似的说法："文庙建甲、艮、巽三方，为得地，庙后宜高耸，如笔如枪，左宜空缺明亮，一眼看见文阁奎楼，大利科甲。"[③]甲为震，东方；艮为东北；巽为东南。风水理论认为，南方丙丁火，具有炎热向上的特性；东方属于甲乙木，具有生发、通达的特征；东南是日出之地，是城市中日照时间最长的方位，是一个生机勃发、欣欣向荣的方位，寓意着朝气与昌盛，表明此处文风兴盛，适合营建文化建筑。文庙建筑在城市的东南方、东方和东北方，有利于本地文化昌盛。因此，充满文德意象，朝气蓬勃的西安城东南方向，自然成为建立文庙最为合适的位置，以期西安城能够文风昌盛，人才辈出。

此外，文庙的择址遵循"天子至尊"的礼制思想。文庙作为祭祀孔子的场所，历来享受的是"王者"礼遇，所谓

① 风水理论是古人为了使城市、村落、住宅、墓地等趋利避害，结合当时的哲学观念和民俗意识形成的一系列环境评价理论体系。它主要包括了对自然环境的地形分析，对区位与方向的分析，以及一些规划布局的思想。古人认为，风水理论如果运用得当，也即生产、生活所选择的地址及周围环境合适，就会给人们带来鸿运；反之，就会遭殃，给人带来厄运。人们用当时的文化意识、观念等来解释这些因果关系，这就形成了风水理论。

② 陈子明：《认识五行文化 图解阳宅三要》，民国上海校经山房石印，第213页。

③ [清] 高见南：《相宅经纂》卷2《都郡文武庙吉凶论》，清道光二十四年刻本。

"王者必居天下之中"[1]，因此文庙常居于城市之中。统治者出于对人民教化的考虑，通常于城市的中心修建文庙，并于文庙四周建有高大的围墙，以阻止城市的喧嚣。西安文庙的位置也遵循了这个重要选址原则，它位于当时西安城的中心位置。

巧借西安城墙以成"万仞"之势

"万仞"一词出自《论语·子张》："叔孙武叔语大夫于朝曰：'子贡贤于仲尼。'子服景伯以告子贡，子贡曰：'譬之宫墙，赐之墙也及肩，窥见室家之好。夫子之墙数仞，不得其门而入，不见宗庙之美，百官之富。'"当子贡听到别人说他的学问比孔子的学问还大的时候，他用了一个比喻形容孔子的学问之深不可测。子贡认为，孔子的学问就像是天子或诸侯的宫墙一样，里面藏有宗庙，朝廷百官必须由门而入，才能看得见。如果不得其门，进不去宫墙，那就会看不到宗庙之完美和朝中百官的富盛。因此，为了彰显孔子学问之深奥，一般文庙在南端不开门，而是筑"万仞宫墙"。

西安文庙为了体现"万仞宫墙"之高大庄严，在选址时巧妙构思，利用当时的西安城南城墙作为"万仞宫墙"。当时西安文庙之南的一段城墙高达12米，表达了求知者必须持谦虚谨慎态度的建筑设计理念，使人未入文庙而先对文庙产生一种神秘之感和崇敬之情。

地势东南较低以利于排水

文庙选址十分重视利用自然地理条件，因地制宜，巧借

---

[1]《荀子·大略》。

山水等自然因素为建筑服务，力求实现二者的有机融合。西安文庙建于东南方向，除了考虑风水因素之外，还有一个非常重要的原因在于东南地势较低，有利于排水。《淮南子·天文训》载："昔者共工与颛顼争为帝，怒而触不周之山，天柱折，地维绝。天倾西北，故日月星辰移焉；地不满东南，故水潦尘归焉。"[1]其中所体现出来的地势观念对我国古代乃至现当代的建筑格局设计都产生了极大的影响。

古代建筑物大多属于木质结构，所以如何有效保护建筑物就成为重点。"孔庙一般建在河渠的北侧，门前南侧的河流恰好与庙中的泮池沟通。这种选址方式绝对不是巧合，而是当时的建设者充分利用城市的布局特点，同孔庙建筑特色结合的结果。"[2]

西安文庙在选址理念上，也考虑到将水排向东南的因素，在地势的选择上，选择了西北高、东南低的地形。西安文庙东南方向靠近文昌门部分比其西北部分低了将近一米，这使得文庙内完全能够自然排水，历经数百年从不曾被水所淹，对文庙内的古建筑起到了较好的保护作用。

总而言之，受中国传统风水文化的影响，西安文庙在择址上考虑到了水排东南的因素，选择西安城中寓意朝气、昌盛和文风兴盛的东南方向建设文庙，并充分利用了当地的自然、人文地理条件，因地制宜，不仅借西安古城墙以成"万仞"，同时利用东南地势予以排水，西安文庙的建筑风格因此形成了自然和人文融合的"天人合一"的绝佳境界。

① 王友三：《中国无神论资料选注与浅析》（第一册），南京大学出版社1977年版，第199页。
② 彭蓉：《中国孔庙建筑与环境》，中州古籍出版社2008年版，第53页。

西安文庙的
布局结构

西安文庙是关中地区现存文庙中的杰出代表之一，其建筑结构在空间布局上沿中轴对称，包括文庙和碑林两大部分，整个建筑布局结构严谨，疏密有致，体现出自然和谐的比例关系，充满了韵律感和节奏感。

西安文庙作为儒家文化的重要载体，其建筑空间布局必然受到儒家思想的影响。儒家思想在处理人与人的关系上强调道德和礼制，国家利益至上的理念要求个体服从总体布局结构；在处理人与自然的关系上主张"天人合一"这些在西安文庙的布局形式和建筑类型上都有直接或间接的体现。西安文庙布局空间的影响因素主要有以下五点。

第一，儒家"礼"文化的外在体现。儒家思想学说是以"礼"为中心建立起来的一整套思想体系，《礼记·乐论》载："乐者，天地之和也；礼者，天地之序也"，将"礼"看作天地万物之秩序的标准；《礼记·乐记》中强调"中正无邪，礼之质也"；《荀子·大略》中也强调"王者必居天下之中，礼也"的观点，都从理论高度充分论证了建筑要符合礼制"中"

的要求，建筑群的布局要符合中轴线对称的规制，以此烘托古代帝王尊贵地位的重要性。西安文庙建筑群也充分反映了儒家"礼"之"中"的要求，严格按照中轴线对称而建。

站在高处俯瞰西安文庙，整个建筑群以大成殿为中心，由最外围的"孔庙"照壁开始，经"太和元气"牌坊、泮池、棂星门、偏殿、戟门、大成殿遗址，到西安碑林藏碑建筑结束，整个西安文庙建筑群看起来错落有致，给人以整体性美感。如果将"孔庙"照壁看作文庙的序幕，大成殿就构成了文庙的高潮部分，而西安碑林藏碑建筑部分则是整个建筑群的尾声，使西安文庙形成了一个主次分明、秩序井然的有机整体。

第二，"天人合一"观的内在反映。汉代哲学家董仲舒《春秋繁露》载曰："以类合一，天人一也。"这表明"天人合一"是儒家思想的重要特征。它强调追求人与自然的和谐统一，人与自然要在一个有机整体中和谐共生，"天人合一"观表现在西安文庙建筑上则要求追求人为建筑与自然环境的内在和谐统一。

西安文庙的主体院落沿中轴对称，整个建筑群以大成殿为中心，追求在"向心内聚"的基础上达到和谐统一。西安文庙中的所有建筑首先着眼于总体布局的和谐统一，其次才考虑到单个建筑的设计和处理，这样就使单座的门、坊、廊、殿在整个建筑群体之中能充分显示其各自的作用。

此外，西安文庙还追求与自然环境的和谐共生。漫步在西安文庙，可以发现文庙中到处种植了大量的四季常青植物，各种长青植物茂盛生长，形成了文庙独有的和谐生态环境，象征着儒家思想学说的生命常青和经久不衰。现在文庙所在地"柏树林"地名就来自明正统年间，因时任西安知府孙仁益在文庙周围广植柏树而得此名。

　　第三，曲阜孔庙的影响。曲阜孔庙是祭祀孔子的本庙，也是各地文庙建筑的范本，建筑和布局为各地文庙所效仿。曲阜孔庙以南北为中轴线，共九进院落，前三进为引导性庭院，从第四进庭院开始起建筑逐渐增多，第六进院落以后分为左、中、右三路布局。整个建筑群看起来疏密有致，布局严谨，中贯轴线，左右对称。在这一座宏大的古代建筑群里，前为仰圣门和金声玉振坊，棂星门后，主要建筑依次为太和元气坊、圣时门、璧水桥、弦道门、大中门、同文门、奎文阁、十三碑亭。此后再分为三路推进：中路为大成门、杏坛、大成殿、东西庑、寝殿、圣迹殿；东路进承圣门后为孔子故宅，有诗礼堂、礼器库、鲁壁、故宅井、崇圣祠、家庙等；西路进启圣门后有圣王殿、启圣王寝殿、金丝堂、乐器库等。

　　西安文庙的建筑布局仿照曲阜孔庙而建，基本是曲阜孔庙的缩减版。总体看来，建筑格局为中轴对称，三进院落，照壁、太和元气坊到棂星门为第一院落，棂星门、东西配殿、碑亭到戟门为第二进院落，戟门到大成殿为第三进院落，后面则为碑林藏碑部分，整个建筑布局可谓主次分明、疏密有致。

　　第四，西安行政区划的影响。从隋代开皇元年（581年）移长安、大兴（即咸宁）两县旧治入新筑西安城开始，历经唐、五代、金、元、明、清直至中华民国，长安、咸宁两县县治与西安府府治（金代称京兆府，元代称奉元路，明清为西安府）在长安城内长期并存。自北宋崇宁二年（1103年）虞策将府学、文庙及唐石经一并迁至"（西安）府城之东南隅"即今西安碑林现址后，西安文庙和府学便一直在一起。明成化年间，地方官以"僻从县治，去庙甚远，师生望朔艰于行礼"为由，又将附近的长安、咸宁二县学迁建于文庙左右两侧，形成了"一庙三学"的建筑格局。故西安府文庙在作为府文庙的同时，还具有长安县文庙、咸宁县文庙二重身份。时至今日，西安府文庙外二学已然遭到破坏而不存在，但遗留下来的诸如三学街、府学巷、长安学巷、咸宁学巷等街巷的名称记录并见证了这段珍贵的历史。

第五，西安碑林的影响。西安碑林是西安文庙大成殿之后的组成部分，包括《石台孝经》碑亭以及一至七展室、库房等，在建筑功能上相当于西安文庙的藏书阁，具有图书馆的职能。

自宋元祐二年（1087年），吕大忠移唐代石经及诸多唐宋碑刻于西安"府学之北墉"之后，西安碑林部分即开始对西安文庙的整体建筑格局产生影响。自元祐二年至金灭北宋之前，西安碑林一直是文庙宣圣殿后一个独立的院落，称之为碑院，建筑布局结构为《石台孝经》碑居中，其他诸石经廊庑环绕。清乾隆三十七年（1772年），在大臣毕沅的主持下，对西安碑林进行了大规模整修，重修、改建和规划了碑林的建筑结构，对碑林的藏石部分进行大规模的调整，制定了规范的西安碑林具体管理办法，并派专人进行管理。此时，西安碑林已开始转变成为一个以收藏和保护古代碑刻为目的，并向社会开放的独立文化机构。1937—1938年间，民国政府对文庙藏碑部分古建筑进行了大规模的整修，重点对《石台孝经》亭和一至六展室进行了整修，此时，碑林部分在整个文庙中所占的比重大幅增加，使西安府文庙的建筑格局发生了重大变化。

后来西安文庙主建筑大成殿毁于雷火和碑林的藏石越来越丰富，西安碑林的影响力逐渐超过了西安文庙。西安碑林博物馆的建设成为影响西安府文庙建筑格局的最大因素。

西安文庙第一进门至第二进门建筑空间

西安文庙的空间格局

文庙的布局情况最早见于唐代许嵩的《建康实录》：太元"十年春，尚书令谢石以学校陵迟，上疏请兴复国学于太庙之南"[①]。书中援引陈朝顾野王所撰写的《舆地志》："在江宁县东南二里一百步右御街东，东逼淮水，当时人呼为国子学。西有夫子堂，画夫子及十弟子像。西又有皇太子堂，南有诸生中省，门外祭酒省，二博士省，旧置博士二人。"[②]从上述记载情况来看，古代国子学在东，太子堂在西，夫子庙在中，位置突出。由于太子堂并非学校的必备建筑物，因此当时的文庙最早采用的是右庙左学的布局结构。

关于唐代西安文庙与国子监的布局形式，日本学者德川光国的《大日本史·膳大丘列传》记载说："膳大丘，胜宝四年随遣唐使如唐，归为大学助教。景云中上言：臣前如唐，问先圣之遗风，览胶庠之余烈，国子监有两门，题曰'文宣王庙'。有国子学生程贤语臣曰：'今主上大崇儒范，追尊为王，风德之征于今至矣'。"[③]从记载中可以看出，国子监当时有两个门，题曰"文宣王庙"，但是两个门不可能都题作"文

① [唐] 许嵩：《建康实录》卷9《晋中下·烈宗孝武皇帝》。
② 孔祥林、孔喆：《世界孔子庙研究 上》，中央编译出版社2011年版，第170页。
③ 孔祥林、孔喆：《世界孔子庙研究 下》，中央编译出版社2011年版，第834页。

宣王庙"，而只能是其中的一座，实际情况应为一座题名"国子监"，一座题名"文宣王庙"，既然国子监有两个门，应该是两个门并列，可以推断出国子监与文宣王庙东西并列。但究竟是左庙右学还是右庙左学，尚难以定论。据张永禄主编的《唐代长安词典》记载，唐代国子监位于皇城南墙东门安上门前面路东的务本坊，该坊考古实测东西宽七百米，南北长五百米，坊南北无门，东西设门，中央设东西向横街，街北西侧即是该坊的西北部为国子监，下领国子学、太学、四门学、律学、算学、书学六学，唐玄宗天宝年间增置广文馆，设在国子学的西北隅，与安上门相对。由此可见，国子监（学校）在西，文宣王庙在东，布局结构为左庙右学式。务本坊中央设东西横街，除去街道的宽度，街北的南北长度约两百米，如文宣王庙在西，庙后无法再建设广文馆，因文宣王庙建筑可能不会很大，但殿宇面积不能很小，否则祭祀时是无法容纳众多的官员师生的，由此可以证明，国子监（学校）和文庙确实东西并列，文庙与国子监的结构布局为左庙右学式。

古代一般州县有一座学校就设置一所文庙，但有的地方一座文庙有两座甚至三座学校。一种情况是府州县同城的州、县不再建设文庙，而是附设在州学或府学内，如云南临安府学就附设在建水州学（后改为县学），文庙居中，府学在东，州学在西；如明嘉靖时赣州府学附设了赣县县学，文庙居中，府学在东，县学在西。当时的西安府学文庙就附设了两座县学，东为咸宁县学，西为府学和长安县学，三学共用一座文庙，如北京顺天府学也是"一庙三学"，除府学外，还附设有大兴、宛平两座县学。另外一种情况是，两座县学共用一座文庙，如南京上元县和江宁县两所学校共用一座文庙，即南京夫子庙。

据明代万历二十二年（1594年）周宁所撰《重修儒学碑》记载：“井西安居省会，郡一邑二，故学三而庙一……郡学披而右，咸宁邑治在东，故学亦在东，长安邑治在西，故学亦在西……一庙三学，翼比朋翔。”可见，西安文庙与当时的学宫在建筑空间布局上已然形成“一庙三学，翼比朋翔”的格局。文庙居于中心位置，府学在文庙的右边，紧挨文庙。长安、咸宁二学宫按其邑治所在方位，分别位于文庙和府学的东西两侧。西安府文庙与学宫的这种“一庙三学”的建筑空间布局结构，在全国范围内也是极为少见的，这成为西安文庙建筑布局的一大亮点。

西安文庙在空间布局上可分为前导空间、主体空间和后续空间三大部分。[1]前导空间较为空旷，建筑物稀松，主体空间建筑物雄伟高大，后续空间建筑间距较近，建筑布局紧密。三部分空间中的标志性建筑均位于纵贯文庙空间的南北中轴线上。西安文庙的前导空间部分包括照壁、“太和元气”坊、泮池、棂星门等；主体空间主要包括两庑、东西配殿、戟门、大成殿等；后续空间主要是西安碑林部分。

第一，前导空间。西安文庙的第一进院落即为其前导空间，由“孔庙”照壁和两侧的东、西大门与棂星门一起完成围合。

前导空间是进入西安文庙主体建筑部分的准备性空间，由于西安文庙地处闹市，因此，利用照壁并借助于高大的城墙将文庙掩映于其后，可以达到闹中取静的良好效果。西安文庙南侧的照壁高达7.87米，基本阻挡了外界对文庙内部的干扰。棂星门为文庙正门，意指孔子施行教化，广育英才。在棂星门与照壁之间有“太和元气”坊和“泮池”。前导部分空间中建筑物密度相对较低，给人以相对空旷之感，同时前导

---

[1] 白海峰、李阳：《西安文庙空间布局浅探》，载《文博》2011年第4期。

空间建筑物相对较高，起到先声夺人的效果。西安文庙的前导空间部分是进入主体部分的准备性空间。

第二，主体空间。主体空间包括大成门、大成殿、两庑以及乡贤祠和名宦祠等。西安文庙的主体空间包括其第二进、第三进院落。

进入棂星门之后是西安文庙的第二道大门——大成门。大成门南东西两侧为号房。棂星门、东西配殿与戟门共同合围成第二进院落。第二进院落建筑物的高度与前导空间的建筑物相比相对较低，是前导空间与主体建筑大成殿之间缓冲和过渡的部分。

进入戟门内即为文庙的第三进院落，主体建筑大成殿即坐落于此。大成门内与之相对的就是文庙的主体建筑——大成殿。大成殿位于整个文庙布局南北中轴线上的中部偏后位置，它是西安文庙最高的建筑物，并较其他建筑物尤为凸显，形成统领其他建筑的威势。但非常可惜的是，西安文庙大成殿已于1959年焚于雷火，现只在地面用地刻的形式，标识展示出当时所在的位置。戟门与大成殿之间的东西两侧有长长的厢房东庑、西庑，大成殿东西两侧为祭器库、神厨，中部则为六座碑亭。

第三，后续空间。后续空间主要包括崇圣祠及其他附属性建筑。崇圣祠位于大成殿后，用于祭祀孔子的父亲及孔氏五世祖先。作为文庙的后续空间，距离大成殿较远，空间相对狭小。

碑林部分为西安文庙的后续空间，主要包括《石台孝经》碑亭、第一至六展室、两个库房和石刻艺术馆、新石刻馆。建筑的主要功能是藏碑，相当于藏书阁。碑林部分相对于文庙建筑，空间相对狭小，是来文庙参拜者在大成殿拜谒完孔子之后的一个短促结尾。如今由于碑林博物馆的建设和文庙大成殿的消失殆尽，参观的重心已由以往的大成殿移为碑林部分。

总的来看，西安文庙作为人们祭祀、拜谒孔子的一个建筑空间，空间布局在多种因素共同作用下形成。其独特建筑布局空间的形成受到文庙建筑规制、儒家思想及曲阜孔庙的影响，具有地方文庙的共同特点，成为程式化、制度化的建筑群。但是，由于历史上西安府、长安县、咸宁县共处一城的特殊区划情况，形成了极为少见的文庙与学宫在建筑空间布局上的"一庙三学，翼比朋翔"的奇特布局。

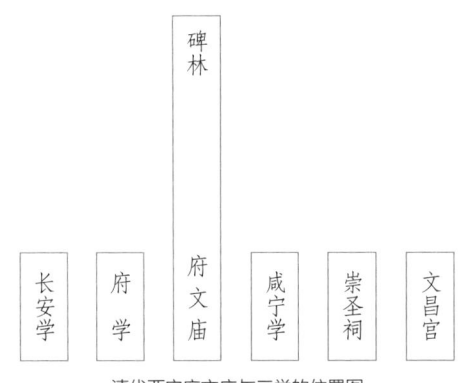

清代西安府文庙与三学的位置图

可见，西安文庙的建筑空间布局属于庙学并列式。由于西安文庙藏碑数量的不断增加，碑林部分所占的比重日渐增大，并发展成为一个独立的机构和院落，最终取代其他的建筑而成为文庙的后续空间，这在国内文庙建筑格局中极为少见。

西安文庙的祀仪与礼制

西安文庙的建筑礼制

西安文庙的祭祀制度

西安文庙祭祀的文化意义

孔子主张礼治，受孔子思想的影响，中国历代王朝都制定了一整套的礼仪制度，其中包括文庙的礼仪与礼制。虽然国家没有为文庙制定专门的礼制，但是奉祀孔子的文庙作为国家祀典的庙宇，不论建筑的开间、屋顶的形式、斗拱的踩数、屋瓦的颜色质地、彩画的颜色与图案、建筑物的高低大小、祭祀礼仪等，无不受到古代礼制规定的约束。

西安文庙的
建筑礼制

儒学的核心内容之一为"礼","礼者，天地之序也"[1]，"所以章疑别微，以为民仿者也。故贵贱有等，衣服有别，朝廷有位，则民有礼让"[2]。所谓"礼"就是指封建政治伦理观念和统治秩序，是规范古代中国天人关系、伦理道德、生活行为的基本规矩和准绳，其目的在于强调人与人之间的贵贱、尊卑、长幼、上下和等级之分。儒家强调应将礼纳入整个社会秩序以维护社会的稳定与发展，"礼之于正国也，犹衡之于轻重也，绳墨之于曲直也，规矩之于圆也"[3]。"礼之可以国也久矣，与天地并。君会，臣共，父慈，子孝，兄爱，弟敬，夫和，妻柔，姑听，礼也。"[4]可见，礼不仅贯穿于中国人的政治礼遇、社会地位和家族特权，还渗透到中国人的社会和家庭生活的各个方面，即所谓"衣服有制、宫室有度、人徒有数、丧祭械用皆有等宜"[5]。古人云："学礼而不知古人宫室之制，则其位次与夫升降出入，皆不可得而明，故宫室不可不考。"[6]文庙建筑作为儒家思想文化的一种载体，充分体现了儒家以"礼"为中心的思想特点。古人通过自身对周围空

[1] 陈戍国点校：《四书五经（礼记·乐记）》，岳麓书社1990年版，第567页。
[2] 陈戍国点校：《四书五经（礼记·坊记）》，岳麓书社1990年版，第625页。
[3] 陈戍国点校：《四书五经（礼记·经解）》，岳麓书社1990年版，第617页。
[4] 陈戍国点校：《四书五经（左传·昭公二十六年）》，岳麓书社1990年版，第1145页。
[5] 王世仁：《大壮之行——王世仁说古建筑》，北京美术摄影出版社2011年版，第68页。
[6] 萧默：《中国建筑艺术史》，北京文物出版社1999年版，第1068页。

间环境的体验，将人的伦理秩序赋予建筑物，形成了中国独具特色的礼仪空间秩序。

基于礼制文化而形成的建筑制度支配着我国传统建筑的形制、布局和图案色彩，使传统建筑呈现出高度程式化的特点。建筑的内容和形式成为国家王朝制度的一种基本制度，体现在建筑的布局、规模、组织、屋顶、台基、间架模数及细部构造等各个方面。文庙由于受到我国传统礼制文化的影响，有着全国统一的建筑形制和统一的名称，赋予了文庙以深远的文化内涵，体现了儒家所推崇的礼仪祭祀和伦理等级思想。

文庙建筑严格按照古代儒家礼制建造，其空间布局及单体构建无不符合一定的目的、秩序和等级。自汉代确立了"罢黜百家，独尊儒术"的文教政策后，孔子被历代统治者推崇为"王"，孔子的思想也随之被推崇为国家的正统思想，所以，祭祀孔子的文庙建筑自然成为皇宫等级的建筑物。因此，各地的文庙建筑一定是高于地方政府官署的最高等级建筑。曲阜孔庙布局是天下所有文庙空间布局的宗源，其历时最久，建制最为完备。孔庙"建立之初，因孔子故宅立庙，规模很小。此后历经汉魏，虽然屡有修扩，但基本规模仍未超出'庙堂三间'……在唐代全国性大规模设立文庙之前，各地也曾经出现了一些文庙，虽已基本不可考，但规模应该皆不会太大，也并没有形成固定的形制"[1]。隋唐时期文庙建造有了进一步的发展，唐开元二十七年（739年），孔子享受王者的待遇，文庙的主殿即祭孔大殿被尊称为"先师殿"或"文宣王殿"，即日后的大成殿，文庙的规模也从之前的庙堂三间有所扩展。至两宋时期，曲阜孔庙得到了进一步的修缮和扩建，各地文庙也得到了进一步的发展和完善，文庙的建

① 柳斐：《中国文庙文化遗产价值及利用研究》，山东大学2008年博士学位论文，第16页。

筑格局和形制可以说在宋代已经初步形成了。

从相关的史料记载可以看出，宋代曲阜孔庙的基本格局为：文宣王庙（文庙）用以祭祀孔子，启圣堂用来祭祀孔子的父亲，厢房（庑）用以祭祀先贤先儒，有宋太祖诏建的文宣王庙前的"十六戟"戟门，有泮池及泮桥等学宫建筑，这些建筑无论从数量、种类规模和等级上来看，都已经大大超过了前朝的式样。[①]

元明时期，文庙得到了极大的发展。大都圣庙即今天的北京孔庙建成。随着元朝各路府州县普遍设立学校，各地文庙得到了快速发展，在前代庙学基本形制的基础上进一步规范了庙学建筑的空间布局。为强调并突出文庙建筑的庄严感和权威感，普遍采取中轴对称的方式，以纵轴为主，横轴为辅，左右对称，布局严谨。中轴线上，自北向南依次分布为万仞宫墙、棂星门、大成门（戟门）、东西二庑、崇圣祠等主要标志性建筑物。

清代文庙继承和发展了明代的形制，文庙在建筑形式、名称、内部陈设及祭祀礼仪等方面都有了非常严格的规定，文庙的形制在清代基本规定下来。一座文庙无论大小，其必备的固定建筑包括棂星门、泮池、大成门、大成殿、东西两庑、崇圣祠、明伦堂等，这些主体建筑的完整与否成为衡量一座文庙形制是否合乎规范的重要标准。其中，棂星门、泮池、大成门和大成殿必须遵循封建社会固定的礼制，须沿文庙的中轴线由南向北依次排列，两庑必须居于大成殿前东西两侧；崇圣祠及明伦堂的位置在文庙礼制上要求相对不严格，根据各个时代及各个文庙所处的具体环境而有所不同，具体表现为左庙右学、右庙左学、前庙后学等，在此基础上，文庙的中轴空间分布格局才依次展开。

① 范小平主编：《中国孔庙》，四川文艺出版社2004年版，第32页。

唐太宗贞观四年（630年），"诏令州县皆作孔子庙"[①]，于是"凡学莫不有先圣之庙"[②]，庙学合一遂成通例。至明初令天下庙建于学之前或于其左。这种制度一直沿袭至清代。庙学合一的制度直接影响了地方文庙的总体布局和发展。庙学之庙主要在于祭祀，庙学之学主要在于教育。文庙建筑群中，与教育或学有关的建筑主要有棂星门、泮池、明伦堂、奎文阁（魁星阁）等；与祭祀有关的是自戟门至大成殿、崇圣祠等建筑。这样，以"大成殿"院落的祭祀空间为核心，与以"明伦堂"院落的教育空间为次中心所产生的位置关系，就组成了前庙后学、左学右庙、左庙右学、中庙左右学等文庙建筑的总体空间布局，也随之决定着其他具体院落布局。

其中左庙右学是我国文庙最常见的布局，明伦堂位于大成殿的西边，这是中国古代"左为尊"思想的一种反映和体现。

清末以前，除个别历史阶段外，文庙祭祀在大多数的时间里都是国家祀典中的中祀制度。按照中祀的规定，主要建筑可用绿色琉璃瓦，正殿可面阔七间，重檐歇山顶，斗拱七踩，旋子点金彩画。清代光绪三十二年（1906年）文庙祭祀升为大祀，成为和天地宗庙一样享受最高祭祀规格的祠庙。按照清朝的礼制规定，文庙应使用黄色琉璃瓦，大成殿应该九楹三阶五陛，即面阔九间，进深五间，殿前露台三层围栏，正面设置三座台阶，东西两侧各设一座台阶，合级三层，每层九级踏步，建筑重檐庑殿顶，斗拱九踩，金龙和玺彩画。但由于当时清政府没有足够的财力按照大祀的礼制标准对文庙建筑进行改造，只是在中祀的基础上对文庙进行一定程度的改造。如京师国子监文庙虽然进行了改造，但只不过将大成殿改成面阔九间、进深五间，庑殿顶、阶陛等都没有进行相应的改造。虽然许多文庙将正殿、正门改换为黄色

① [北宋] 欧阳修：《新唐书》卷15《礼乐·五》，中华书局1975年版，第1页。
② [元] 马端临：《文献通考》卷43《学校·四》，台湾新兴书局1995年版，第411页。

琉璃瓦，但建筑并没有改造，大部分文庙仍保持了中祀的规模。如文庙升为大祀后新建文庙的正殿都是面阔十一间，进深五间，重檐庑殿顶，黄色琉璃瓦，具备了大祀的因素，但阶陛等仍然不合礼制，所以实际上全国并没有一座完全按照大祀礼制建造的文庙。西安文庙就是按照中祀的规格建造起来的。

按照我国古代礼制的规定，天子之学称之为"辟雍"，诸侯之学称之为"泮宫"。由于唐玄宗李隆基追封孔子为"文宣王"，因此文庙在礼制上应等同为诸侯之学，故各地文庙均在文庙前开凿泮池，以彰显孔子及儒家思想的崇高地位。西安文庙至今仍保留泮宫、泮池等建筑。

此外，按照我国的风水理论，文庙的坐向也有潜在的规定。根据我国以面南为尊的习俗和传统，绝大多数的文庙都是坐北面南的，西安文庙也是按照这样的习俗建立起来的。上述这一切都彰显了古代文庙的礼制，使每一位进入西安文庙的人能感受到浓浓的封建礼俗的教化。

总之，西安文庙的建筑礼制主要表现在以下几个方面：第一，文庙择址受到我国古代风水理论的影响，其选址确定在西安城东南方向。按照古代的风水理论，作为重要礼制建筑的西安文庙，选址应在当地的"风水宝地"，只有这样此地才能文运昌盛，人才辈出，西安城东南方向乃日出之地，也是西安城中日照时间最长之方位，寓意朝气和长生，文风兴盛，宜建文庙此类文化建筑。西安城布局方整规则，主要道路都宽敞平直，于十字交叉处布置城楼，十字形的主街道延伸至四边城墙，正对西安市四个城门。西安文庙唐代时位于尚书省西隅国子监附件，宋代几经搬迁，终于在宋代崇宁二年（1103年）将西安文庙迁建于"府城之东南隅"，即西安文庙的现址，此后再未移动。西安文庙的这种选址理念符合我国古代重要文化建筑的礼制规定，是西安文庙尊崇地位的一种外在象征和体现。

第二，西安文庙总体布局沿用了宋、元时期的制度，并有所发展。首先，西安文庙继承了曲阜孔庙的建筑礼制，以纵轴统领整个建筑群。西安文庙以文庙中心部分主要建筑如万仞宫墙、棂星门、泮池、大成门、大成殿、明伦堂、尊经阁为主轴线，形成了前、中、后三部分。四进院落空间的建筑都采取中轴对称的严谨布局，给人产生强烈的轴向感，让步入西安文庙的人有庄严肃穆之感。其次，西安文庙的庙学关系有所发展。陕西现存的绝大多数的文庙的形制都为"前庙后学"，而西安文庙的明伦堂和尊经阁没有布置在大成殿之后，而是位于大成殿的两侧。

最后，西安文庙大成殿规格等级较高。据载，西安文庙面阔九间，进深五间，为重檐庑殿顶，覆黄色琉璃瓦，建筑礼制彰显了西安文庙曾经的尊贵地位，但可惜于20世纪50年代毁于火灾。

西安文庙的祭祀制度

中国古代教育除了重视对受教育者进行知识教育之外，还十分重视对受教育者的品德教育，而品德教育的最高目的则是使受教育者能成为圣贤。孟子赞同"人皆可以为尧舜"[1]，程颐认为"人皆可以至圣人"[2]，朱熹在《白鹿洞书院规训》中则认为："为学须思所以超凡入圣，如昨日为乡人，今日便可为圣人。"[3]祭祀作为文庙的一项重要功能，其真正作用在于发挥祭祀的教育功能，通过在学校内奉祀圣贤对受教育者进行成圣成贤的教育，以激励受教育者成为圣贤。到了明代，文庙祭祀制度已经发展得较为完善，形成了一整套具有固定时间、固定场所、固定内容和固定仪式的完备制度。

文庙在古代有多种称号，也称孔庙、孔子庙、夫子庙、宣圣庙，是中国古代祭祀孔子的场所。自汉武帝"罢黜百家，独尊儒术"以后，孔孟之道成为中国封建社会的正统学术，作为儒家学派的创始人以及万世师表的孔子，受到中国历代王朝的顶礼膜拜，历代儒士将孔子作为"先圣先师"

[1]《孟子·告子下》。
[2]《二程全书》卷28《遗书》。
[3] 贾磊磊、孔祥林主编，孔祥林著：《崇德 报本 教化——文庙的社会功用》，载《第一届世界儒学大会学术论文集》，北京文化艺术出版社2009年版，第101页。

加以崇拜。于是，文庙祭祀在崇尚祭祀的中国古代社会逐渐盛行。

据史料记载，最早的孔庙于鲁哀公十七年（前478年）建于曲阜孔子故宅，此后很长一段时间，孔庙祭祀"未出阙里"。北魏孝文帝开始在太和十三年（489年）于京城（洛阳）建立孔庙。唐贞观二年（628年），唐太宗诏令停祭周公，升孔子为先圣，以颜回配，文庙祭祀之礼逐步完备。贞观四年（630年）诏州县皆立孔子庙，这是地方建立孔庙的开端，文庙祭祀制度逐步由京师推广到全国各地。宋代的文庙祭祀已经成为中央和地方固定的制度，据中国台湾学者黄进兴的研究，迄元代为止，孔庙间逢战乱，偶有停祀或破坏，祭祀礼仪却日增月益，尊崇有加。需要指出的是，唐宋以来，文庙祭祀开始与学校教育结合在一起，形成了庙学合一的固定体制，文庙一般修建在儒学里面，文庙祭祀与教学一样，成为儒学日常教学活动的一个重要内容。教学旨在传授儒家文化，祭祀则在于弘扬儒家文化的精神，"由学尊庙，因庙表学"①，文庙祭祀被赋予了更加丰富的职能。

我国远古时期就有以春秋释奠（或称释菜）对先圣先师进行祭祀的传统。《周礼》中就有关于春秋释奠的记载，说明我国对文化、教育有贡献的人物进行祭祀的制度产生于西周或更早的时代，只是到后来，学校的祭祀才演变成祭祀孔子的文庙祭祀。早期文庙祭祀只是在孔子的故乡曲阜阙里进行，影响不大。北魏有"孔庙既成，释奠告始"②的记载，但祭祀具体情况目前尚不清楚，文庙祭祀被封建王朝推行，大致出现在隋朝，《隋书·礼仪志》记载："隋国子寺每岁以四仲月上丁，释奠于先圣先师。州郡学则以春秋仲月释奠。"唐朝贞观年间，诏地方建立孔子庙，开元二十八年（740年），

① 申万里：《元代教育研究》，武汉大学出版社2007年版，第187页。

② ［北齐］魏收：《魏书》卷7《高祖纪下》。

又"诏春秋二仲上丁，以三公摄事。若会大祀，则用中丁。州县之祭上丁"①。

清代西安文庙祭祀位次碑

①［北宋］欧阳修：《新唐书》卷15《礼乐志五》。

唐代礼制典籍《大唐开元礼》也对文庙祭祀的仪式做了具体的规定，这说明唐朝文庙祭祀已经开始形成制度，唐代的其他史料中也有一些关于文庙祭祀的例证，如曹华为沂州刺史，"乃躬礼儒士，习俎豆之容，春秋释奠于孔子庙，立学讲经，儒冠四集。"[1]李椅人历年间为福州都督府都督，他"每岁二月上丁，习舞释菜。先三日，公斋戒肆礼，命博士率胄子修祝嘏，陈祭典。释菜之日，衅器用币，笾豆在堂，樽垒在阼，公玄端赤舄，正词陈信……八月上丁如初礼"[2]。

宋朝文庙祭祀的制度趋于完备，据《宋史·礼志八》，大中祥符二年（1009年），宋朝诏太常礼院定州县（今定州市）释奠礼器数量，此后，文庙祭祀制度在熙宁、政和年间几经变化，至南宋时固定下来。宋朝各地举行文庙祭祀的例子更多，如郑民彝（字德常）北宋中期为常州宜兴县知县，"春秋释奠，笾笾筐彝，灿然靡不适礼之中"[3]，石牧之为天台县令，"春秋释奠，入而行礼，生徒与事，品物如制"。抚州宜黄县庆历年间"春秋释奠之事，以著于令，则常以庙祀"[4]。

金朝在中原建立统治政权以后，严格实行文庙祭祀制度，金朝政府规定，普天之下府帅州县，有乡庠废毁，悉出府库钱为之修完，以洁春秋之奠。[5]从史料记载情况来看，金代儒学很多被荒废，发展困难，但春秋释奠的制度基本上没有受到影响。进入元朝，地方文庙祭祀不仅传承下来，还更加受到重视。元人余阙记述道，"皇元之兴，诸事未遑，即定著孔庙祭祀之礼"[6]，反映了元代对祭祀的重视。中统二年（1261年）六月，元世祖下诏：宣圣庙及管内书院岁时祭祀、月朔释奠。这里的"岁时致祭，月朔释奠"应当是指文庙祭祀。至元三十一年（1294年），元世祖又下圣旨：赡学地土产业及贡士庄田，外人毋得侵夺，所出钱粮供春秋二丁。此后，这一圣旨多次被元政府重申，说明早在元朝统一中国以前，文庙祭祀已经作为固定的制度在北方实行。文庙祭祀分

① [北宋] 欧阳修：《新唐书》卷15，《礼乐志五》。

② 黄进兴：《道统与制统之间：从明嘉靖九年(1530年)孔庙改制谈起》，载《台湾历史语言研究所集刊》1992年版。

③ 黄进兴：《道统与制统之间：从明嘉靖九年(1530年)孔庙改制谈起》，载《台湾历史语言研究所集刊》1992年版。

④ 黄进兴：《道统与制统之间：从明嘉靖九年(1530年)孔庙改制谈起》，载《台湾历史语言研究所集刊》1992年版。

⑤ [清] 李图：《金莱州胶水县重修宣圣庙碑》，《平度州志》卷24，道光二十九年刻本。

⑥ [元] 元明善：《元文类武昌路学记》卷29，商务印书馆1958年重印本。

为春秋释奠（或春秋祭丁）、朔望祭祀、殿谒（或庙谒）等形式。严格地说，文庙祭祀还应包括乡饮酒礼的内容，由于乡饮酒礼不属于文庙祭祀的专属祭祀制度，这里不再赘述。

文庙的奉祀人物可分为主祀、配享、附祀等。文庙的祭祀制度主要包括孔庙祭祀、启圣祠祭祀、乡贤名宦祭祀等。

文庙的奉祀人物

主祀人物

在文庙出现之前，我国自古以来就有在学校内奉祀先圣先贤的传统。《礼记·文王世子》说，"凡学，春，官释奠于其先师，秋、冬亦如之。凡始立学者，必释奠于先圣先师"，说明至少在周代时，创立学校都要祭祀先圣先师，其后每年的春、秋、冬三季（也有人认为是四季）要祭祀先师。周代时学官祭祀先圣先师时，天子莅临太学观看行礼，《礼记·文王世子》载曰："天子视学，大昕鼓征，所以警众也。众至，然后天子至，乃命有司行事，兴秩节，祭先圣先师焉。"文中并没有说明先圣先师为何人。明代宋濂认为："周有天下，立四代之学，其所谓先圣者，虞庠则以舜，夏学则以禹，殷学则以汤，东胶则以文王，复各取当时左右四圣成其德业者为之先师以配享焉。"[1]可见学校奉祀的主要为夏商周的开国之君。但基本可以肯定的是，我国早期学校奉祀的对象并非以孔子为主祀。孔子成为学校的主祀大约是在西汉末年。董仲舒在他的《对贤良策》中向汉武帝建议："臣愿陛下兴太学，置明师，以养天下之士，数考问以尽其材，则英俊宜可得也"，"南面而治天下者，莫不以教化为大务，立太学以教于国，设庠序以化于邑"，建议在全国各地设立各级学校。汉

①［明］宋濂：《文宪集》卷28《孔子庙堂议》。

武帝采纳了董仲舒的建议，"自汉武初立……及仲舒对策，推明孔氏，抑黜百家，立学校之官，州郡举茂才孝廉，皆自仲舒发之"①。自此确立了孔子及其思想在汉代的正统地位。东汉前期孔子作为奉祀于国家创立的学校的最早记载是明帝永平二年（59年）三月，"上始帅群臣躬养三老、五更于辟雍，行大射礼；郡、县、道行乡饮酒于学校，皆礼圣师周公、孔子，牲以犬。于是七郊礼乐、三雍之义备矣"②。自东汉后期开始孔子成为学校的主祀，以孔门弟子颜渊配享，也就是圣孔师颜（以孔子为先圣，以颜渊为先师），这样的传统一直延续到唐初。唐显庆二年（656年），孔子在文庙的主祀地位最终被确定下来。从此以后，学校主祀孔子的制度再无变化，孔子成为教育的祖师这一传统被沿袭至今。

我国古代历代中央政府除了不断强化孔子的主祀地位外，还不断地对孔子追谥加封，改变孔子的称号。如西汉元始元年（前86年）平帝追封孔子为褒成宣尼公，北魏孝文帝于北魏太和十六年（492年）尊称孔子为文圣尼父，北周大象元年（580年）静帝追封孔子为邹国公，唐贞观二年（628年）太宗尊称孔子为先圣，贞观十一年改称为宣父，唐乾丰元年（666年）唐高宗尊称孔子为太师，天授元年（690年）武则天追封孔子为隆道公，开元二十七年（739年）玄宗加封孔子为文宣王，宋大中祥符元年（1008年）真宗加封孔子为玄圣文宣王，祥符五年（1012年）改称为至圣文宣王，元大德十一年（1307年）新即位的武宗加封孔子为大成至圣文宣王，明嘉靖九年（1530年）由于厘正祀典，取消了孔子的王号，改称至圣先师，清顺治二年（1645年）加封孔子为大成至圣文宣先师，十四年改称为至圣先师，民国元年尊称孔子为大成至圣先师。历代加封的孔子封谥号不是随意加封

① [东汉] 班固：《汉书》卷57《董仲舒传》。
② [南朝] 范晔：《后汉书》志第4《礼仪上》。

的，而是按照《谥法》追称的，每个字都有深刻的含义。何为"圣"？"扬善赋简为圣""敬宾厚礼为圣"；何为"文"？"经纬天地为文""学勤好问为文""慈惠爱民为文"；何为"宣"？"圣善周闻为宣"。在《谥法》中都是赞颂的好字。至于"大成"则是借孟子的"孔子之谓集大成"的说法赞颂孔子集古圣先贤之大成，"至圣"则是赞颂孔子是最高的圣人，取之司马迁的赞语："天下君王至于贤人众矣，当时则荣，没则已焉。孔子布衣，传十余世，学者宗之。自天子王侯，中国言《六艺》者折中于夫子，可谓至圣矣。"①由此，对孔子追谥也成为文庙的一种制度。

此外，文庙奉祀孔子的位置也随着孔子地位的不断提高，逐渐演变为一种孔子坐向制度。唐中期以前，奉祀位置坚持以坐西面东为尊，孔子奉祀的位置一直是坐西面东，《大唐开元礼》明确规定：设先圣神坐于西楹间，东向；设先师神坐于先圣神坐东北、南向，西上。后来直到开元二十七年（739年）加封孔子为文宣王时才调整为居中面南为尊，"至如辨方正位，著自礼经，苟非得所，何以示则？昔缘周公南面，夫子西坐，今位既有殊，坐岂宜依旧？宜补其坠典，永作程式，自今以后，两京国子监夫子皆南面坐、十哲等东西列侍，天下诸州亦准此"②。从此以后，孔子奉祀居中面南的坐向制度再未改变。

配享人物

配享是文庙奉祀的第二等级。后世因文庙中有四人配享所以称之为"四配"。"四配"为配享的第一等级。"四配"包括复圣颜子、宗圣曾子、述圣子思子、亚圣孟子。四配奉祀在大成殿内，一般是在孔子前东西相对，颜子、子思在左，

① ［西汉］司马迁：《史记·孔子世家》。
② 周绍良编：《全唐文新编》，吉林文史出版社2000年版，第380页。

曾参、孟子在右。

除了配享"四配"外，还有"十二哲"。"十一哲"是配亨的第二等级，因为此等配享的人数为十二人，所以称为"十二哲"。"十二哲"初期为"十哲"。唐开元八年（720年），国子司业李元瓘建议以孔子圣门四科弟子（德行：颜渊、闵子骞、冉伯牛、冉仲弓；言语：宰我、子贡；政事：冉有、季路；文学：子游、子夏）十人附祭，朝廷统一以孔门四科弟子从祀，时称为"十哲"。"十哲"后来发生多次变化，颜渊升为配享后，宋端平二年（1235年）以孔伋补十哲之缺，咸淳三年（1267年）孔伋升为配享后，以颛孙师补十哲之缺。清康熙五十一年（1712年）升朱熹位居十哲之次，成十一哲，乾隆三年（1738年）升有若位居朱熹之上，成十二哲之名。十二哲也有相应的固定称号。除了朱熹外，其他十一哲从唐朝开始就有了爵号，有若、颛孙师为伯爵，其他九人为侯爵，宋代分别升为侯爵、公爵，木主均书爵号姓名，明嘉靖厘正祀典后一律改成为先贤某子。

"十二哲"奉祀的位置为大成殿内，位于"四配"之外，一般紧靠东西两山。东面为闵损（字子骞）、冉雍（字仲弓）、端木赐（字子贡）、仲由（字子路）、卜商（字子夏）、有若（字子若），西面为冉耕（字伯牛）、宰予（字子我）、冉求（字子有）、言偃（字子游）、颛孙师（字子张）、朱熹（字元晦）。十二哲除了朱熹为宋代著名理学家之外，其余十一人均为孔门弟子。

先贤

先贤是指古代的贤人，古代将先贤奉祀于学校内，目的在于"祀先贤于西学，所以教诸侯之德也"[1]，所以，在学校

---

[1]《礼记·祭仪》。

中奉祀先贤就成为文庙奉祀人物的礼制，成为文庙配祀人物第三等的代名词。

文庙奉祀先贤始于唐开元二十七年（739年），朝廷命将孔子弟子中除先前已经列为十哲配祀外的其他弟子从祀孔子庙。从祀先贤的数目不同文献记载的情况有所不同，《唐会要》《新唐书》载六十七人，杜佑所作《通典》载七十三人。后来经过更换和增加，到清代咸丰七年（1857年）增至七十九人。先贤中主要包括孔门弟子，明清时增加的主要包括三类人物：第一类是孔子推崇过的同时代贤人公孙侨等人；第二类是儒门的早期弟子，包括颛孙师的弟子公明仪和孟子的弟子乐正克、万章、公都子、公孙丑等人；第三类是宋代的理学家，包括邵雍、周敦颐、程颐、程颢、张载五人。

关于先贤的称号，宋代木主都会书写先贤爵号姓名，明代取消先贤爵号，木柱一律改为先贤某子。奉祀的位置在文庙东、西两庑内。其中东庑奉祀四十人，包括东周公孙侨、林放、原宪、南宫适、商瞿、漆雕开、司马耕、梁鳣、冉孺、伯虔、冉季、漆雕徒父、漆雕哆、公西赤、任不齐、公良孺、公肩定、鄡单、罕父黑、荣旗、左人郢、郑国、原亢、廉洁、叔仲会、公西舆如、邦巽、陈亢、步叔乘、琴牢、秦非、颜哙、颜何、县亶、牧皮、乐正克、万章、周敦颐、程颢、邵雍。西庑奉祀三十九人，包括蘧瑗、澹台灭明、公冶长、宓不齐、公皙哀、高柴、樊须、商泽、巫马施、颜辛、曹恤、公孙龙、秦商、颜高、壤驷赤、公夏首、石作蜀、奚容蒧、后处、颜祖、句井疆、秦祖、县成、公祖句兹、燕伋、乐欬、狄黑、公西蒧、孔忠、颜之仆、施之常、申枨、左丘明、秦冉、公明仪、公都子、公孙丑、张载、程颐。

先儒

先儒是指古代的儒者，后来专指因阐发儒学而被从祀在文庙中的著名人物，他们是文庙配祀的第四等人物。

先儒从祀始于唐贞观二十一年（647年），唐太宗令以左丘明、公羊高、何休等二十二人从祀于孔庙，后经历代不断增加和改换，增加至七十七人。

配祀文庙儒者的类型经历了一个长期变化的过程。唐代从祀文庙的都是传经之儒，从宋元丰七年（1084年）增加了孟子配享，陆续增加了荀况、扬雄、韩愈等明道之儒从祀，到明嘉靖九年（1530年）厘定文庙祀典时，基本将传经之儒赶出文庙。清康熙五十四年（1715年）增加范仲淹从祀，开始增加行道之儒，后来陆续增加了诸葛亮、陆贽、文天祥、韩琦、方孝孺等行道之儒。南宋淳祐元年（1241年）开始以理学家朱熹、周敦颐、程颢、程颐、张载从祀，从此以后理学家成为文庙从祀的主流。明代崇祯十五年（1642年）将宋儒周敦颐、程颐、程颢、张载、朱熹、邵雍升入先贤，这是秦汉以来仅有的几位进入先贤行列的学者。康熙五十一年（1712年）将朱熹升入大成殿配祀，成为配祀先哲中孔门弟子以外唯一的学者，使得理学家在文庙的地位得到空前提高，这和程朱理学成为我国封建社会中后期指导思想是一致的。

至于从祀先儒的称号，在唐代贞观二十一年（647年）先儒从祀时是没有封号的，宋大中祥符二年（1009年）开始加赠伯爵称号，木主书写爵位或官位和姓名，嘉靖九年（1530年）之后一律书写先儒某子。

先儒奉祀的位置也在两庑内，位于先贤的后面。

其中东庑奉祀的人数为三十九人，包括东周公羊高，汉代伏胜、毛亨、孔安国、毛苌、杜子春、郑康成，蜀汉诸葛亮，隋代王通，唐代韩愈，宋代胡瑗、韩琦、杨时、谢良佐、尹焞、胡安国、李侗、吕祖谦、袁燮、黄幹、辅广、何基、文天祥、王柏，元代刘因、陈澔，明代方孝孺、薛瑄、胡居仁、罗钦顺、吕柟、刘宗周、孙奇逢，清代黄宗羲、张履祥、陆陇其、张伯行、汤斌、颜元。

西庑奉祀的人数共三十八人，包括东周谷梁赤，汉代高堂生、董仲舒、刘德、后苍、许慎、赵岐，晋代范宁，唐代陆贽，宋代范仲淹、欧阳修、司马光、游酢、吕大临、罗从彦、李纲、张栻、陆九渊、陈淳、真德秀、蔡沉、魏了翁、路秀夫，元代赵复、金履祥、许衡、吴澄、许谦，明代曹端、陈献章、蔡清、王守仁、吕坤、黄道周，清代王夫之、陆世仪、顾炎武、李塨。

附祀人物

文庙附祀人物主要包括名宦、乡贤、忠义死节之士、节妇孝妇和文昌帝君等，是经国家批准同意奉祀的人物，有的奉祀在学校内，有的奉祀在文庙内。附祀人物主要包括如下几类。

第一类：名宦、乡贤

名宦奉祀在名宦祠内，名宦祠主要祭祀曾经有惠政功德于人民的地方官员，如明洪武二年（1369年），朝廷命建先贤祠，奉祀在本地任官有善政的官员和有嘉言懿行的本地人士，在文庙春秋释奠后进行祭祀。由于名宦是在本地任职有善政的官员，所以各地文庙奉祀的名宦人物存在很大差别。

乡贤奉祀在乡贤祠内，主要祭祀品行学问为人们所推崇的地方士绅。和名宦相似的是，由于奉祀的乡贤是本地嘉言懿行的贤能人士，所以各地奉祀的乡贤是完全不同的。一般做法是县学奉祀本县人士，府学奉祀本府人士。

名宦祠和乡贤祠入祀的人数以及数量在当时并无统一的标准，可因地制宜，灵活安排入祀事宜。祭祀乡贤、名宦祠的传统，经过宋元时期的长期经营，到了明朝，特别是明代中叶开始以后，祭祀乡贤祠、名宦祠已经在各地文庙全面普及，以后逐渐发展演变为一种礼仪制度。后来，名宦、乡贤祠沿袭了旧制，采用"同堂合祀"的做法，而单独建立名宦、乡贤二祠者不多见。明代以后，各地儒学普遍建有名宦、乡贤二祠，仅有个别儒学未建，它们或依附于府学，或共同隶属于启圣祠内。

第二类：启圣公

启圣祠又称崇圣祠，于明嘉靖九年（1530年）增设，主要祭祀孔子的父亲叔梁纥。启圣祠设置可谓由来已久，但一直未受到重视，天下的文庙和学校并没有在各地广泛设置。设置启圣祠，主要在于弘扬尊亲崇孝的良好氛围。明代嘉靖九年（1530年），张璁建议于学校内另建启圣祠奉祀孔子父亲，而以"四配"等人之父配享，这个建议被明政府采纳。明政府诏令国子监及天下各地儒学普遍兴建启圣祠，于是全国各级学校一律单建启圣祠，主祀孔子父亲叔梁纥，以颜回之父颜无繇、曾参之父曾蒇、子思之父孔鲤、孟子之父孟孙激配享，以程颐、程颢之父程珦、朱熹之父朱松、蔡沉之父蔡元定从祀。明万历二十三年（1595年），增加了周敦颐之父周辅成从祀。清代雍正元年（1723年），清世宗追封孔子的五代先人为王，于是将启圣祠改称崇圣祠，主祀孔子五代先人，仍以四配之父等配享从祀，从此开创了于每年春秋二仲月上丁日祭祀启圣公祠的传统，并于释奠祭祀仪式前期行祀，"期随春秋丁祭子夜行礼，取不先父食之义云"①。雍正二年

① [明]李之藻：《泮宫礼乐疏》卷9《释菜估》，文渊阁四库全书本。

（1724年）又增加张载之父张迪从祀。咸丰七年（1857年）增加孔子之兄孟皮为配享，位居四配之上，成为五配。启圣公祠的礼仪基本上比照祭祀孔子的释奠礼而来，但其礼仪与释奠礼相比较为简略，如没有乐舞、没有饮福受胙礼，且跪拜礼相对比较少等。

启圣祠所有的奉祀人物均为木主，明代时孔子父亲叔梁纥称为启圣公，其他配祀称为先贤、先儒某子，清雍正后追封孔子五代先人为王后，五王均称王号，配祀人物称号不变。

第三类：忠义死节之士

忠义死节之士奉祀在忠义祠内，忠义祠始建于清代雍正七年（1729年）。有的学校称为忠义孝悌祠，奉祀的人物更多。由于忠义死节之士均为本地人士，所以各地文庙和学校奉祀的人物各不相同。

第四类：节妇孝妇

节妇孝妇奉祀在节孝祠内，节孝祠是清代雍正七年（1729年）建造的。清政府规定，名宦祠、乡贤祠、忠义祠建造在学校内，节孝祠建造在城内，但也有个别学校将节孝祠建造在文庙内。由于节妇孝妇均为本地人士，所以各地奉祀的此类人物不尽相同。

文庙祭祀名目

除了祭祀儒家圣人孔子之外，还附带祭祀孔门弟子及先儒先贤等，即通常所说的"四配""十二哲"及东西两庑的从祀者。自"庙学合一"制度形成后，全国各地的学校都要定期举行祭孔仪式，达到了举国祭祀的程度。祭孔仪式可分为释奠礼、释菜礼、行香等若干个类型。

第一种类型：释奠礼

释奠礼是文庙最为盛大、最为重要的祭祀活动，主祭孔子，释奠礼于每年的春秋仲月丁日（即每年的二月、八月的上丁日）举行。释奠礼分为正献和分献两种类型。国子监以祭酒、司业、博士为三献，省会的府学文庙以总督或巡抚为正献，以道员二人分献两序十二哲，以知府、同知各一人分献两庑；监司分驻的府学文庙以监司为正献；其他府、州、县均以正官为正献，副职和属官为两序、两庑分献；不论哪一级的崇圣祠都由学官分献。

释奠礼最早见于《礼记·文王世子》："凡学，春，官释奠于其先师，秋冬亦如之。凡始立学者，必释奠于先圣先师。"[①]郑玄对此解释说，"释奠者，设荐馔酌奠而已，无迎尸以下之事"[②]，不必用牲牢进行祭祀。释奠作为文庙最高规格的活动，历代都非常重视，它可以分为两种情况：一种是定期的祭祀，另一种是不定期的祭祀。国学释奠都是学官以皇帝名义致祭，地方学校以地方最高行政长官主祭。国学定期释奠有时由皇帝或皇太子亲自主祭，这一传统是从唐代开始的。晋朝至唐初，官学每年进行四次释奠活动，唐开元后改为两次，每年春秋仲月上丁也就是夏历的二月、八月的第一个丁日举行，国学遇有大的祭祀活动则改为中丁，州县学校一律定为上丁，其后历代基本上都是春秋仲月上丁释奠。

《大唐开元礼·皇太子释奠于孔宣父》中"陈设"记载了释奠中被祭奠人的具体位置：设先圣神座于堂上西楹间，东向；设先师神坐于先圣神坐东北，南向，西上（若前堂不容，则又于室外之东屋陈而北，东向，南上）。从释奠的祝文可知，当时文宣王庙除了主祀孔子外，配享从祀的人还有很多。皇太子祭祀颜回祝文中这样说："敢昭告于先师颜子等

①《礼记·文王世子》。
②［韩］柳银珠：《国尚师位：历史中的儒家释奠礼》，宗教文化出版社2013年版，第1页。

七十二贤，爰以仲春（仲秋），率遵故典，敬修释奠于先圣孔宣父。惟子等或服膺圣教，德冠四科，或先阐儒风，贻范千载。谨以制币牺齐，粢盛庶品，式陈明献，从祀配神，尚飨。"①配享的除了孔子众弟子外，还有从祀的后儒。据史料记载，当时孔子、孔门弟子和后儒都是坐像，据《国子释奠于孔宣父》"陈设"说："设先师神坐于先圣东北，南向，其余弟子冉伯牛……等坐，及二十一贤左丘明……等坐，以次东陈，皆南向，西上（若东陈不容，则又于东壁屈陈而南，西向）。"据《唐会要》和《新唐书·礼乐志》记载，殿内除供奉孔子外，配享的弟子共有七十七位（杜佑《通典》记载八十三位），从祀的后儒为二十二位，配享从祀人物共计九十九位。祭祀供奉的人物都是塑像，塑像均不小于常人，栩栩如生。关于文庙的祭祀庙制，清初孔尚任的《阙里志》是这样记载唐代庙制的："正庙五间，祀文宣王，南向坐，颜子面西配，闵子以下十哲及曾子东西列坐，皆为塑像。两庑二十余间，祀七十二贤，图绘于壁上。庙后为寝殿，祀并官夫人。前为庙门，三间，甚壮丽。"②

唐开元二十一年（733年）命刺史、县令主祭孔子，朝廷按照祭祀制度颁给明衣，唐贞元二年（786年），诏令国学释奠时宰臣以下全部参加。宋崇宁四年（1105年）专门制定祭服制度并颁给各州县祭服，规定祭祀孔子一律用法服行礼；宋嘉泰二年（1202年），诏令武臣一起拜谒孔子庙。元至元四年（1267年），命春秋释奠时执事官员各依品序公服配位。明太祖为了彰显尊孔崇儒，于洪武十五年（1382年）通令天下祭祀孔子，定期举行祭孔仪式，规定："……今天下郡县庙学并建，而报祀之礼止行京师，岂非缺典？卿与儒臣其定释奠礼仪，颁之天下学校，令以每岁春秋仲月通祀孔子。"③明初

① 孔祥林、孔喆主编：《世界孔子庙研究 上》，中央编译出版社2011年版，第182页。
② 徐振贵、孔祥林主编：《孔尚任新〈阙里志〉校注》，吉林人民出版社2004年版，第70页。
③ 赵克生：《明朝嘉靖时期国家祭礼改制》，社会科学文献出版社2006年版，第164页。

太祖皇帝追封孔子为"大成至圣文宣王"，用王礼加以祭祀。后来虽不用王礼，但祭祀仪式仍十分隆重。清康熙四十九年（1710年）命直省同城大小武职官员在文庙释奠时按照文职官员的制度一起到文庙行礼。

元朝初年虽然"释奠仪式著于令典"，但文庙春秋释奠的具体制度缺乏记载，大致沿袭宋金旧制。至元十三年（1276年），中书省命春秋释奠，执事官各着公服如其品，陪位诸儒襴带唐巾行礼。这说明此时的春秋释奠已经有固定的礼仪制度。元朝统一以后，各地开始参照旧制，重新制定文庙春秋祭祀制度。至元二十九年（1292年）绍兴路制定了新的"学式"，其中包括有关春秋释奠的内容。下面以《越中金石记》为主并参照其他史料，对有关文庙春秋释奠的制度概述如下。

关于春秋释奠的时间，宋朝时一般是在春秋二仲月的上丁日，元朝继续沿袭这一规定，《元史·祭祀志》记载京师孔子庙祭祀在每年春秋二仲月上丁，有故则改用中丁。地方儒学的春秋释奠应该也是如此。

按照规定，祭祀的参加者为地方官、肃政廉访司官、儒学提举司官、政府吏员、学官、大、小学的生员以及地方耆旧。祭祀时，"献（官）、从祀（官）俱以诸司存官为之"，地方官吏分别担任祭祀的初献官、亚献官、终献官、纠弹、执礼者、祝、乐师、赞者等。对"释奠服色"，元朝也有具体规定，至元十年（1273年），中书省鉴于当时外路官员、提学（官）、教授每遇春秋二丁，不便着常服以供执事、于礼未宜的情况，经过讨论，规定自今以后，令执事官员各依品序穿着公服，各处陪位诸儒，也要合衣襴带，冠唐巾，以行释菜之礼。元朝统一全国以后，江南祭祀制度直接承袭南宋，释奠的"服色"与至元十年的规定不同，元政府对此采取了宽容的态度，并没有强制统一。据史料记载，当时建康路学祭祀，陪位诸儒就没有按照朝廷规定，置备襕带、唐巾。春秋释奠以大成乐伴奏，整个祭祀过程庄严而肃穆。

《元史·祭祀志》详细介绍了京师春秋释奠的礼制、乐制的情况，至于地方儒学春秋释奠的礼乐仪式，应该比较简略一些。据《越中金石记》卷七记载的元朝绍兴路《至元壬辰重订学式》，春秋释奠的释奠仪式主要分为以下步骤：

第一步，释奠前的准备。释奠前二日，习仪；前一日，涤濯陈设，是夕，遂宿斋，诸儒生并集于学，戒无得群饮。献官及陪位官在子时至儒学，儒生按照年龄大小"班立"于大成殿之下，小学生员居其后。站定后，献官依次升阶，东西相向立于大成殿之前。

第二步，辟户（开启大成殿门）。一切准备妥当以后，赞者喊"辟户"，于是，大成殿门打开，初献官进殿，视礼器陈设是否合制，拜毕，平身，回到原来位置。

第三步，行礼。祝者先从西阶进殿，赞者引初献官进庙，至先圣先师（孔子）位前，再拜"焚香进币，奠币进爵，奠爵读祝"。祝文一般请名人写，内容是赞美孔子，有固定的格式。祝文读毕，再至配位行礼如初。然后是亚献官、终献官进庙行礼、释奠。其间，每一个仪式都要赞者先唱，"俱以声尽为节"。

第四步，合户。行礼以后，初献官至大成殿东序"饮福受胙"，执事者各就位。除初献官以外，所有参加祭祀人员复拜如前仪，祭品摆列整齐，合户（关闭殿门）。诸人出庙门外，"献官以下与执事者相向，序礼中庭"，诸生环立庑外，圆揖而退。

第五步，礼成饮酒。春秋祭丁的最后一个仪式是"礼成饮酒"，由地方政府所在地的录事司官主持。大成殿行礼完毕，撤掉祭品牲物，安排厨房做饭，在明伦堂布置酒席。正午，参加祭祀的献官、诸司官、儒司官、学官（教授、学正、学录等）以及当地知名乡绅耆儒，于席中坐定。提举司、路府州县吏员，则雁行立于一侧，上司约束之，必令整肃。生员则退居所属学斋，由执事者分给胙肉酒米。整个仪式在参加者酒足饭饱之后结束。

春秋祭祀是儒学最大的祭祀活动，同时它也是一种社会文化活动。由于主持这一活动的是当地政府首脑，一般官员、僚属、学官、儒士、大小学生员都要参加，老百姓也可以从旁观瞻，这对崇儒重道的社会风气的形成，无疑起到很大的推动作用。特别是在元朝儒士地位下降、儒学发展困难的情况下，这一活动对增强广大儒士的自我认同意识和自豪感，意义重大。元初儒士大多对春秋释奠表示支持，并积极参加这一活动，如赵若焕（尧章甫）为宋宗室，入元隐居，不问政事，但每年都会参加邑校春秋释奠活动。

释奠礼一般一年两次，规格很高，整个仪式庄严肃穆。释奠礼一般由地方官员亲自主持，规模较为盛大，祭祀时，在城的文武官员（省城是县丞和千总以上的所有在城文武官员）都要陪祭。祭祀前，承祭官、分献官和陪祀官须致祭二日。祭祀程序现在看来较为烦琐，祭祀之前要进行斋戒、省牲、宰牲、陈设等一系列的准备活动。祭祀前一天，要打扫卫生，检查牺牲，正献官要率领执事人员到学校练习礼仪，教官率领乐舞生练习舞蹈奏乐。鸡叫头遍，祭祀官员齐集致斋所，拂晓祭祀开始。文庙释奠正祭的环节较为烦琐，主要包括严鼓、迎神、初献、亚献、终献、饮福受胙、彻馔、送神等多个环节，祭祀所用器物和祭品也都十分考究。

唐诗中有一首描写释奠礼的诗，真实再现了古代释奠礼的盛况：

释奠日国学观礼闻雅颂[1]

肃肃先师庙，依依胄子群。满庭陈旧礼，开户拜清芬[2]。

万舞[3]当华烛，箫韶[4]入翠云。颂歌清晓听，雅吹度风闻。

淡泊调元气，中和美圣君。唯馀东鲁客[5]，蹈舞向南熏[6]。

总的来看，西安文庙一套完整的释奠仪式和程序如下所示：

第一，更衣。子时，鸣鼓三通，参加祭祀的官员到更衣厅更换祭服，引赞引导正献官进入大成门内，在拜位前站立。

第二，启户。鸣赞唱"启户，扫除"，礼生将殿庑各门打开，点燃庭燎、吊灯，执事生到各神坛前清扫，将神牌扶正，逐一焚香点烛，一跪三叩后退出殿外。

第三，乐舞生就位。鸣赞唱"乐舞生就位"，乐舞生由两侧登上殿前露台，鼓工击鼓为之伴奏。

第四，从祭人员就位。鸣赞唱"执事者各司其事，陪祭官就位，分献官就位，正献官就位"，银赞引正献官就拜位，面北而立。

第五，瘗毛血。鸣赞唱"瘗毛血"，掌宰官至孔子供桌前一叩头，将盛放牺牲毛血的小碟高捧过头从正门出，其他各案的陈设生将毛血碟捧出殿庑，将毛血埋于燎所，各供桌执事人员将各种礼器的盖子全部打开。

第六，迎神。鸣赞唱"迎神"，乐官接唱"迎神"，麾生举麾，唱"乐奏宣平之章"，乐工击柷作乐，有乐无舞。然后工祝执手炉，引太祝生、太史生由中陛至杏坛前。工祝唱"求神"，正献官以下均要下跪。工祝唱"燔燎"，太史生举柴，太祝生举火，点燃萧艾香草，求神于阳；工祝唱"灌

① [清] 彭定求主编，陈书良、周柳燕选编：《御定全唐诗简编（中册）》，海口出版社2014年版，第823页。
② 比喻德行高洁。代指孔子。
③ 用于宗庙祭礼的舞。《诗·邶风·简兮》："简兮简兮，方将万舞。"
④ 舞乐名。《书·益稷》："箫韶九成，凤凰来仪。"
⑤ 指儒者。孔子为春秋时期鲁国人，故称。此处为作者自谓。
⑥ 泛指宫殿。

酋"，太史生从黄彝之尊中取酒，太祝生举起禾桼，将酒浇灌在茅沙池中，求神于阴。工祝唱"往迎"，与太祝生、太史生引导正献官到大成门内甬道左侧拱立，迎接孔子神主。神舆入大成门，工祝唱"神降"，正献官跪于道左，太祝生、太史生到神舆前致辞，神舆稍停，工祝唱"分班，前导神舆行"，正献官等均在神舆前趋行，位卑者在前，尊者在后，到拜位前，退至左右两侧，神舆由中陛升台，恭安在神像前。鸣赞唱"参神"，正献官以下俱到拜位前，鸣赞唱"三跪九叩"，正献官以下均三跪九叩。

第七，初献。随着鸣赞唱"奠帛，行初献礼"，伶官原文传唱，麾生举麾，唱"乐奏昭平之章"，击柷作乐，有舞。引赞唱"诣盥洗所"，引正献官到中陛东侧的盥洗所。引赞唱"浴手"，礼生舀金缶之水，正献官以手接水洗手。引赞唱"进巾"，礼生跪下将巾交于正献官拭手。引赞唱"诣水尊所"，执爵生举爵，将正位三爵、四配各一爵依次进献于正献官，相礼生用疏勺舀金罍之水，正献官接水洗爵，相礼生跪捧盥盆以接洗爵之水。引赞唱"进巾"，相礼生跪下将巾交由正献官依次拭爵。引赞唱"司帛者捧帛，司香者捧香，司祝者捧祝，司爵者捧爵，各诣神位前"，以正献官自东陛升台，到殿左门外。引赞唱"诣酒尊所"，执爵生捧爵在酒尊所站立。引赞唱"司尊者举幂勺酒"，正位司尊生用龙勺舀著尊的酒注入正位三爵，四配司尊生用蒲勺舀著尊的酒齐注入四爵。正位执爵生高举酒爵由正门入殿，到孔子神位前朝上站立，四配执爵生由左门入殿，到四配神位左右朝上站立。

引赞唱"诣至圣先师神位前"，引正献官升殿到孔子神位香几前。引赞唱"上香"，司香生跪举香盒，正献官取檀香木块焚于鼎内。引赞唱"献帛"，司帛生捧帛筐，正献官取帛奠于几上，一叩头立。引赞唱"进爵"，三名执爵生均面西捧爵跪下。引赞唱"献爵"，正献官一一接爵后奠于祭案正中坫上，一叩头立。鸣赞唱"众官皆跪"，分献官、陪祭官俱下跪。鸣赞唱"叩头"，众官俱一叩头。鸣赞唱"平身"，众官俱起立。

明代祭文宣王祭文碑刻

引赞唱"诣复圣颜子神位前",正献官至颜子神位香几前。引赞唱"跪",正献官跪下一叩头,司帛生举帛篚,正献官取帛置于香几,又一叩头立。引赞唱"献爵",执爵生面南跪,进爵,正献官站起接爵奠于祭案正中坫上,又一叩头立。

引赞唱"诣宗圣曾子神位前",仪式与释奠颜子相同。

殿外鸣赞唱"行分献礼",引赞分别引寝殿、东序、西序、崇圣祠、启圣祠、启圣寝殿、东庑、西庑各分献官俱升坛,至盥洗所洗手,至神位前献帛、献爵。

殿内引赞唱"诣述圣子思子神位前",仪式与前面释奠颜子相同。

引赞唱"诣亚圣孟子神位前",仪式也与前面释奠颜子相同。

引赞唱"诣读祝位",引正献官至孔子神位前,跪于祝案前。鸣赞唱"众官皆跪",陪祭各官俱跪。引赞唱"读祝",太祝生宣读祝文。

> 某年某月某日,某代孙袭封衍圣公敢昭告于始祖至圣先师孔子曰:"维祖德配天地,道冠古今,删述六经,垂宪万世。兹值仲春(夏、秋、冬),谨以香帛牲醴,粢盛庶品,祗奉旧章,敬陈明荐。以复圣、宗圣、述圣、亚圣配,尚飨!"

读毕,叩头起立,将祝板置于孔子神案上。引赞唱"复位",正献官出殿左门,望殿内一拱,从西阶降,到拜位前立。寝殿、东序、西序、东庑、西庑分献官俱候齐。麾生偃麾,柷敔乐止,舞生面北站立。

第八,亚献。鸣赞唱"行亚献礼",伶官传唱"举亚献,乐奏秩平之章",麾生举麾,击柷奏乐,有舞。引赞唱"升坛",剩下的祭祀仪式与初献相同,只是不读祝。

第九,终献。鸣赞唱"行终献礼",伶官传唱,"举终献,乐奏叙平之章"。余下的祭祀仪式与亚献相同。

第十,撤馔。鸣赞唱"行撤馔礼",伶官传唱"撤馔",麾生举麾,"乐奏懿平之章",击柷奏乐,无舞。各坛陈设生将登、铏、簠、簋、笾、豆、钫、俎、尊、彝等加盖加罩,并稍加移动。

第十一,饮福受胙。鸣赞唱"饮福受胙",引赞唱"升坛",引正献官由东陛入殿。引赞唱"诣福胙位",引正献官至香几左侧福胙案前。引赞唱"跪",正献官跪于福案前。鸣赞唱"众官皆跪",陪祭各官皆跪。引赞唱"饮福酒",太史生取神前献爵之酒合于一爵交太祝生,太祝生跪献于正献官,正献官饮福酒。引赞唱"受胙肉",宰人预先割下一块牛肉,太史生盛放在大盘内交给太祝生,太祝生跪献于正献官,正献官接受。引赞唱"叩头、平身",众官皆一叩头后立。引赞唱"复位",正献官由西陛回拜位。鸣赞唱"谢神、跪、叩头、再叩头、平身",正献官以下俱一跪三叩头后起立。

第十二,瘗馔。鸣赞唱"瘗馔",司馔官进殿,至孔子神案前一叩头立,高捧所供馔盘出殿,四配、十二哲陈设生也一叩头后将本坛馔盘高捧,尾随司馔官由月台中陛而下,其他各坛陈设生也高捧本坛馔盘尾随由寝殿西掖门而出,埋馔于瘗所,然后回到拜位。鸣赞唱"辞神、三跪九叩头",正献官以下俱三跪九叩头,麾生偃麾,栎敔乐止。

第十三,送神。鸣赞唱"送神",伶官传唱,麾生举麾,唱"送神,乐奏德平之章",击柷作乐,无舞。执事生捧神主出殿门,幼孙抱持坐于舆上,四人抬舆,礼生、乐生引导,由月台中陛下，舞生分两班向神舆拱揖。工祝引太祝生、太史生先至拜位前立，工祝唱"神降"，太祝生、太史生至神舆前致辞，神舆略停。工祝唱"分班，前导舆行"，正献官以下在神舆前导行，卑者在前，尊者在后。至大成门内分列道左，送神舆出门。工祝引太祝生、太史生回。工祝唱"神去"，引赞唱"复位"，正献官以下依次退回拜位。麾生偃麾，柷敔乐止。

第十四，望燎。鸣赞唱"望燎"（秋冬曰"望瘗"），伶官传唱，麾生举麾，唱"乐奏德平之章"，击柷奏乐，无舞。鸣赞唱"焚祝帛"，太祝生到祝案前一叩头，太史生将祝板交太祝生，太祝生起立，恭捧祝文出殿，司香帛者各到香几前一叩头，高捧香盒、帛筐随太祝生、太史生出殿，四配、十二哲司香帛者叩头后，高捧香盒、帛筐随太祝生、太史生出殿，由中陛下，两庑司香帛生也各捧本坛香帛随之出后左门（秋冬出后右门）到燎所。引赞至正献官前唱"诣燎位"，各引赞也到各分献官前唱"诣燎位"，到燎所门外站立。引赞唱"望燎"，正位祝一板、香一炷，帛一端及四配位香四炷、帛四端依次焚烧，毕，引赞唱"复位"，引正献官回拜位。寝殿引赞引代献官、其他引赞引东序、西序、东庑、西庑分献官焚烧香帛后返回拜位。

第十五，阖户。鸣赞唱"阖户"，监祭官关闭大成殿正门。鸣赞唱"礼毕"，正献官以下俱退，乐舞生卷班，鼓工鸣钟以为节奏，伶官执麾幡对引接舞，照班反转下退，舞列宫悬之内，朝上三叩头。各执事生至杏坛前会集，排列于东西阶，朝上三叩头后散去。

第二种类型：释菜礼

释菜礼是以芹藻为祭品举行的祭祀。释菜一词最早见于南齐升平二年（358年），豫章王开馆立学，"行释菜礼"。《礼记·文王世子》说："始立学者，既兴器用币，然后释菜。"①孔颖达说："释菜有三：春入学释菜合舞，一也；此釁器释菜，二也；《学记》皮牟释菜，三也。"与释奠礼相比，释菜礼的祭祀环节则要简单得多。明代洪武十七年（1384年）规定，天下各地学校需每个月朔望二日到文庙行释菜礼；地方官自知府以下各级官员都要于每月朔望二日来到文庙前行释菜礼。由于释菜礼每个月都要举行，且释菜礼不如释奠礼那样庄重、神圣、重要，因此，很多地方学校很难做到长期坚持，并对释菜礼进行了简化，而代之以行香礼。如明代人李之藻云："今制，月朔释菜仅行之于国学，而郡国则于朔望之晨焚香展谒而已。"②清代行释菜礼时只有芹、枣、栗三种祭品，祭祀时上香献爵。朔日释菜，国子监文庙由祭酒主献，国子监丞、博士、助教、学录分献，府州县学文庙以教授、教谕、训导等学官行礼。新进士释谒释菜礼由第一甲第一名主献，第二名、第三名分献十二哲，第二甲第一名和第三甲第一名分献东西两庑。

释菜礼除了每个月固定举行之外，还会根据实际情况"因事乃举"，随时举行释菜礼，如在新庙落成之际或新生入学之际举行。元至元四年（1267年）规定，地方行政长官朔望日要到文庙拜谒孔子，大德元年（1297年）规定地方官到任时必须首先拜谒孔子庙。有时，文庙也会在孔子的诞辰日举行释菜礼，以达到昭示世人、崇敬圣人的目的。

第三种类型：行香

行香本来是礼佛的形式。明洪武十七年（1384年）命祭酒每月朔望在国子监文庙释菜，郡县长官每月朔望诣学行香，规定每月的初一、十五两次到文庙上香。清代顺治元年

（1644年）规定行香不设祭品，只上香行礼。国子监行香由司业正献，助教、学正分献两序和两庑，令一助教在崇圣祠上香，直省府州县学文庙由教授、教谕、训导等学官上香。

第四种类型：告祭

曲阜孔子庙称告祭为祭告，是国家有重大事项时皇帝遣官到文庙告知的祭祀。告祭始于唐代，乾封元年（666年）因追赠孔子为"太师"，维修曲阜孔子庙和免除孔子长孙赋役事派遣司稼卿扶余隆专程到曲阜孔子庙祭告。元代告祭礼大兴，每逢皇帝登基、追封孔子、改变文庙祀典、文庙维修等都要遣官祭告。如大德十一年（1307年）追封孔子为大成至圣文宣王，遣官祭告。元至大四年（1311年），仁宗登基遣官至曲阜孔子庙祭告，以后成为一种惯例。至元五年（1339年）整修孔子庙竣工，皇帝也遣官祭告。元代形成的这些祭告惯例到了明清两代依然沿用。清代祭告的次数最多，如逢皇帝登基、皇帝或皇太后逢十大庆、皇帝南巡、皇帝及太后升配礼成、朝廷平定战乱、祈求丰年、追封孔子五代先人为王、立太子、立正宫等，都会遣官祭告。遣官一般为大学士。祭品为鹿脯、鹿酉、兔酉、榛、栗、葡萄、桃实、莲实，礼行三献，上香，读祝。

第五种类型：献功

三代以来，朝廷献俘、受降都是在太庙或社稷进行的。献功文庙为清代所首创。清政府每逢平定一处，都会在文庙举行献功礼，皇帝亲自到文庙祭祀的情况不多，大多数情况下是遣官作为代表到文庙致祭。如清代皇帝康熙、乾隆在平定叛乱后均采取遣官致祭，历史上只有道光皇帝亲自举行过献功礼祭祀于文庙。目前立于西安文庙内的献功碑有清康熙帝平定准噶尔部首领噶尔丹的战争后所立的《平定朔漠告成

太学碑》（清康熙四十三年刻）、清雍正皇帝平定青海所立的
《平定青海告成太学碑》（清雍正三年刻）、清乾隆皇帝平定
四川西部阿坝地区大渡河上游藏族地区后所立的《平定金川
告成太学碑》（清乾隆十四年刻）、清康熙帝平定准噶尔部噶
尔丹叛乱后所立的《平定准噶尔告成太学碑》（清乾隆二十年
刻）、清乾隆收复居住于天山以南的维吾尔族地区所立的《平
定回部告成太学碑》（清乾隆二十四年刻）、清乾隆皇帝平定
大小金川地区后所立的《平定两金川告成太学碑》（清乾隆
四十一年刻）。

第六种类型：朔望祭祀

朔望祭祀是文庙在每月的朔（初一）、望（十五）日举行
的祭祀、讲经等活动。朔望祭祀是元朝文庙祭祀的重要形式
之一，因为这一活动举行的次数多并且包括"讲书"的内容，
所以其影响已经超过了单纯文庙祭祀的范畴。

在中国古代，每月的朔望日是比较重要的日子，一些重
要的祭祀、纪念活动，大多安排在这两天进行。宋代的朔望
日是臣僚朝拜皇帝的日子，民间百姓一般要到家庙祭祀祖
先。宋朝时，一些地方官、学官出于对儒学教育的重视，开
始在朔望日到儒学的文庙（或先贤祠堂）释奠行礼，礼毕，
召集儒学（或书院）生员讲议经史。[①]

由于一些地方官对朔望祭祀的大力提倡，在宋代特别是
南宋以后，朔望祭祀逐步被地方儒学或书院接受下来，成为
约定俗成的制度，即使没有地方官的参与，一些儒学或书院
的朔望祭祀也是照样进行。不过，从目前的史料中，并没有
发现两宋朝廷有关朔望祭祀的任何规定，说明宋代地方儒学
或书院虽然出现了朔望祭祀，但大多是个别官员或个别儒
学、书院的个体行为，并没有得到官方认可和推广，从而形

① 申万里：《元代教育研究》，
武汉大学出版社2007年版，第
205页。

成固定的制度。以政府的名义将地方儒学或书院的朔望祭祀制度颁行天下，出现在元初。

中统二年（1261年）元世祖下诏：宣圣庙国家岁时致祭，诸儒学月朔释奠，常令洒扫修洁。这是元朝政府关于朔望祭祀的最早法令。不久，由儒臣根据当时情况制定的《宣圣庙告朔礼》正式颁布。至元六年（1269年），元政府颁布《朔望讲经史例》，规定各路如遇朔望日，长次以下正官同首领官率领僚属吏员俱诣文庙烧香，礼毕从学官主善诣讲堂，同诸生并民家子弟愿从学者讲议经史，更向授受。这一诏令除了将朔望祭祀与朔望讲经联系起来以外，还确立了地方官、按察司（后为肃政廉访司）官朔望率僚属到学校参加祭祀、讲经的制度，对朔望祭祀制度的推行起了重要作用。从史料看，元初朔望祭祀制度确实在各地儒学、书院得到广泛的开展。

朔望祭祀于每月的朔、望日在各级儒学进行。朔望祭祀的参加者主要有地方官、廉访司官、学官、地方耆儒以及大小学生员。祭祀的仪式与春秋祭丁相比，有些简略，因此，有些史料称其为"朔望释菜"。但是，由于它既祭祀又讲经并考核生员，并且每月两次，所以在元朝的文庙祭祀中显得格外重要。以元朝为例，元政府议定的朔望祭祀的具体仪式。大致如下：

先放圣寿辇于宣圣右边，曾孟位上，香案具下，祝案辂祝板于上。每朔旦，日未出，设立献位阶下，诸生列位于后。赞者在前，先二拜，自东阶升殿，喝"摆班"，又喝"班齐"，次喝"初献官以下皆拜""再拜"，两拜毕，平立。执事者引三献官升殿，自东阶分献官、诸从祀位

> 如殿上仪，初献立宣圣位前，亚、终献立颜孟、十哲位前。赞者喝"再拜"，俱再拜，拜毕，就跪，三祭酒，再拜具；亚、终献以如之。礼毕，三献官诣圣寿位前，先再拜，跪上香，就跪，祝香读祝讫，三奠酒毕，就拜，具再拜，礼毕，降至西阶复位。赞者喝"初献官以下皆再拜、两拜"。礼毕，诸生与献官员圆揖，诣讲堂讲经。①

上述仪式是元初北方儒士根据当时的具体情况并参照金朝制度制定的，世祖时期在北方普遍实行。

江南统一以后，江南各地儒学根据前朝朔望祭祀的有关习俗以及元政府的有关规定，重新制定了朔望祭祀的礼仪制度。绍兴路至元二十九年（1292年）重修制定的"学式"中有关朔望祭祀规定如下：

> 黎明，诸生深衣入学，闻鼓班立殿下，执事者东向立。赞者请行礼，班首就褥位，执礼者与掌仪先再拜，升阶东向立，唱："鞠躬、拜兴，拜、兴、平身！"，俱以声尽为节。次唱："执事者各执乃事！"赞者、班首诣盥洗、爵洗所，升阶诣酌尊所，实酒诣先圣师前，跪，焚香进爵，三祭酒，挽伏，兴，复位。执礼者唱："执事者各复位！"鞠躬、拜兴如前仪。礼毕，殿下东西立，圆揖退。②

以上所引史料，记述了绍兴路学"学式"中规定的朔望祭祀仪式。与中统二年仪式相比，有一些明显的变化：首先，将皇帝的"圣辇"从殿中撤出，仪式中向"圣辇"行礼的内容也相应删除。其次，规定"诸生深衣入学"，说明祭祀中，参

---

①《元典章》卷31《礼部四·儒学》。
②《至元壬辰重定学式》，《越中金石记》卷7。

加人员要统一着装，这与上面的春秋释奠统一服色的规定是一致的，反映了祭祀仪式的规范化。第三，绍兴路学的朔望祭祀免除了读祝的内容，只行礼，不读祝文，反映了祭祀礼仪的简化。①

特别重要的是，绍兴路的"学式"中对以前规定比较简单的朔望讲经内容，进行了详细的规定，反映了讲经在至元末以后，已经成为与祭祀同等重要的内容。朔望讲经的具体规定如下：

> 殿谒退，升明伦堂，诸司存官与乡之有齿德者列坐，诸生从其后，大小学生员班立，推一人唱揖，平身，鸣鼓，请讲经。朔旦教授升讲座，望日正、学录轮讲。别位于坐之西，口演经旨，不用讲义，文字讲毕，大小学，先讲所习四书，命题课口义及诗对，定其优劣，以示激励。②

从中统到至元末年文庙朔望祭祀制度的变化，可以看出：朔望祭祀仪式中，祭祀的内容在精简，而讲经的内容逐步增加，这反映了元朝儒学和庙学、祭祀与教学正在逐步地结合起来，体现出庙学合一的特点。元人俞德邻记述了元初朔望祭祀以后讲经的盛况："每旦望殿谒毕，冠佩宪宪，揖让而升，师氏居皋比，横经析礼，正录师长论陪讲以序，郡将众文武官环坐悚听，已各趋出。"③

元朝中期以后，元政府加强了对儒士的控制，文庙朔望祭祀中有关讲经和考核的规定更加严格。元代文庙朔望祭祀制度，在元朝中后期逐步成为儒学教育生活中的一个基本制度。清朝国子学同样进行朔望祭祀，规定国子祭酒

① 申万里：《元代教育研究》，武汉大学出版社2007年版，第210页。
② 《至元壬辰重定学式》，《越中金石记》卷7。
③ [元] 俞希鲁：《至顺镇江志》卷11《学校》。

"朔望讲经而启迪之"。这说明了元代文庙朔望祭祀制度对后来的影响。

第七种类型：殿谒或庙谒

文庙祭祀除春秋祭丁、朔望祭祀以外，还有一些非固定的祭祀活动，当儒学或地方社会发生大事的时候，如地方官上任、廉访司官巡行至郡县，学校新建、整修，学产的增置等，地方官一般要率僚属与学官、儒学生员一起到文庙拜谒、行礼，这种祭祀活动一般称为殿谒或庙谒。殿谒或庙谒虽然不是政府制订的正式的祭祀制度，无强制性，但它在古代已经形成了惯例，不仅举行的数量较多，而且产生了一定的影响。

地方官遇有政治、文教方面的大事，到儒学文庙行礼祭祀之习，在元朝以前就存在。以元朝殿谒为例，主要有以下三种情况：

第一，新的地方官上任以后，按惯例一般到当地文庙释奠行礼，举行殿谒，以表明其重礼制、兴教化的态度，同时，通过举行殿谒树立在当地百姓及同僚下属之间的威望。这样的例子较多。

第二，元朝肃政廉访司官巡行至某地，一般也进行殿谒，以表明其"勉励学校，宣明教化"的态度。

第三，儒学或书院有重大的事件，如学校新建、改建完成、学官上任等，地方官一般也到儒学，同学官一起主持文庙殿谒。

至元七年（1270年），京兆府新修宣圣庙，举行殿谒，时人记述道：

诸生济济，骏奔在庙，礼殿高明，法庭宏敬，周庑深□，重门洞澈，边豆有嘉，笙镛间作，进退周旋，登降揖让，三献而退。里之民观礼识古，剔耳刮目，愉愉怿怿，有感道忻和之意。

元贞元年，章丘（今济南市章丘区）县学建成，儒士刘敏中记下了殿谒释菜的情况：

既成，尹率僚属师生奉像设妥其位，行三献之礼以告，则陛宇廓然，神灵肃然，尊洗豆笾秩而哗然，盖降登有余容而盥荐有加虔焉。邑之耆老壮稚则皆瞻耸改观，鼓舞咨嗟。①

可见，元代殿谒同样是由地方官率僚属、学官以及生员进行，祭祀前陈列祭器，祭祀时行三献之礼，有乐器伴奏，老百姓可以从旁观瞻。

殿谒的举行，保证了地方官、廉访司官有较多的机会接触儒学，从而了解地方儒学的实际发展情况。在儒学或书院发展困难、学舍荒废的情况下，地方官、廉访司官在殿谒时能直接发现儒学或书院的运行情况，促进儒学兴复。

文庙的祭器与祭乐

元朝中后期的社会进一步安定，经济进一步发展，作为"朝廷重典"的春秋释奠活动逐步完善，其重要的表现就是祭器的完备和大成乐的普及。

祭器也称礼器，是儒学祭祀必备的器具。据清代学者阮元考证，文庙礼器肇自汉，但地方儒学铸造礼器，开始于南

① 元至元七年（1270年）《京兆府新修宣圣庙记》，此碑现藏于西安碑林博物馆。

宋。元初各级儒学所有的祭器主要承袭于前代，种类、数量互不统一。如镇江路学祭器皆为木器，绍兴路学的祭器有陶器、木器和竹器，广州路学祭器为锡铸，绍兴路新昌县学皆为石器，涿州路学祭器皆以陶器为之。除了祭器质地不同外，在朝代更替之际，祭器损失破坏也非常严重。入元以来，由于年代久远，祭器多有损坏。元朝中期以后，随着文庙祭祀的广泛开展，儒学开始重视祭器的铸造，天宁路总管郭友直认为："教养所以兴学，礼器所以将诚，教养偏废则学不兴，礼器不备则诚不尽，皆守臣效职之所以尽其责也。故学有钱粮以充其岁用者，赡师生，供祀事而已……然有其礼无其器，樽俎不足供于前，丰洁无以陈于上，则虽致敬以有礼，而祀之诚有不尽者矣。教养兼举，礼器兼备，贤守之自责，固如是之用心也。"①郭友直接将祭器的完备与儒学的教养同样看待，反映了人们对儒学文庙祭器的重视。基于这种认识，在元朝中后期儒学处境有所改善的情况下，各地儒学普遍铸造祭器，以完善文庙祭祀，铜成为铸器时通用的原料。

元朝中后期儒学文庙春秋释奠制度完善的另一重要表现就是大成乐的推广与普及。祭祀用乐是中国古代的传统制度，文庙祭祀使用的大成乐出现于宋朝。对于文庙祭祀使用大成乐，元代许多学者都是极力提倡的，吴澄指出，孔子"至唐开元而服衮冕之服，正南面之位，祀以王礼，遂为定制。凡释奠者必大合乐，因古释奠之名，损益其礼，以祀夫子。祀必用乐者，仿古也"②。周仁荣也认为："乐修于学，可以通神明，美教化，移风俗。"③元朝中后期，很多地方开始置备大成乐器，用于文庙春秋释奠。

大成乐的设置，使本来就比较隆重的春秋释奠更加庄严

①[北宋]郭友直：《儒学田土祭器碑记》，《湖广图经志书》卷4《黄州府·艺文》，嘉靖本，第413页。
②[元]吴澄：《吴文正集》卷36《南安路儒学大成乐记》，文渊阁四库全书本。
③[元]周仁荣著，[明]钱谷编：《大成乐记》，《吴都文萃续编》卷7，文渊阁四库全书本。

肃穆，是文庙祭祀制度完善的重要表现，扩大了文庙祭祀在社会中的影响。

西安文庙的祭祀制度跟文庙的祭祀制度相一致，遵循相同的祭祀仪式和程序，彰显了古代文庙的礼制。

西安文庙祭祀的
文化意义

祭祀是传统礼乐文明的丰富内涵之一，祭礼的内容可分为三个方面：天地、先祖、君师。西安文庙同文庙祭祀所采用的礼仪称为"释奠礼"，是传统社会的"国之要典"，也是中国历史上非常独特的文化现象，蕴涵着重要的文化信息。

祭祀活动根据对象的不同一般可分为血缘性祭祀与非血缘性祭祀。血缘性祭祀更多的是出于亲情，非血缘性祭祀则更具社会文化的意义。

最初孔门弟子对孔子的"祭祀"是模仿祭祖活动而来，但又超越了一般的亲情，开创了祭祀史上的一大变革，为其增加了一项新的内容——祭拜老师。局限于孔门弟子之间的"祭孔"，因之具有了"血缘性"与"非血缘性"并行的特征，使得文化传承与亲情延续的意味同时存在。将"师"纳入祭祀对象，成为中国文化"尊师重教"的重要标志。这种祭祀老师的模式，因为儒家的推动而延续下来并成为一种传统。

从文庙从祀制度的变革中，可以发现儒学本身的学术、信仰变化。唐代贞观年间，以左丘明等二十二人配享孔庙，显然与当时崇尚汉唐经学的风气有关。随着理学的兴起，周敦颐、张载、朱熹等六人被尊为"先贤"，这无疑是理学道统观的直接体现。至清代，增祀诸儒中又出现了以王夫之、黄宗羲等为代表的"行道之儒"，他们的出现与当时的社会形势密切关联。从祀诸儒的选择和晋升，均需受到官方的认可与节制。

历代统治者兴建文庙、祭祀孔子，并非尊孔子为教主，立文庙为教堂，而是着眼于其现实的政治目的与文化道统的确立。文庙祭祀强调的是孔子的文化贡献，尤其是其为人们所制定的纲常伦理与道德教化。然而，以另一角度看，儒学在历史上却又实在起到了宗教的某些作用。文庙祭祀虽不能完全等同于宗教活动，却蕴涵着宗教的意义，发挥了宗教的部分功能。儒学与其他的宗教不同在于，它是一种信仰，而不是一种完全神学化的宗教。

文庙祭祀是士人感受群体优越性和文化价值的一条重要渠道。如果能够进入文庙从祀，将证明其得到了儒学的正统地位。不少人梦寐以求死后能够进入文庙从祀，一些大儒的门人后学也积极推动其宗师进入文庙，为其学派争得一份殊荣。文庙祭祀与经典的诠释、科举制度的推行和政教合一的政治体制，共同奠定了古代士人对于儒学和孔子的信仰。这种信仰尽管没有发展成为一种制度化的宗教，但其对于古人"安身立命"的功能，完全可以与宗教相媲美。张载所说的"为天地立心，为生民立命，为往圣继绝学，为万世开太平"，正是儒家优秀知识分子代表对于自身信仰和使命的自觉表达。

西安文庙对孔子的专门祭祀始于初唐。唐武德二年（619年），《旧唐书·儒学上传》记载，唐高祖李渊在继位之后，大力尊孔崇儒，"令国子学立周公、孔子庙，四时致祭"。李渊诏文的内容为："……朕君临区宇，兴化崇儒，永言先达，情深绍嗣。宜令有司于国子学立周公、孔子庙各一所，四时致祭。仍博求其后，具以名闻，详考所宜，当加爵士。"①类似的记载在《唐会要》卷三五"褒崇先圣"里面有明确的说法："贞观二年十二月，尚书左仆射房玄龄、国子博士朱子奢建议：武德重，诏释奠于太学，以周公为先圣，孔子配享。臣以周公、尼父，俱称圣人，庠序置奠，本缘夫子，故晋宋梁陈及隋大业故事，皆以孔子为先圣，颜回为先师，历代所行，古人通允。伏请停祭周公，升夫子为先圣，以颜回配享。诏从之。"②《旧唐书·儒学传上》的记载印证了这一史实："贞观二年，停以周公为先圣，始立孔子庙堂于国学，以宣父（孔子）为先圣，颜子为先师。"于是，唐太宗李世民刚刚登基就下诏，在长安城国子监内兴建专门用于祭拜先圣孔子的庙堂，这大大提升了孔子的地位，因为在此之前，国子监内并没有单独的孔庙，对儒家思想的创始人孔子的祭祀是与周公的祭祀一同进行的，并且是以周公为先圣主位，孔子以先师身份配享。至唐太宗贞观二年"始立孔子庙堂"的诏令颁布，停祭周公，升孔子为至圣先师，为孔子单独修建了宏伟的庙堂，形成了真正意义上的孔庙，至此定下了"主祀孔子，颜回配享"的庙堂祭祀格局。

孔庙建成后，唐太宗诏令虞世南撰文刻石以记之，此即《孔子庙堂碑》，碑文记曰："武德九年十二月二十九日，有诏立随故绍圣侯孔嗣哲子德伦为褒圣侯，乃命经营，惟新旧址……况帝京赤县之中，天街黄道之侧，聿兴壮观，用崇明祀，宣文教于六学，阐皇风于千载，安可不

① [后晋] 刘昫：《旧唐书·儒学传上》。
② [宋] 王溥：《唐会要》卷35《褒崇先圣》。

赞述徽猷，被之雕篆？乃抗表陈奏，请勒贞碑，爰命庸虚，式扬茂实。"[1]于是新建成的"孔子庙堂"便成为以孔子为先圣、以颜回为先师的专门祭祀场所。

从此，西安文庙对孔子的祭祀便上升成为国家的礼制，形成定期对孔子进行祭祀的做法，对后世影响深远。

[1] 唐虞世南撰《孔子庙堂碑》，此碑现藏于西安碑林博物馆。

04>

西安文庙的
教育与教化

西安文庙的学校教育

西安文庙的社会教化

中国自古以来就有重视教育与教化的历史传统。自汉代推行"独尊儒术"政策以来，历朝历代统治者及思想家都特别重视推行伦理道德教化，并把施行教育教化、传播伦理道德作为教育的重要目的。古人推行教育与教化主要是通过学校教育机构进行的，学校通过向人们传授知识、灌输伦理道德观念，使人们受到感化和教育，起到了良好的教育效果。文庙的建造就是随着尊孔崇儒的教化活动而不断发展起来的产物。唐高祖武德二年（619年）六月，"令国子学立周公、孔子庙，四时致祭，仍博求其后"①。这样就使得"庙学合一"的制度开始形成。唐太宗贞观元年（627年），诏令天下学校皆立周公、孔子庙。由此，孔子庙遍及全国各地，列入国家祀典的礼制庙宇。唐玄宗开元二十七年（739年），追封孔子为"文宣王"，孔庙慢慢地演变成为文庙。这样就形成了因文庙而设立学校或因学校而设立文庙的"庙学制度"，形成了中国文庙发展的基本格局。到清朝末年，遍布全国各地的文庙已经多达1560多所，基本上形成了以祭祀为主的"文庙"和以传授儒学为主的"庙学"两类文庙制度，文庙成为传播儒家文化的重要载体。

作为纪念和祭祀儒家创始人圣人孔子的专门祠庙建筑场所，文庙一般都修建于各地官学之中。因此，古代学校的很多教育和教化活动，大都依托文庙进行，逐步形成了"庙学合一"的格局，文庙与学校教育逐步结合，成为推行教育和教化的重要场所。按照周洪宇、赵国权关于文庙的划分，文庙有广义和狭义之分，广义的文庙可以理解为与武庙相对的、文治层面的庙宇性建筑，包括天下所有孔庙（含国庙、学庙和家庙）以及各地附属于孔庙的或单独设置的先贤祠、乡贤祠、名宦祠等等，既是统治者推崇儒学的礼制性建筑和

---

① [后晋] 刘昫：《旧唐书》卷1《高祖本纪》，中华书局1975年版，第9页。

天下文人学者希圣希贤的精神家园，又是普通民众缅怀圣贤的谒拜之地。广义的文庙属于历史学研究的范畴。狭义的文庙是孔庙中的一种，是与武庙相对、主祀孔子且伴有教学活动的礼制性建筑，具体是指与各级官学及书院直接相关的主祀孔子的庙宇，或称之为"庙学"，或称之为"学庙"。狭义上的文庙属于教育史学的研究范畴。[①]基于此，本研究主要是从教育史学的角度来关照西安文庙的教育和教化活动的。

---

① 周洪宇、赵国权：《文庙学：一门值得深入探究的新兴"学问"》，载《江汉论坛》2016年第3期。

从隋代开皇元年（581年）移长安、大兴（即咸宁）两县旧治入新筑西安城开始，历经唐、五代、金、元、明、清直至中华民国，长安、咸宁两县县治与西安府府治（金代称京兆府，元代称奉元路，明清为西安府）在长安城内长期并存。本书以朝代为顺序，主要结合西安府学、咸宁县学和长安县学介绍文庙的教育开展情况。

西安文庙的历史可以追溯到唐代初期建于国子监内的孔子庙堂。据《长安志》记载，唐代西安府学设在务本坊。监中有孔子庙，贞观四年（630年）立。领国子监（学）、太学、四门学、律学、书学、算学六学。

宋代西安府学位于府治东南方向。据宋代《景祐二年中书札子》记载："侍郎范雍奏：昨知永兴军前资寄住官员颇多，子弟辈不务肯构，惟恣轻薄，盖由别无学校励业之所致。到任后奏建府学兼赐九经书，差官主掌，每日讲授。"①

宋代西安府学设立的起因是满足前往永兴军寄住官员子弟接受教育的需要。史载："据本府分析，见有修业进士

①［清］舒其绅等修，严长明等纂：《西安府志》卷62，《学校志》乾隆本。

一百三十七人在学，关中风气稍变。"①当时西安府学设立之后，府学的规模已然达到一百三十七人，教学效果也不错，改变了当时关中一带的社会风气。

在西安碑林博物馆第三展室，陈列有《京兆府小学规》，记录了宋代小学教育开展的情况。京兆府小学是经过官方府学批准建立在宣圣庙的官办小学。"小学"为宋代启蒙教育的场所。北宋为了复兴学校教育，先后进行三次兴学运动，范仲淹在庆历兴学时开始在州县一级设立小学，王安石熙宁兴学时期，宋神宗曾下令各州设置"小学教授"，蔡京崇宁兴学期间在州、县设立小学，规定十岁以上儿童均可入学。按照《京兆府小学规》碑文记载，京兆府小学有严格的管理制度，招收生源也有明确的规定，同时为小学生订立了学习科目和日常的行为规范。碑文大致内容为：送孩童入小学要在家长担保后，才能拜见教授，并声明自愿将孩童送进小学学习，被录取的学童依据其年龄大小教授不同的内容，授课的科目包括听经、诗赋、念字、读诗、习书等；而对于不听管教的学童行为，诸如自由散漫、偷盗斗殴、毁坏财物、丢弃书籍、乱写乱画、嬉戏打闹等，要给予相应的惩罚措施，十五岁以下的学童处以"扑挞之法"，十五岁以上的予以罚款，并将罚款用于学校公共事务。

金代西安府学沿袭了宋代府学的做法，无较大变化。

元至正年间，府学由时任行省平章廉希宪重修。据元虞集的《重修奉元路庙学记》所载，认为，"礼乐其具也，出于宗庙、朝廷之上，行之乎学校、井田之间。……致察乎时物衣食之末，而究极乎辅成化育之功。耕禄之均，施之四海而无不准也；祭祀之达，传之子孙而无不保也"②，对西安文庙在礼乐教化民众所起的重要作用给予了充分肯定。

① [清] 舒其绅等修，严长明等纂：《西安府志》卷62，《学校志》乾隆本。
② [清] 舒其绅等修，严长明等纂：《西安府志》卷62，《学校志》乾隆四十四年，第343页。

元代府学主要传授程子之洛学和横渠张子之关学。《重修奉元路庙学记》指出，"《正蒙》之书，学者受读，《订顽》之铭，推极乎事亲事天之诚。"认为"事亲事天"应为府学所重。此外，府学还应改变当时"贫富不均，教养无法"的现状，府学应当"议与学者买田画井，而其疆界不失公家之赋"，教育人们"立敛法、广储蓄、救灾恤患、厚本抑末"，此外，还认为"学者且须识礼，可以滋养德性、集义养气"，在西安庙学的教育和影响下，关、洛之学出现了自孟子以来的空前盛况。

此外，元世祖与当时的尚书和文学大师许衡都崇文重教，"元世祖初年覃怀文学，许文正公尚书与师友讲明斯道，儒者之效遂大见于当时"。主张大力推定文王、周公、孔子之道，指出："学于斯者，思周公之为治，以极于孔子之道；因横渠之学，而博通乎濂、洛之原，则化行俗美，贤才众多，岂不于吾雍学而见之乎？"[1]文中将"化行俗美，贤才众多"归功于府学之教育，并呼吁"请以诸大夫君子而与其都人士共讲焉"，倡导知识分子都来参与推行教化民众事业。

《重修奉元路庙学记》提到元代府学重建有成德堂，"高敞雄壮"，元末毁，明宣德中建为明伦堂。

明清时期，西安府学，咸宁、长安二县学以其传统的封建统治人才培养基地的性质受到官方的更多的重视和一贯的支持。[2]明清西安府学仍承宋元府学旧址——"西安府学，在府东南二里唐宋以来旧址，国朝洪武初重修。"[3]西安府学历经明清两代并未更易，位于今西安碑林西侧。文庙在整个明清时期都是作为西安府学的一个重要组成部分而存在的，文庙的重要教育作用也得到了时人的充分肯定："孔子万世师表，凡建学育才，必严庙祀，所以感人心，敦教化，诚治道

① [明] 赵廷瑞修：《陕西通志下》，三秦出版社2006年版，第1799页。
② 史红帅：《明清西安城内教育设施的发展变迁》，载《中国历史地理论丛》2000年第4期。
③ [明] 彭时：《寰宇通志》卷92《西安府上学校》。

所当先也。"①明清时期西安文庙和西安府学的教育活动和修治工作是同步进行的。

明代府学于成化九年（1473年）由巡抚马文升对府学进行重修。后来，万历二十一年（1593年），长安令沈听之、咸宁令李得中再次对府学进行重修。

清代西安府学于顺治十年（1653年），提学田厥茂对府学进行增修。据《陕西通志》记载，大门前有坊，内有泮池，仪门内当甬道为魁星楼，中为明伦堂，两旁设立四斋，曰志道、据德、依仁、游艺。东西号舍各三十六楹。堂后为尊经阁，阁后神器库。射圃亭在长安县学右，教授、训导廨在明伦堂后。府学设教授一员，复设训导一员。阴阳学在府治东，医学在府治西。

关于清代府学的入学额数，《西安府志·学校志》载：西安府大学岁科试额进文生员二十名，岁试额进武生员二十名。清代府学不另外设学田，"府学廪饩及贫生银两，俱于长安、咸宁二县学内支给"②。

清代长安县学，旧在县治西，明成化九年（1473年），巡抚马文升议徙（西安）府学西。万历三十七年（1609年），知县杨鹤对县学进行修缮。顺治八年（1651年），知县樊鸿、训导张宏业重修县学。县学旁设教渝、训导廨，设教谕、训导各一员。

长安县学入学额数为：长安大学岁科试额进文生员十五名，岁试额进武生员十五名。关于长安县学学田的数额为：计三顷四亩五分八厘，租一百二十二石九升九合。又旧置按院学田一顷十六亩九分二厘九毫，租四十六石一斗六升。

清代咸宁县学，旧在县治西，明成化九年（1473年），提学副使伍福奏徙（西安）府学东，知府余子俊负责整修。

嘉靖十一年（1532年）知府李文极，万历十三年（1585年）知县李生芳，万历十八年（1590年）知县李得中继修之。顺治十二年（1655年）知县余国柱，康熙三年（1664年）知县黄家鼎增修。旁为教谕、训导廨，设教谕、训导各一员。

咸宁县学的入学额数为：咸宁大学岁科试额进文生员十五名，岁试额进武生员十五名。学田的额数为：计六顷四亩七分三厘二毫，租二百五石八升六合。又旧置按院学田地一顷二十九亩五分四厘九毫，租六十九石七斗六升六合。

明成化七年（1471年）咸宁、长安二县学曾迁建于西安文庙。关于咸宁、长安二县学的迁建，上面已经提及，成化十一年（1475年）明代大学士商辂《重修西安府学文庙记》碑记述了咸宁、长安二学的迁建情况："先是，君（指马文升）以附郭长安、咸宁二学僻从县治，去（文）庙甚远，师生朔望艰于行礼，乃命所司徙长安学于庙之东，咸宁学于庙之北，而府学旧在庙西，是庙岿然居中。"[1]之所以将咸宁、长安县学迁于西安文庙之内，主要便于县学师生于朔望日能就近到府学文庙参拜孔子。自咸宁、长安县学迁至西安府学、文庙后，就形成了西安独特的"一庙三学"的局面。将咸宁、长安二县学从偏僻的地方迁徙至文庙东、北位置，一方面为了方便县学师生就近祭拜孔子，另一方面是为了围绕西安文庙、府学，集中建设文庙周围文教区。明人周宇作《修学记》盛赞此种三学一庙比邻布局之妙："吾西安居省会，郡一邑二故学三，而庙一。庙当城南门之东，宅巽离中，郡学披而右，咸宁邑治在东，故学亦东，长安邑治西，学亦在西"，"一庙三学，翼比朋翔，乔木联荫，清泮通流，宏规壮观，盖凡为学官者，或鲜其俪"。[2]三学汇聚一处，便于府学、县学学子交流学问，文庙周围文教区的整体环境得以大大改善，西安文庙学风得以不断昌盛。

① 明成化十一年（1475年）刻立的《重修西安府学文庙记》，此碑现现藏于西安碑林博物馆。
② ［清］康熙：《咸宁县志》卷8《艺文》。

西安文庙的社会教化

在西安文庙立石经碑刻以教化民众

历代统治者为了对民众进行教育和教化，通常会将经文刻于石上，立于文庙之中供士子们观摩学习。西安文庙历经长期演变，俨然发展成为一座石刻艺术博物馆，聚集了大量的石经，在教化民众方面具备了天然的优势。

唐代统治者主张"以孝治国"，唐玄宗李隆基尤为提倡孝道。《新唐书·玄宗纪》记载，唐天宝四年（745年），李隆基曾诏令"天下民间家藏《孝经》一本"，并亲自作序、注解以隶书书写《孝经》碑。碑四面刻，其子李亨篆额，额上承云头纹盖，下有三层台座，高大宏伟，故称"石台孝经"。刻成后立于长安城务本坊太学之内。

关于文庙刻立石经的过程，盛惇《重修西安府学碑林记》有这样的记载：唐文宗开成二年，宰相郑覃判国子祭酒，勘定九经，立于太学。大历间司业张参撰五经文字，岁久传写，点画参差，翰林待诏唐玄度依司业旧本复撰《九经字样》。既成，表请附五经之末，兼请于国学创立石经。当韩建筑新城，石经弃于野矣。宋天圣间，诏建浮图，姜遵知永兴军，取汉碑之坚好者，以代砖壁，有县尉具言不可，遵以故隔朝命按罢之。时人何斯举作诗叹曰："长安古碑用乐石，虿尾银钩擅精密。缺讹横道已足哀，况复镌裁代砖壁。有如天吴与紫凤，颠倒在衣吁可惜。"①此后石经得以不断地整修、完善。

唐开成二年（837年），为进一步宣扬儒家学说，防止儒家经典著作在传抄中出现讹误，唐文宗李昂命时任国子监祭酒郑覃负责主持将儒家经典著作刊刻于石上，由艾居晦、陈玠等人用楷书刊刻。内容主要有《周易》《尚书》《诗经》《孝经》《周礼》《仪礼》《礼记》《春秋左传》《春秋谷梁传》《春秋公羊传》《尔雅》《论语》等十二种经书及"五经文字""九经字样"共一百一十四石，二百二十八面。历时长达七年方完工，因这些石经刊刻于开成年间，故后世称之为"开成石经"。刻成后立于唐长安城务本坊国子监内。

历代统治者将石经刻成后立于太学、国子监，目的在于表明国家崇文重道的立场。在儒学思想占主导地位的古代中国，"经"在古人心目中有着重要的地位和作用："夫经者，常也；道也。常故不变，道则恒存。天不变，道亦不变。"以清代的《乾隆石经》为例，《乾隆石经》共六十三万字，为康熙年间江苏金坛恩贡生蒋衡手书，蒋衡为清代著名书法家，他在西安见唐《开成石经》出于众手杂书，既失校核，又混乱不齐，便决心自己重新书写一部《十二经》。他从雍正四年（1726年）至乾隆二年（1737年），历时十二年才大功告成。此手书《十三经》列中国历史之最，是祖国文化艺术宝

①［清］舒其绅等修，严长明等纂：《西安府志》，乾隆四十四年，第44页。

库中的稀世珍品。后来，乾隆五年（1749年），江南河道总督高彬将此《十三经》奉献于乾隆皇帝，第二年乾隆下旨授蒋衡为国子监学正，后来乾隆帝下令对《十三经》进行校勘，

《石台孝经》碑

然后将其"刊之石版，列于太学"，定名为《乾隆石经》，经文全部石刻共一百八十九块，加《谕旨告成表文》一碑，共一百九十块。此碑规模宏大，楷法工整，雄强茂美，其精确性优于《开成石经》。《乾隆石经》所刻经文为《尚书》《周易》《诗经》《周礼》《仪礼》《礼记》《春秋左传》《春秋公羊传》《春秋谷梁传》《论语》《孝经》《孟子》《尔雅》等儒家十三部经典著作。《十三经》是春秋、战国至西汉初期的儒家经典，记载了夏、商、周以来的古代历史、哲学、诗辞和典章制度。作者主要是孔子及其弟子和传人。乾隆帝在《乾隆石经》筹备开雕工作谕中言曰：

> 自汉、唐、宋以来，皆有石经之刻，所以考定圣贤经传，使文字异同归于一是，嘉惠艺林，昭垂奕祀，甚盛典也。但历年久远，率多残缺，即间有片石流传，如开成、绍兴年间所刊，今尚存西安杭州等府学处，亦均非全经完本。我朝文治光昌，崇儒重道……允宜刊之石版，列于太学，用垂永久。①

《乾隆石经》刻成后，将其立于国子监，清高宗亲撰《御制石刻蒋衡书〈十三经〉》于辟雍序，亦刻碑立于国子监《乾隆石经》前。序曰：

> ……有曰："凡举大事者必有其会与其时，而总赖昭明天贶以成其功。"信弗爽也。石鼓不过周宣王之事，列于文庙之门，以寓兴文，尚俟其时其会；若夫《十三经》，则古圣先贤出诸□以传道授教，其重于《石鼓文》奚啻倍蓰哉！则今之石刻《十三经》是

① [清] 蒋衡撰：《乾隆石经》，此碑现藏于西安碑林博物馆。

矣！……是岂可与寻常墨迹相提并论，以为几暇遣玩之
具哉！是矣刊之石版，列于辟雍，以为千秋万世崇文重
道之规……依圣人之门墙，示万世之楷则，孰谓沧桑幻
化，能移我夫子不朽之道也哉！①

历代刻立石经于太学、国子监、文庙内，目的在于表明
和彰显国家重视教化、崇文重道的治国理念和立场，"以为千
秋万世崇文重道之规"。在古代印刷业较为落后的情况下，石
经是一种较好的保存文化、教化世人的方式，为历代统治者
所重视。宋元祐五年（1090年）黎持作《新移石经记》碑，
指出利用石经开展教化的优势："金石之固，不得其人以护持
之，亦难必其可久，此吕公为有功于圣人之经。使后之君子
知古人之用心而不废前功。"

西安碑林藏有王鹤撰写的《重修孔庙石经记》碑载：

今陕城孔庙，在西安府学之左，而石经则列于孔庙
之后……岁月即久，印摹者多，渐有磨灭不可读之疵。
左布政使今宁夏巡抚姚公阅之，叹曰："经，所以载道
也；字所以翼经也，文字既残、经籍就敝，道斯因之坠
也……乃今瓦砾视之，殆非右人文崇教化意也。"遂以其
事请于抚、按两台，询于藩、臬诸司，计于府、县，命
督工修复焉。②

此次重修孔庙石经指出了"经""字"为"载道"之工具，
寄托着古人"文崇教化"的目的。

在西安碑林内存有初唐时期书法大家虞世南唯一存世的
书籍刻石——《孔子庙堂碑》，由虞世南亲自撰文并书写，是

唐贞观初年长安国子监中始建孔子庙堂的记事碑。李唐王朝建立伊始，据《旧唐书》卷一《高祖本纪》记载，武德二年（619年），唐高祖李渊即"令国子学立周公、孔子庙，四时致祭，仍博求其后"①。《旧唐书·儒学传上》录有唐高祖的诏文：

> ……爰始姬旦，匡翊周邦，创设礼经，尤明典宪。启生人之耳目，穷法度之本源，化起二南，业隆八百，丰功茂德，冠于终古。暨乎王道既衰，颂声不作，诸侯力争，礼乐陵迟。粤若宣父，天资睿哲，经纶齐、鲁之内，揖让洙、泗之间，综理遗文，弘宣旧制。四科之教，历代不刊；三千之文，风流无歇。惟兹二圣，道著群生，守祀不修，明褒尚阙。朕君临区宇，兴化崇儒，永言先达，情深绍嗣。宜令有司于国子学立周公、孔子庙各一所，四时致祭。仍博求其后，具以名闻，详考所宜，当加爵士。②

从该诏文可以看出，当时在国子学（贞观后改称为国子监）中建了两座庙，一所周公庙、一所孔子庙。《旧唐书·儒学传上》后文中又记载："贞观二年，停以周公为先圣，始立孔子庙堂于国学，以宣父为先圣，颜子为先圣。"③唐代国子学中原本并无单独的孔子庙，而是周公、孔子合祀于一庙，以周公为先圣、孔子配祀。对此，《新唐书·礼乐志》记载得较为详尽："武德二年，始诏国子学立周公、孔子庙；七年，高祖释奠焉，以周公为先圣，孔子配。"④随着后来唐代日益"兴化崇儒"，儒家思想的地位日益上升，因此，至贞观二年才"始立"单独的"孔子庙堂"，以孔子为先圣，

① 《旧唐书》卷1《高祖本纪》。
② 《旧唐书》卷189《儒学传上》。
③ 《旧唐书》卷189《儒学传上》。
④ 《新唐书》卷15《礼乐志第五》。

以颜子配祀。关于贞观二年停祭周公、始立孔子庙堂，《旧唐书》记述了该事件的详细经过：

> 贞观二年十二月，尚书左仆射房玄龄、国子博士朱子奢建议：武德中，诏释奠于太学，以周公为先圣，孔子配享。臣以周公、尼父，俱称圣人，庠序置奠，本缘夫子，故晋宋梁陈及隋大业故事，皆以孔子为先圣，颜回为先师，历代所行，古人通允。伏请停祭周公，升夫子为先圣，以颜回配享。诏从之。[①]

从上述记载可以看出，原来，唐高祖武德二年建于国子学的并非"周公、孔子庙各一所"，而是只建了一座庙，主祭周公，以孔子配享，名曰"周公、孔子庙"。贞观二年，唐太宗听从房玄龄、朱子奢建议，停祭周公，升孔子为先圣，以颜回配享，这才有了真正意义上的长安（今西安）孔子庙。

关于建立孔子庙的缘由，虞世南《孔子庙堂碑》说得很清楚：

> 国子祭酒杨师道等，偃玄风于盛世，闻先道于先师，仰彼高山，愿宣圣德。昔者，楚国先贤，尚传风范，荆州文学，犹镌歌颂。况帝京赤县之中，天街黄道之侧，聿兴壮观，用崇明祀，宣文教于六学，阐皇风于千载，安可不赞徽猷，被之雕篆？乃抗命陈奏，请勒贞碑。[②]

此次所立《孔子庙学碑》所记载的关于建立孔子庙堂的主要原因在于"用崇明祀，宣文教于六学，阐皇风于千载"，利用孔子庙达到宣扬儒学，教化民众的目的。

①《旧唐书》卷189《儒学传序》。
②［唐］虞世南：《孔子庙堂碑》，此碑现藏于西安碑林博物馆。

在文庙的西安碑林的第六展室，陈列有刻于清乾隆四十八年（1783年）的《文昌帝君劝孝文》。"百善孝为先"，孝道是一切道德的根本，所以一切的圣贤教育都要从此开始。孝的根本要求是赡养父母，是对父母养育之恩的回报与感念。古代统治者一向倡导"以孝治天下"，历代帝王采取各种褒奖孝行、劝民行孝的举措。例如，在周朝会每年举行一次大规模以敬老尊贤为目的的"乡饮酒礼"活动；汉文帝时，曾诏令天下郡守，推举孝廉之士，授以官爵；隋唐时期，科举考试制度中专门设立孝廉科名，选拔孝廉之士为官；清朝时曾举行过大规模的尊老敬老活动——千寿宴，康熙帝在乾清宫设宴邀请六十五岁以上的老人一千余名参加宴请。《文昌帝君劝孝文》碑刻的主要目的是宣传文昌帝君劝民行孝、推行孝道教化的做法，在全社会营造良好的孝亲风气和氛围。

《文昌帝君劝孝文》碑文讲述了"元旦为人间第一日"，在第一日应讲"孝为人间第一事"。孝是"百行之原""天地是孝德结成，日月是孝光发亮。孝之道，言不可得而尽也。"碑文如下：

> 为人子者，事富贵之父母易，事贫贱之父母难；事康健之父母易，事衰老之父母难；事具庆之父母易，事寡独之父母难。夫富贵之父母，出入有人扶持，居止有人陪从；其愿常给，其心常欢。贫贱之父母，舍却白发夫妻，谁为言笑？离了青年子媳，莫与追随？人子一日在外，父母一日孤凄。为人子者，善体其情，能顷刻离左右也乎？健康之父母，行动可以自如，取携可以自便；朝作暮息，可以任意；访亲问旧，可以娱情。衰老

之父母，儿子便是手足，不在面前，手足欲举而不能；媳妇便是腹心，不在膝下，腹心有求而不遂。时而欣欣于内，时而戚戚于怀。为人子者，善能体情，能顷刻离左右也乎？具庆之父母，日间有以作伴，夜间有以相温；昼无所事，相与说长论短；夜不能眠，互为知寒道冷。寡独之父母，儿女虽有团圆之乐，夫妻已成离别之悲；家庭之内，独行踽踽凉凉；形影之间，惟有凄凄楚楚；为人子者，善体其情，能顷刻离左右也乎？呜呼！试问身从何来，亲为生我之本。孝为何事？人所自有之心。①

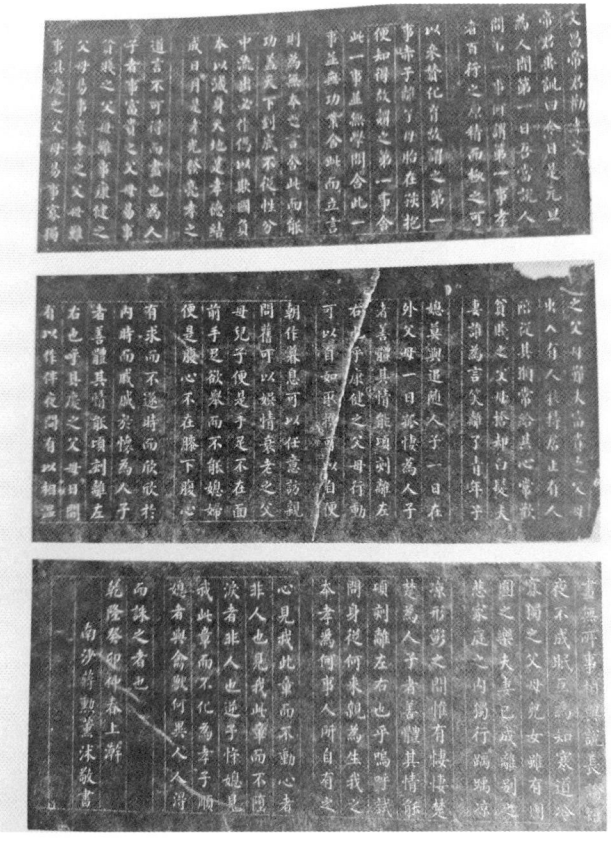

《文昌帝君劝孝文》碑

上述这些简洁质朴的语言，将"孝"阐释得清晰明了，充分表达了"人间第一事"是子女对父母的孝敬关爱，是每个人立身处世必须遵守的基本准则。实践表明，《文昌帝君劝孝文》这种以帝王的名义发布的劝孝箴言碑文起到了良好的教化世人行孝的目的。

清康熙帝非常注重对臣民的社会教化，曾多次亲自书写碑文警示世人。如康熙帝四十一年（1702年）亲自书写《训饬士子文》，劝诫天下读书人。

《训饬士子文》碑刻于清代康熙四十一年（1702年），由康熙皇帝亲自撰文并御笔亲书，碑刻全文用楷书书写。现陈列于西安碑林东庑前第一座碑亭内。

康熙皇帝对儒家思想学说推崇至极，将其视为治国之本。在康熙帝继位之初，清政府当时面临的局面可谓内忧外患，人才极其匮乏，文人们大都不愿意参加科举考试，特别是那些明末满腹经纶的士人们直接拒绝参加科举考试，给清政府带来了巨大的人才压力。康熙帝选贤任能，特辟博学鸿儒科，为广大学子广开入仕之门。同时，为了培养治理国家的栋梁之材，避免投机钻营的弊端，康熙帝特刻立《训饬士子文》碑昭告天下，颁行于各府、州、县学宫之中。碑文曰：

> 国家建立学校，原以兴行教化，作育人才，典至渥也。朕临驭以来，隆重师儒，加意庠序；近复慎简学使，厘剔弊端，务期风教修明，贤材蔚起。从来学者，先立品行，次及文学，学术事功，源委有叙。朕用嘉惠尔等，故不禁反复惓惓，兹训言颁到，尔等务共体朕心，恪遵明训；一切痛加改省，争自濯磨，积行勤学，

以图上进。尔诸生幼闻庭训，长列宫墙，朝夕诵读，宁
无讲究写字；必也躬修实践，砥砺廉隅，敦孝顺以侍
亲，秉忠贞以立志。①

《训饬士子文》碑对改变社会风气、振兴教育、培养和
选拔人才都具有十分重要的意义。

康熙帝激励士子勤学上进，与人为善，面对现实，起到
了很好的导向作用，同时提出了对广大臣民的期许和勉励。

除了劝民读书向学和推行德教外，古代统治者还注重向
全社会弘扬官箴文化，对统治阶层进行教化，力图缓和阶级
矛盾，维护国家的长治久安。从西周开始，封建统治者就形
成了"礼主刑辅"的立法和指导思想。这种立法和指导思想后
来形成儒家"明德慎刑"的法制原则。在西安文庙的碑林博
物馆内，陈列有北宋时期篆刻的《劝慎刑文》碑刻，劝谏统
治阶级和封建官员，吸取历史上严酷政刑导致亡国灭身的教
训，实行轻刑减杀的施政措施，主张慎刑，缓和阶级矛盾。
在《劝慎刑文》碑文中，批判了北宋时期人们对司法过程中
所存在的"画地为狱议不入，刻木为吏期不对"的不公正现
象。在《劝慎刑文》中提出了为官者要具备"四德"，即"公
清、明察、仁恕、平允"四种官德。劝告封建统治阶层要"广
树阴德，大则合仁者安任之安，小亦获智者利仁之利也"，提
倡"殖福之法，必须善利及人，善利之要，莫若慎刑最为急
务"，碑文中以大量的善恶因果报应的事例劝诫封建统治阶
层，其最终目的是确保封建统治秩序能得以正常运转。

在文庙藏室内还陈列有一块宣扬官箴文化的碑刻，它将
古代廉吏的箴言嘉行篆刻在碑上，对前来文庙拜谒的官员起
到了一定的影响和教育作用。

① 清康熙四十一年（1702年）刻立的《训饬士子文》碑，此碑现藏于西安碑林博物馆。

北宋《劝慎刑文》碑

清代官箴碑刻

此外，文庙还藏有康熙帝亲自书写的一块《劝民报国》碑，上书"愧善忠孝报朝廷"，用意可谓不言自明，劝诫天下臣民忠于朝廷，报国效力。

在文庙所陈列的碑刻石经，化碑刻外，还有宣扬修身、积善、治家等碑文。

总之，西安文庙作为古代碑林的重要聚居地，具有丰富和浓厚的教化氛围。

宣扬中和之道的《中和》碑

清康熙帝《劝民报国》碑

《为善最乐》碑

明朱成林书《积善》碑

清代宣扬君子之道的《行道》碑

清左宗棠所书《天地正气》碑

清平轩书《淡然》碑

开展祭祀活动推行教化

《礼记》云："所凡治人之道，莫急于礼。礼有五经，莫重于祭。"可见祭祀活动是古人推行教化的一种主要途径和手段。自唐宋以来，庙学合一的固定体制逐步形成，古代学校教育的各种祭祀活动，基本依托文庙进行。到了明清时期，各级各类官学基本上都建有文庙，作为行礼习仪的场所，且学校的祭祀仪式被视为重大的文教活动和工程，多由地方长官亲自督办，主持祭祀活动。文庙祭祀并非简单的参拜圣人、先贤，也不是一种单纯的信仰需求，它担负着文化传承的重要使命。文庙的祭祀仪式作为古代学校实施道德教育和教化的重要载体，对参与祭祀的人员心理效应、情感体验以及符号记忆等方面产生着深刻的影响，潜移默化地实现着教化民众的目的。

以唐代为例，作为国家的最高级别的教育机构国子监，担负着伦理教化的重要使命。唐代国子学后改为国子监，唐代长安国子监位于外郭城之务本坊，紧挨皇城，大致相当于今天西安城南关正街与文艺路之间的北半部。国子监在该坊西部，占半坊之地。孔子庙堂坐落在国子监一进大门最显著的位置，是一个独立院落，其门南向，其西邻接"论堂"。论堂又称讲堂、讲论堂，是供鸿学巨儒门讲经论道之所。《孔子庙堂碑》有一段对西安孔子庙"惟新"之后庙貌的描述：

……万雉斯建，白堵皆兴，揆日占星，式观大壮。凤甍骞其特起，龙桷俨以临空。霞入绮寮，日晖丹槛。宕宕崇邃，悠悠虚白。图真写状，妙绝人功。象设已陈，肃焉如在。握文履度，复见仪形。凤跱龙蹲，犹临咫尺。……至于仲春令序，时和景淑。皎絜璧池，圆流若镜，青葱槐市，总翠成帏。清涤元酒，致敬于今日，合舞释菜，无绝于终古……①

在孔子庙旧址上新建的这座孔子庙堂规模宏大，万雉白堵，有凤甍龙桷、绮寮丹槛等华美装饰，庙中由璧池、槐市，"图真写状"即绘有壁画，"象设已陈"即陈设着孔子及从祀贤人的塑像。将孔子及从祀贤人的塑像立于孔子庙，以此彰显统治者崇尚儒学的取向，强化儒家思想在整个社会的统治地位。

为了在全社会营造一种崇贤尚德的良好风尚，一些地方上的贤士、名儒的塑像也被列入孔子庙。西安文庙内就长期供奉有"七贤祠""乡贤祠""名宦祠"等，将历朝历代有名望的乡贤、名宦供奉于文庙之内，以达到淳化风俗、教化民众的目的。西安碑林中所藏的新出土的碑石《京兆府学新建七贤堂》残石有一段残缺不全的碑文记载：

……士苏公季明，秘书省正字吕公与叔，诚德□□□

……精醇粹美，与道为一，四方之学，未有盛于关中者

……季□岁贯，而横渠之学莫之继焉，虽议论风指，时

……学不足以美身，岂足以为人师，而朝廷不以其

……而进之，于道惟是，讲明横渠之遗风余烈，俾后生

……于异端邪说，则纯仁虽不肖，庶不负朝廷命

① 唐虞世南于唐武德九年（626年）著《孔子庙堂碑》，此碑现藏于西安碑林博物馆。

> ……学庙之东偏，为堂以祠之，使学者朝夕瞻仰而寓
>
> ……不云乎高山仰止，景行行之，学者勉之，天地有终穷
>
> ……授眉山王纯仁记，学生李居厚书，学生师琳篆

曾被尊为"七贤"列入"七贤堂"并入祀西安府学孔庙达四百年之久的是宋代的七位地方名人，他们分别是张载、吕大忠、吕大防、吕大钧、吕大临、范育、苏昞。

上文提到的"……精醇粹美，与道为一，四方之学，未有盛于关中者"，反映了当时关中之学的盛况，其中一个重要的原因在于关中地区有重要的学术领军人物的引领，即"横渠之学"的代表人物张载。张载是北宋著名思想家，理学创始人之一。关中地区在张载的引领下，"横渠之学"得以继承和发扬，一度使关中地区成为学术重镇。将张载这样的学术大家奉祀于孔庙"七贤堂"，"为堂以祠之，使学者朝夕瞻仰而寓"，可以使更多的人受到乡贤的感化和教育，以达到"……于异端邪说，则纯仁虽不肖，庶不负朝廷命"的教化目的。

另据旧藏北宋李居厚书，师琳篆的《京兆府学新建七贤堂记》残石记载，立"七贤堂"的目的在于将圣人之道传于后世：

> ……天道自尧十传而至孟子，虽历千数百载，而心传神授，若合符节者，初无毫发之差也。其间孔子无位而传道最力，洙泗之间，从之者三千，而拳拳服膺，三月不违者，惟颜子。故圣人独与其用□□，能与己同。惜乎早死，于道未达一闻。而曾子晚得其传，观夫圣人于群弟子问答，未有言道者，独乎参而语之曰：吾道一

以贯之。盖知其任重道远，足以公万世之传，然后以至约者授之而不疑。参也，亦自信其中之所得，足以承圣人之托而不惑，故一唯之外，无复片辞。其后子思之中庸，孟子之七篇，皆出乎此，非此则为异端邪说，君子不由也。①

至于传道的内容如藏于北宋时期《京兆府学新建七贤堂记》残石记载所言："……不外乎君臣、父子、夫妇、长幼、朋友之间，起居、周旋、揖逊、洒扫、应对之际，而天命之性，率性之道，举在是矣。"通过先贤们的嘉言善行，使"教者诚能以身率之，示之以端兆，使自得焉，则为□□□□□能虚心专气，而不以利禄易其所守，则为善学"。原因在于"自秦汉以来，为士者急于外慕，而昧□□□□□□□思者，以道邈乎不可企及，而不知其初不离吾日用之间。师弟子云者，亦不过□□□□□□□□□□□□□□□□□之心□己之心而合天地之心者，此道所以不明"②。所以，为了发扬道统，设立"七贤堂""乡贤祠""乡宦祠"以教化民众，维护和巩固统治者地位。

其中，被誉为"七贤"之一的吕大忠，字伯进，为宋代著名贤士。据《宋史·吕大忠传》记载，"元祐初，吕大忠历工部郎中、陕西转运副使、知陕州，以直龙图阁知秦州"。史载吕大忠尊儒崇道，"谢良佐教授州学，大忠每过之，听讲论语，心正襟敛容曰：'圣人言行在焉，吾不敢不肃'"。吕大忠在陕西任职期间，对地方的文化教育事业尽心尽责，对推行地方教化起到了推动作用。

在文庙的祭祀活动中，圣贤典籍中广受赞誉的圣贤大儒，以具体鲜活的塑像与木柱真实地呈现在人们的面前，再

① 《京兆府学新建七贤堂记》，刻立年代不详，此碑现藏于西安碑林博物馆。
② 《京兆府学新建七贤堂记》，刻立年代不详，此碑现藏于西安碑林博物馆。

也不是虚幻的字里行间的想象，这种贴近而真实的直观效果，使原来遥不可及的圣贤形象宛若就在身边，拉近了圣贤与学子之间的距离，容易使广大学子产生"道不远人"的亲切感，增强"学为圣贤"的信心。

此外，文庙祭祀现场的氛围会引起参与祭祀的人们产生某种肃然起敬的情感体验。在文庙祭祀活动的现场，圣贤与生灵高高踞上，礼节虔诚敬仰，祭拜动作一致分明，秩序井然有序，营造出一种庄严肃穆、神圣隆重的宗教式的氛围。参与祭祀的人员身临其境，生发难以名状的敬畏感与神秘感。祭祀活动的每一个环节和细节都被赋予了某种明确而深刻的教育和象征意义，如从祭祀之前到正式举行祭祀活动，会历经择日、斋戒、省牲、宰牲、陈设、严鼓、迎神、三献、饮福受胙、彻馔、送神、望座等，这些在祭祀活动中呈现出来的符号化的祭祀行为、器物或语言，通过在特定的时间、地点和场合中反复不断有规律地出现，使参与祭祀的人员形成一种长期而有效的记忆，深深地、持久地烙印在人的头脑中，使得道德教化更加深入人心。文庙的祭祀活动是文化知识教育的一种有益补充，祭学合一。通过祭祀典礼仪式等一系列的活动，广大士子感怀圣贤懿德，继承并学习先贤的高尚道德情操，弘扬儒家文化精神。正如洪武二年（1369年），侍郎程徐上疏："孔子以道设教，天下祀之，非祀其人，祀其教也，祀其道也。"[①]概括来说，儒家的祭祀活动自始至终贯穿着宣扬儒家伦理道德的目的，尊师重道、尊卑有序、崇德报功等伦理道德观念在文庙的祭祀活动中得以传递和发扬。

由于我国古代统治者普遍认识到对民众推行道德教育的重要性，使得文庙所推行的各种祭祀活动，如文庙、启圣

① 王大千：《中国人，你真的了解孔子吗？》，青岛出版社2014年版，第82页。

祠、乡贤祠、名宦祠等各种释奠礼、释菜仪、行香仪，大多都能够如期举行，西安文庙亦成为推行社会教化的重要场所。从道德教育的社会学角度来看，文庙的祭祀活动主要通过营造一种道德教化的氛围与环境，对进入文庙的人们进行潜移默化的感染和教育，成为一种推行伦理道德教育和教化的"潜在课程"。

利用西安文庙建筑本身开展教化

作为彰显儒家思想的文庙建筑，无论是其建筑规格还是建筑式样，均按儒家的礼制思想建造而来，其间蕴含着儒家道德教化的思想，特别是其所倡导的等级观念在文庙建筑中体现得尤为明显。

作为儒家文化和思想的载体，文庙的建筑格局和样式，充分体现了儒家礼制思想的精髓和要义。西安文庙是关中地

文庙内碑座的龙饰彰显此碑为皇帝御赐

区现存文庙的杰出代表，其建筑格局在空间布局上中轴对称，布局严谨，分布错落有致，建筑总体布局充分体现了儒家的"礼制"思想。儒家思想是以"礼"为中心建立起来的，《礼记·乐论》认为，"乐者，天地之和也；礼者，天地之序也"，强调以"礼"为中心，建立起维护古代纲常礼制的思想体系，其中以"中"为尊是礼制的根本要求，西安文庙的建筑群是严格按照中轴线对称而建立起来的，这种建筑群中轴对称的建筑格局烘托出帝王贵族尊贵地位的重要性。从总的建筑格局上来看，西安文庙整个建筑群是以大成殿作为中心，从文庙照壁开始，依次步入太和元气坊、泮池、棂星门、戟门、大成殿，最后到达碑林藏碑建筑群，其中文庙照壁是文庙的起始部分，大成殿是文庙的核心和高潮部分，碑林藏碑建筑群则是文庙的尾声部分。整个文庙建筑群庄重肃穆，建筑分布和比例井然有序，形成一个彰显"礼"制的建筑整体。

西安文庙整个建筑在中轴对称的基础上，共分为三进院落：第一进院落为照壁、太和元气坊、棂星门，第二进院落为棂星门、东西配殿、碑亭，从戟门到大成殿为第三进院落，第三进院落的后面则为碑林部分。整个建筑格局追求在"向心内聚"的基础上达到整个建筑群的和谐统一。

为了突出和彰显儒家思想的尊崇地位，历代政府不断扩大奉祀建筑（主要为大成殿）的建筑规模。除扩大建筑规模，文庙建筑礼制的提高还表现在瓦色的改变上。通过对西安碑林出土的明代琉璃建材进行考证，发现明代嘉靖年间对文庙进行整修时，使用了为明秦王府营造宫室所专烧的"青色"（孔雀蓝色）玻璃建材及龙纹琉璃建筑构件，这说明当时整修西安文庙时所采用的建筑构件乃上等建材，和王府宫室使用的建筑材质是同等规格，这从另一个侧面反映了明代统治者尊孔崇儒的观念。清代尊孔崇儒的程度较之前代更加明显，乾隆二年（1737年），皇帝下令将大成殿、大成门改用黄瓦，崇圣祠改为绿瓦。光绪三十一年（1905年），孔子庙祭祀级别由中祀改为大祀，成为国家最高祭祀级别的庙宇之一，规定各地孔子庙的祭祀级别可以按照大祀的制度进行改造，但最终由于清政府财力不济而未能实现。

西安文庙的建筑与生态

西安文庙建筑概况

西安文庙建筑风格与格局

西安文庙建筑的特点

西安文庙对周围生态环境的影响和塑造

现存于各地规模不同的文庙有很多，其中以山东曲阜孔庙为世界文庙的典范和代表。各地文庙的建筑格局基本上都是按照曲阜文庙的建筑格局建造的。

沿着文庙贯穿南北的中轴线（中路）由南而进，依次经过的建筑有金声玉振坊、泮水、棂星门（第一座大门）、下马碑、太和元气坊和至圣庙坊、德配天地坊和道冠古今坊、圣时门（第二道大门）、快睹门和仰高门、弘道门（第三道大门）、大中门（第四道大门）、同文门斋宿（第五道大门）、奎文阁、十三碑亭、东西华门、大成门（最后一道大门）、杏坛、大成殿、两庑、孔庙"碑林"、寝殿、圣迹殿等。

其中大成殿是孔庙的主体建筑，是祭祀孔子的正殿。殿共九间，重檐九脊，斗拱交错，黄瓦朱甍，金碧辉煌，巍峨恢宏而壮丽，气象庄严肃穆。大成殿和故宫太和殿、岱庙宋天贶殿并称为"东方三大殿"。

大成殿正中雕龙贴金的巨大神龛楼内，端坐着孔子的塑像。他头戴十二旒之冕，身着十二章之服，手执玉圭，正襟危坐，目光炯炯有神。在孔子塑像两侧，还有十六尊彩色塑像，他们均头戴十二旒之冕，身穿九章之服，手执镇圭。具体来看，孔子像的左右有颜子、曾子、子思子、孟子等四人的四尊塑像，称为"四配"；两侧另有闵子损、冉子耕、冉子雍、宰子予、端木子赐、冉子求、仲子由、言子偃、卜子商、颛孙子师、有子若、朱子熹等人的十二尊塑像，称为"十二哲"。

总的来看，文庙无论大小，其建筑格局大致保持一致，塞门、礼门、义路、泮池、棂星门、戟门、两庑、大成殿等，并对称排列在一条中轴线上。西安文庙即是按照这样的建筑格局建设起来的。

西安文庙
建筑概况

　　西安文庙又称西安府孔庙。唐代时西安府文庙在尚书省之西隅国子监的附近，在宋代几经搬迁，崇宁二年（1103年），虞策将西安文庙迁建于"府城之东南隅"，即今西安碑林博物馆现址，文庙、碑林和府学同在一处。据金正隆二年（1157年）《京兆府重修府学记》碑文记载，当时的西安文庙"总五百楹，宏模廓度，伟冠一时"。

　　元至正六年（1346年）所立的《奉元路重修庙学记》记载了至元二年至五年（1336—1339年）对西安文庙和府学的一次整修："有礼殿，有仪门。东西庑为从祀之舍，殿后有石经之厅，唐人石刻附焉。仪门之外有斋宫，外□都宫，有棂星门，此其大略也……实记而刻诸石，则至元十三年丙子之岁也。"此处"礼殿"应为大成殿，其后为碑林（当时碑林附属于文庙）；"仪门"即戟门，为今日之小殿，二者之间为东西两庑；仪门外为斋宫，再外为"棂星门"，即今之石门。当时的西安文庙为二进院落，其中棂星门到仪门为第一进院落，二者之间有都门、斋宫等建筑物；仪门与礼殿之间为第一进院落，二者之间是东西两庑。卫元十□年（1276年），西安文庙的雏形已基本形成。

明成化十一年（1475年），明政府对西安府文庙做了又一次大的整修。《重修西安府文庙记》（此碑由商辂撰文，项忠书，马文升篆额）记载："扩其旧址，首建大成殿七间……次作戟门，又次棂星门，七贤祠、神厨、斋宿房、泮池……"明万历二十年（1592年），政府增建"太和元气"牌坊。

明嘉靖三十四年（1555年），陕西关中发生大地震，西安碑林受到重创。《开成石经》一百一十四石，震断者四十多石，其他如《玄秘塔碑》《集王圣教序》《皇甫诞碑》《多宝塔碑》《不空和尚碑》《孔子庙堂碑》《三坟记》等基本都是在这次地震中震断的。西安文庙、府学和碑林的部分建筑也在这次地震中遭到了极大的破坏。地震后，一直未见有重建文庙和整修碑林的记载。直到三十多年后，万历十六年（1588年）才对碑林进行了整修。明代赵崡在《石墨镌华》一书中提及地震对碑林的破坏和此次整修的情况："嘉靖乙卯地震，石经损倒，西安府学生员王尧典等，按旧文集其缺字，另刻小石于碑旁，以便摹补。"①关于此次整修过程较为简略，"凡点划失真者正之，苔藓污者新之，泐而欲欹者理之，文义断缺者稽群书补之，凡五阅月而石经完"。参与此次整修的有府学教授曹光启，训导叶时荣、薛继愚等，咸宁学教谕石可大，训导管绎如、杨千庭，长安县训导王元吉、郝邦宰等。此次工期历时五个月，是明代对西安碑林所作的最重要的一次整修，地震后所损坏倒卧的石经基本修好。

清政府为了纪念平定西北贼匪战乱，增建功碑亭七座。至此，西安文庙的建筑格局基本形成。

① [明] 赵崡：《石墨镌华》，《丛书集成初编》，商务印书馆1937年版，第15页。

1937—1938年，民国政府对西安文庙部分古建筑进行了大规模的修葺，整修《石台孝经》亭和第一至六展室；1963年10月1日，建成石刻艺术馆，今日西安府文庙的建筑格局最终得以形成。

西安文庙的大部分建筑物属于明清时期所建，主要分布在整个建筑群的中轴线上。与之毗邻的西安碑林绝大部分建筑物则属于清代和民国时期，如《石台孝经》亭、展室、库房等。其中《石台孝经》碑是由唐玄宗李隆基于唐代天宝四年（745年）亲自作序、注释并书写的。《孝经》是孔子的学生曾参记述他与孔子的交谈语录，主要内容是讲述儒家的孝、悌之道。此碑碑身由四石合成，上有浮雕云纹碑额，下有刻饰精美的三层石台，造型宏伟庄重。唐玄宗的隶书雍容华贵，世称"开元体"。此碑于北宋元祐二年（1087年）移存西安碑林现址，距今已有九百余年的历史，是文庙（碑林）最早的藏品之一。

此外，文庙外面建有魁星楼、魁星塔、刘天祠等相关建筑。上述建筑共同组成了西安文庙的宏伟建筑群。

据《陕西通志》载：

（西安）文庙在府治东南，建自宋，元至元中廉希宪修，明正统间知府孙仁益拓之。正殿七间，两庑各十七间，庑南为厨舍，东西各二间；前为仪门，稍南为碑亭二，两司府县官厅东西相向；又南为宰牲所，前为棂星门，门前为泮池，跨以石桥，万历庚子巡按李思孝建，桥前为太和元气坊，左右碑亭二，永寿王府中尉惟焌建。坊前为屏，东西二坊曰贤关曰圣域，庙左为启圣祠。[①]

① [明] 赵廷瑞修，马理、吕柟纂：《陕西通志》卷6《古迹》，明嘉靖本。

《重修西安府儒学文庙记》碑

从上述文献记载看，西安文庙是宋代开始创建起来的，其后历经元、明、清代整修，建筑体制和规模较前更加宏伟壮观。但从现存的文庙建筑的结构和艺术风格来看，皆系明、清两代所建，但与府志所记载明代的情况存在增损之处。如府志中所说的厨舍、两司府县官厅和宰牲所等建筑，有的已然改变了原有面貌，有的早已毁废无存。又如大成殿前面，东西各有碑亭三座，但志书中未见著录，从复杂的斗拱及亭内所竖立的清代"御制"碑来看，应属于清代增建。唯有文庙中轴线上的主要建筑物，如太和元气坊、泮池、棂星门、仪门等还都完整地保存下来，总体布局上并未出现显著的变化。

西安文庙内现存古建筑可分为文庙和碑林两大部分，文庙部分的古建筑大多属于明清时期，主要贯穿于中轴线上，如牌坊、泮池、棂星门、东配殿、戟门、碑亭等；碑林部分的古建筑大多属于清代和民国时期，如《石台孝经》亭、展室、库房等。另外，文庙外还有魁星楼、魁星塔、刘天祠等相关建筑。

西安文庙现存古建筑从照壁开始到大成殿，共包括万仞宫墙、"孔庙"照壁、"太和元气"牌坊、泮池、泮桥、棂星门、华表、东配殿、戟门、两庑、碑亭等。文庙建筑的主要功能是祭祀，以祭祀孔子和历代儒家的代表人物，显示国家对儒家思想的表彰和推崇。如果按照文庙奉祀的重要程度而言，可把文庙建筑分为前导建筑和构筑物、奉祀建筑、祔祀建筑、服务建筑和碑林建筑等五大组成部分。

前导建筑和构筑物

前导建筑和构筑物位于文庙的前部，并没有奉祀的功能，而是以其名称赞颂孔子的思想及其历史功绩，其主要功用在于营造气氛，培养祭祀者崇敬的情感，因此将其称为前导建筑和构筑物。前导建筑和构筑物主要包括门坊、照壁、泮池、棂星门、万仞宫墙等。

太和元气坊

太和元气坊又称牌坊，为四柱三楼、木质结构。西安文庙太和元气坊始建于明代万历二十年（1592年），是明清文庙的标配建筑。原西安文庙坊上书有"太和元气"四个大字，寓意孔子思想是人类思想的精华之源。"太和元气"把孔子比喻为盘古开天地，给人类的文明带来了曙光，意味着孔子的思想能像太空天体那样循环往复、永恒长存，儒家思想和儒家之道是最富生命力的思想学说。

太和元气坊

万历四十二年（1614年），《奉贤宗建文庙坊记》碑专门记载了"太和元气坊"的建设情况，"坊、亭构造，乃万历二十年（1592年）秦府永寿工府辅国中尉讳惟燗用金四百余两所成也……于是捐金四百有奇，于庙外特构一坊，上书'太和元气'……"关于其位置则在嘉靖本《陕西通志》里有描述：（泮池）桥前为太和元气坊，坊左右碑亭二，永寿王府中尉惟燗建。历史上明确记载"太和元气坊"的维修记录主要有两次，一次为明代崇祯九年（1636年），钱手廉撰《重修文庙碑记》（现藏于西安碑林博物馆）载："东西庑各十九楹……而棂星门、戟门……排放、悉比于旧焕丽有加。"另外一次记载在清代康熙十一年（1672年）的《重修文庙碑记》内："自大成殿、两庑东西序、厨库、以□棂星门、木石坊泮池，皆易檐改栋，变桄申筱。"

太和元气坊坐落于长方形砖砌台基之上，为四柱三楼式牌坊。牌坊主楼高10.11米，次楼高7.40米；总宽度为15.56米；主楼开间为5.86米，次楼开间为3.4米。牌坊为歇山顶，屋顶覆盖着青灰色的简板瓦。主楼和次楼檐下均布满如意斗栱，四根立柱两侧分别用两根斜戗柱支撑。整个牌坊出檐深远，起翘适度，造型舒展。檐部斗拱密布，另外再饰以高等级金龙和玺彩画，做工精美细致，实属牌坊类中精品。太和元气坊具有界定和划分建筑序列空间的作用，增加了纵深方向庄严、肃穆的层次感，给西安文庙增添了无限的艺术表现力，能够引起拜谒者无限崇敬之情。

太和元气坊由于地基沉降不均，层面断裂并渗漏，瓦件松动，部分构件腐朽不堪，彩绘剥落严重。2006年，经陕西省文物局同意，对太和元气坊进行了整体维修，对斗拱中损坏的构件和屋面的木构件及瓦件进行更换，并对台基进行重新加固处理，同时严格按照照片原样进行了油漆彩绘。

照壁

照壁俗称影壁，又名屏墙、宫墙，位于文庙的庙门前。辟有正门的文庙一般在门前道路的对面，未辟正门的文庙则成了文庙最前面的围墙。照壁最早见于曲阜孔子庙，明永乐十五年（1417年）在庙门前增建面墙一堵，这里的面墙其实就是照壁。我国古代建立照壁是有严格的等级界限的，孔子因封文宣王，地位显赫，故设照壁于门外，一般照壁都设在进门之后，以挡住别人的视线。照壁是中国古代庭院的一种墙壁式附属建筑，一般设在门外正对大门之处，多由青砖砌成。照壁由座、身、顶三部分构成，照壁本来的实际功能是阻挡风雨和遮蔽视线，后引申为障蔽文庙前的积秽，挡住前

西安文庙照壁

面的垃圾以免刮到庙门之中。西安文庙的"孔庙"照壁可以起到两个方面的作用：其一，阻挡外界对文庙内部的干扰，对整体建筑群起着序幕和先导作用；其二，先声夺人，使掩映下的文庙更加神圣而令人向往。

现西安碑林博物馆南墙（即照壁）外有两个苍劲有力的描金楷书大字"孔庙"，字体风格古朴苍劲凝重有力，据文献记载是清代陕西书画家刘晖于民国九年（1920年）所书。

照壁题刻"万仞宫墙"始见于崇明县学。也有如四川富顺文庙照壁题刻"数仞文庙"，黄岩县学文庙照壁题刻"宫墙万仞"，揭阳文庙题刻"太和元气"，通海文庙题刻"礼乐名邦"等。

万仞宫墙的说法起源于《论语·子张》："赐之强也及肩，窥见室家之好。夫子之墙数仞，不得其门而入，不见宗庙之美，百官之富，得其门者或寡矣。"这是孔子的弟子子贡听鲁国大夫叔孙武叔说子贡贤于孔子后所作的一个比喻。意思是人的学问好比宫墙，自己的这道墙只有肩头高，人们很容易一眼就看到墙内的一切，而自己老师孔子的学问高深，这道墙有好几万仞高（古代一仞为八尺），如果找不到老师的门，是看不到墙内宗庙的雄伟壮观和房舍的多姿多样的。以"数仞之高墙"比喻孔子的德行、学问如同一道只能仰视而望的高墙，表达了子贡虚心向学的学习态度和对老师孔子的高度崇敬。西安府文庙利用西安南城墙作为万仞宫墙，高大壮观，表现了儒学的博大精深，入门者欲进门求知的设计意图，并以此拉开了文庙主题思想的序幕。[①]在西安文庙之中不设南门，是因为随着孔子地位的变化，后来已达到尊贵无比、高山仰止的程度。如果在文庙开南门，就会被视为对孔子的不敬，因此才有了"自

---

① 白海峰、王如冰：《西安府文庙的择址及其对周围环境的塑造》，载《文博》2010年第1期。

古文庙无南门"的说法。

西安文庙照壁为明代建筑，位于西安府文庙南墙的正中，是文庙中轴线的南起点。照壁与两侧的东、西大门和棂星门一起完成了文庙第一进院落的围合。明嘉靖十五年（1536年）《陕西西安府县儒学先圣庙重修记》碑记载："孔子庙者，为侠垣堵廿、树墉一、疏槛四。"[①]此处的"树墉"即照壁，这是关于西安府文庙照壁最早记载。照壁的维修记载目前可以找到的有两处，一次是明万历四十六年（1618年）《重修庙学碑》，此碑由王绍徽撰文，李光辉书篆。碑文记载道："于万历四十九年孟夏肇工，增陴营善。先庙堂门庑……次棂星泮壁。"[②]此碑现藏于西安碑林博物馆。另一次维修记录见清代乾隆三至四年（1738—1739）《重修西安府学宫碑记》，此碑由帅念祖撰文，现埋于西安碑林博物馆地下，碑文写道："……垣墉墅茨，增修悉备。"[③]

照壁由青砖砌筑而成，高7.87米，宽15.8米。底部为高0.77米的须弥座，内墙正中嵌一菱形，内为砖雕花草图案，四角配以花草纹饰图案；外墙正中为砖雕"孔庙"二字，四角纹饰同内部一致，皆为花草纹饰。"孔庙"二字高2.25米，宽3.5米。照壁上半部分为仿木结构建筑，檐部为砖雕椽与飞椽，其下以砖雕垂花柱作装饰，顶部为仿木构歇山顶，四个翼角覆以黄色琉璃瓦，其余为青灰筒板瓦，正脊与两端吻兽则为黄色琉璃。

2011年8月，经陕西省文物局同意，对文庙照壁进行了局部整修。对基础部分风化较为严重的砖予以全部掏补更换。同时对墙身部分进行了局部掏补，对屋脊部分进行了防水处理，并按照原样更换了残损的瓦件。

① 明嘉靖十五年（1536年）刻立的《陕西西安府县儒学先圣庙重修记》，此碑现藏于西安碑林博物馆。
② 明万历四十六年（1618年）刻立的《重修庙学碑》，此碑现藏于西安碑林博物馆。
③ 清乾隆三年至乾隆四年（1738—1739）刻立的《重修西安府学宫碑记》，此碑现藏于西安碑林博物馆。

棂星门

棂星门为文庙的第一道门。在唐代，义庙大多只是一殿一门，但是自宋代开始，文庙建筑增加，殿前增加了重重门坊，最前面的建筑物就成为文庙的庙门。清代时，许多文庙未开正门，其理由据说是本地没有出过状元，但是庙门还是要有的。中国许多文庙都将棂星门作为大门，但是也有个别文庙单独建设了庙门。文庙设置棂星门最早见于严州州学文庙，宋乾道五年（1169年）建造了棂星门。

棂星门最早用于大型的庙坛祭祀建筑，据《宋史·礼志二》载："南郊坛制……仁宗天圣六年，始筑外，周以短垣，置灵星门。"这是郊坛设棂星门最早的文字记载。郊坛设棂星门，这是我国古人用象征手法模拟想象中的天体而建立的建筑。后来，随着儒学在封建社会的地位越来越崇高，祭孔与祭天一样变得重要起来，于是开始在文庙设棂星门。后来，儒生们发现棂星门与文庙无关，但是又不愿意将棂星门取消，所以将"灵"改为"棂"。棂星门始建于元代，为纯青石构造，规格三门，原为二门，与文庙照壁合围出第一进院落，同时也是第二进院落的入口。门与门之间由砖墙边结。门的形式为两柱式，前后石柱用抱鼓石固定，门顶部雕成房盖，设正脊，两端置吻兽，脊中间放脊刹。中门较高，房盖檐底4.68米，门额刻有"文庙"二字，两侧较低，房盖檐底高4.15米。东边门额上刻"德配天地"，西边门额上刻"道冠古今"，取自《论语》"吾道一以贯之"及"夫子之道与天地相配"。"德配天地"即孔子之德在空间上与天地齐，"道冠古今"即孔子之道在时间上贯穿古今。"道冠古今""德配天地"高度赞颂了孔子的道德与智慧无与伦比。"棂"与古文"灵"字通用，灵星为星宿名，是神话中取士之神，传说棂

棂星门正门

棂星门全景图

星是天上的文星，主管文人才士的选拔，主宰科举文运。古时候，进出棂星门有严格的规定，在祭礼大典时，中门只可以进出主祭人员或地方最高官员，一般人员走西门，工作人员走东门。

清朝时将棂星门由二门改为三门，东西二门依旧，中门额书"文庙"二字，三门均为石造，门上有蹲兽，称为麒麟，有火珠背光。据史料记载，汉高祖命祀灵星，灵星即天田星，凡祭天，先祭灵星。宋仁宗天圣六年（1028年），筑郊台外垣，置灵星门。棂星门移用于文庙，始于宋景定建康志、金陵新志所记，本以尊天者尊孔，于是，文庙开始设立棂星门，意指孔子乃天上文星下凡，尊孔如尊天。

棂星门左侧门

棂星门右侧门

元至正六年（1346年）所立的《奉元路重修文庙记》这样写道："仪门之外有斋宫，外□都宫，有棂星门，此其大略也……实记而刻诸石，则至元十三年丙子之岁也。"由此可以看出，最迟在元代至元十三年（1276年）起，棂星门就已经存在了。现存的西安文庙棂星门为明代成化九年（1475年）复建的，嘉靖九年（1530年）改为石柱，万历四十六年（1618年）和崇祯九年（1636年）各进行过一次较大规模的维修。而清代，明确记载棂星门维修情况的只有康熙十年（1671年）一次。

泮池

泮池，又称半月池、墨池、砚池、月牙塘等。泮池是古代文庙中轴线前端的标志性水池，是文庙所独有的设施，位置在太和元气坊和棂星门之间，由两个呈扇形的水池和中间的泮桥组成。两个泮池东西最长为26.67米，南北最长为12.65米，面积约为550平方米。泮池地面上有石质望柱、栏板，栏板上雕有动物、花草等图案。设置泮池体现了儒家在教育和培养人才方面将水视为理性之物的实例。庄严神圣的泮池是儒家思想"孔泽流长"的外在表述和体现，也是儒家圣地曲阜泮水的象征，是孔子思想和知识高深渊博的反映。泮池源自周礼，按照《礼记》的说法：天子之学太学可四周环水，为圆形，曰辟雍；诸侯之学只能南面泮水，曰泮宫，泮即半，为圆形水池的一半，意思是东西门以南通水，北则无水。元代之时，各地方官学的孔庙泮池还没有一定的规制，大多以矩形为主，明代中期以后以半圆形定制，取意为"学无止境"，永远不能学"满"。泮池是文庙内的规定性建筑，明清科举制度规定，学童考进县学即中秀才为新进学员，须入学

泮池

宫通过泮桥拜谒孔子，称为入泮或游泮。封建社会只有考中秀才的人方可进入文庙朝拜孔子，可允许其在泮池洗笔。泮池之间的小桥即为泮桥。

　　西安文庙泮池最早的记载见于明代成化十一年（1475年）《重修西安府学文庙记》碑："……又次文昌祠，七贤祠、神厨、斋宿房、泮池……经始于癸巳（1473年）春正月，至秋八月讫工。"明代嘉庆年间《咸宁县志》记载：门前为泮池，跨以石桥，万历庚子巡按李思孝建。西安泮池原建于文庙大门外，清顺治八年（1651年），训导张宏业改凿于仪门内。关于西安泮池的维修记录，历史上有两次明确的记载，一次是康熙十一年（1672年），《重修文庙碑》载："自大成殿、两庑东西序、厨库、以□棂星门、木石坊、泮池，皆易檐改栋，变桅申篆。"另一次为1918年。1920年所立的《重修孔庙记》碑（此碑由郭希仁撰，贺伯针书，现藏于西安碑林博物馆）写道："泮池、甬道，亦一律修补整齐"。

奉祀建筑

大成殿

大成殿也称先师殿或先圣殿，是祭祀孔子的正殿，也是文庙的最主要的建筑之一。"大成"一词出自《孟子·万章下》"孔子谓集大成"一语，是孟子赞颂孔子达到了集古圣先贤之大成的至高境界。另外，古代称古乐一变为一成，九变为九成，至九成而乐终称为大成。由此可引申为集中前人的成就形成完整体系的学说为集大成。唐代称大成殿为"文宣王殿"。宋崇宁三年（1104年），徽宗皇帝"诏辟雍文宣王以大成为名"，并亲书其匾，从此天下大成殿成为文庙的必备建筑物，各地文庙无论大小均设大成殿。

关于西安文庙大成殿的记载，最早见于金正隆五年（1160年）刻立的《重修碑院七贤堂记》碑，"宣圣殿后，旧有玄宗序注孝经石台并文宗群经碑院一区"[1]。根据此碑刻记载的宣圣殿与石台孝经的位置可以推断，宣圣殿即大成殿。可见最晚到金正隆五年（1160年），大成殿已然存在。最早称大成殿的为元至元十三年（1276年）《大元国京兆府重修宣圣庙记》碑："大成殿为七楹，高其□□乃命工更塑先圣

① 金正隆五年（1160年）刻立的《重修碑院七贤堂记》，此碑现藏于西安碑林博物馆。

先师及从祀者十人之像。"①今所说的大成殿为明成化九年（1473年）重修之大成殿。《重修西安府学文庙记》碑："……首建大成殿七间，宽四丈有五，深五丈，袤九丈有二……经始于癸巳春正月，至秋八月讫工。"②

大成殿原建筑坐落在崇台之上，前有宽广的大月台，三面环以石阑，正面设石级三道，两侧各有一道。面阔九间，进深五间。四周环廊，明间特宽，次间特窄，异乎惯例。明、次、稍间为隔扇窗，尽间为槛窗。重檐庑殿顶，蓝、绿二色琉璃瓦覆盖。从正面看，正脊较短，四条垂脊较长，似未"推山"。正脊两端龙吻体态庞大，高度约两米。檐下置斗拱，下檐用单昂三踩，上檐用重昂五踩，制作手法和仪门相同。斗拱用材尺度较大，屋顶出檐较远。上檐柱头刻的要头和昂咀却都宽于下檐，难免让人怀疑它可能是清代重建后所更换的构件。同时，上檐的厢栱上用挑檐枋和挑檐檩，而下檐的厢栱上只用特高的挑檐枋。上下檐均无飞椽，故出檐部分显得很短促，特别是屋角起翘部分，更显生硬，在外观上，与大成殿高阔的殿身显得极不相称。

大成殿东、西、北三面皆包以厚墙，南面各间皆装槅扇门。由于开间的宽窄不同，多者装六扇（如明间），少者装四扇（如次间）。隔扇的式样为六抹隔扇，槅心装"三交六碗菱花"，裙版不施雕饰，朴素无华。两头的梢、尽间装四抹槛窗，格内用正交方直欞条，与隔扇的欞条式样互异其趣。

原西安文庙大成殿位于《石台孝经》碑前。原建筑建于明代，气势宏伟华丽，为庑殿式建筑。据明成化九年（1473年）《重修西安府文庙记》碑所记，殿前有一大型露台，四周有栏杆，南、东、西三面有踏步，南面正中有云龙纹图案石雕。大成殿于1959年毁于雷火，仅存露台，后于1975年被拆除。

① 元至元十三年（1276年）刻立的《大元京兆府重修宣圣庙记》，此碑现藏于西安碑林博物馆。
② 明成化九年（1473年）刻立的《重修西安府学文庙记》，此碑现藏于西安碑林博物馆。

今西安碑林广场（原西安文庙大成殿遗址）

戟门

戟门，也称启圣门、大成门，俗称为小殿，因屋顶有戟的装饰而得名。①戟门除在门两侧列戟（兵器）以示仪卫外，两配室供祭孔人员整顿衣冠，熟悉仪规，故又称"仪门"，凡进入此门者需衣冠整洁，仪表堂堂，以表示对孔圣人的尊崇。

戟门位于棂星门以北，面阔三间，进深四椽，单檐九脊顶，黄绿两色琉璃瓦。建立在一个比较低平的台基上，前设踏步三座，后设踏步一座。檐柱低矮，柱高仅够三十六个斗口。同时，屋顶举架平缓，出檐深邃，翼角起翘舒展，从外观上看，建筑风格朴素稳健。戟门与棂星门一起，合围成西安文庙的第二进院落，同时，戟门是通往大成殿区域的正门

① 戟是一种古代的兵器，戈和矛的组合，用于屋顶装饰后演变为二叉状。在唐代，官阶三品以上的人家才能在屋顶设置戟的装饰。

通道。关于戟门的记载最早见于元至元十三年（1276年）所立的《大元国京兆府重修宣圣庙记》碑："甲辰岁，征南先锋使夹谷公□□扈国昌言，慨然以修复自任，既葺正殿，复起二门。"元至正六年（1346年）所立的《奉元路重修庙学记》碑载："有礼殿，有仪门。东西庑为从祀之舍，殿后有石经之亭，唐人石刻附焉。仪门之外有斋宫，外□都宫，有棂星门，此其大略也……实记而刻诸石，则至元十三年丙子之岁也。"《大元国京兆府重修宣圣庙记》碑文中的"二门"和《奉元路重修庙学记》碑文中的"仪门"为同一门，均指今日之戟门。

戟门

现存的戟门为明代成化九年（1473年）修建，《重修西安府学文庙记》碑载样有述："候作戟门……筑始于癸巳（1473年，笔者注）春正月，至秋八月讫工。"[1]戟门后曾多次被重修，明代共进行过四次大规模维修，分别是嘉靖九年（1530年）、万历二十二年（1594年）、万历四十六年（1618年）和崇祯九年（1636年）。民国期间戟门也曾维修过一次，时间为1918年。中华人民共和国成立后，戟门于1984年曾进行过一次较大规模的整修。

西安文庙的戟门为典型的明代官式建筑，保存至今的大木作结构即明代遗物，具有很高的艺术价值。戟门坐落在长15.75米、宽10.76米的长方形砖砌的台基之上，在棂星门以北，前设踏步三座，后设踏步一座。戟门平面广三间，进深三间，屋顶为十字歇山顶，出檐如翼，屋面平缓，单檐歇山顶屋顶覆以黄、绿两色的琉璃瓦，中间为大门，两侧为配室，上覆黄色琉璃瓦。明间为实榻大门，两次间设槛墙与槛窗。檐柱较短，看起来较为低矮，柱子涂朱红油漆，柱身有较为明显的侧脚，但无"生起"，柱根下仍用覆盆柱础，平板枋用材较薄，后檐两次间额枋之下各施"绰幕枋"一根。五架梁头和大角梁头均垂直截割，不加雕饰。柱高仅够三十六个斗口，较清代惯用六十斗口以定柱高的制度有显著不同。明间两中柱之间，安大门两扇，每扇施门钉六排，排各九枚，但背面均施穿带五根，与门钉互不联系，徒具形式，不合真正实榻大门的制度，可能是后代重新修配的。至于玻璃门窗和木隔墙等，均为后来所增建的，不属于原有的建筑结构。

檐下设斗栱，斗栱雄伟，明间平身科为四攒，次间为二攒，攒当相当疏朗。斗栱形式采用三踩单昂，昂咀扁平，挺秀有劲，斗栱用枋较大，斗拱用材14厘米×10.5厘米，高与

[1] 明成化九年（1473年）刻立的《重修西安府学文庙记》，此碑现藏于西安碑林博物馆。

宽的比例为3：2.25，大于清式用材的比例。斗栱施雅五墨彩画，着色方式特别，无论柱头科或评审科均一律刷绿色，没有青、绿相间的区别，宋、清彩画混杂使用，不符合古代建筑原则。总之，斗栱的建筑设计虽然含有一定成分的地方手法，但可以看出带有显著的明代建筑特征。仪门的内外檐油饰彩画，色泽鲜明，是1954年重新油画的，在后檐两次间的额枋下施绰绰幕枋。屋顶举架平缓，出檐深邃，翼角起翘舒展，屋顶歇山部分收山比较大，突破了清式营造则例中"一檩径"规制，达到三檩径。

历史上对戟门维修情况有明确记载的共有九次。其中2002年至2003年间对戟门的第九次维修为例，这是西安文庙戟门维修历史上整修规模较大的一次。在这次维修过程中，一是对戟门整个木构架和地基进行了防蛀虫处理；二是对戟门的木构件进行了防腐、防潮处理，把承载能力较差的柱子予以了更换；三是对屋架所有结点处用1厘米厚的扁铁予以加固，以防止其受外力影响而发生位移；四是在保证不破坏原有彩绘的情况下对其进行科学的清洗，保存原有的彩绘画。

东西两庑

东西两庑建于明代，在戟门和大成殿之间，列东西两侧，用以祭祀孔子的七十二弟子，前有走廊，东西各三十间，是文庙的基本建筑，中华人民共和国成立后翻修改建为陈列室。

东西两庑又称东西配殿。关于配殿的记载最早见于元至元十三年（1276年）《大元国京兆府重修圣庙记》碑："甲辰岁……又十余年，平章廉公，参政商公，宣抚陕□，乃构其两庑，绘事未兴，二公入相。"①据明成化十一年（1475年）《重修西安府学文庙记》碑记载，现存的东配殿建筑复建于

① 元至元十三年（1276年）刻立的《大元国京兆府重修圣庙记》，此碑现藏于西安碑林博物馆。

两庑

"癸巳春正月，至秋八月讫工"，即成化九年（1473年）。
在明代，东配殿曾有过四次较大规模的维修：第一次维修在
嘉靖九年（1530年），《西安府重修学庙之碑》载："两庑与
戟门……更用新木。"[1]第二次维修在万历二十二年（1594
年），王道统撰写的《咸宁长安二县尹修葺文庙记》写道：
"繇殿宇而两庑……靡不毕举。"[2]第三次维修发生在万历
四十六年（1618年），由王绍徽撰文、李光辉书篆的《重修
庙学碑》记载了这一维修情况："……于万历四十九年孟夏肇
工，增陴营善。先庙堂门庑……次棂星泮壁。"[3]第四次维修
则发生在崇祯九年（1636年），钱手廉撰写的《重修文庙碑
记》记载了这一情况："东西庑各十九楹……而棂星门、戟
门……牌坊，悉比于旧焕丽有加。"[4]

清代关于两庑的维修有两次明确的记载，第一次是在康熙
十年（1671年），立于康熙十一年（1672年）的《重修文庙碑
记》载："自大成殿、两庑东西序、厨库、以□棂星门、木石
坊、泮池，皆易檐改栋，变桅申篆。"[5]第二次维修是在乾隆

① 明嘉靖九年（1530年）刻立的
《西安府重修学庙之碑》，此碑
现藏于西安碑林博物馆。
② 明万历二十二年（1594年）
刻立的《咸宁长安二县尹修葺文
庙记》，此碑现藏于西安碑林博
物馆。
③ 明万历四十六年（1618年）刻
立的《重修庙学碑》，此碑现藏
于西安碑林博物馆。
④ 明崇祯九年（1636年）刻立的
《重修文庙碑记》，此碑现藏于
西安碑林博物馆。
⑤ 清康熙十一年（1672年）刻立
的《重修文庙碑记》，此碑现藏
于西安碑林博物馆。

三至四年（1738—1739），《重修文庙颂并序》碑写道："规模布置，恢廓于前。自殿厅及庑……"[1]此碑由亢宗耀撰文，现藏于西安碑林博物馆。

民国时期对"两庑"仅维修过一次，时间为1918年，1920年立的《重修孔庙记》记载了此次维修情况，西配殿在此次维修过程中"一体拆毁改建"，只存东配殿。东配殿现位于西安碑林博物馆东展厅背后，平面呈长方形，面阔三间，7.4米，进深一间，6.06米。歇山顶，屋顶覆以青灰色筒板瓦，前檐设隔扇门，其余三面皆为青灰色砖墙。

袝祀建筑

碑亭

亭中立石碑，亭主要起保护碑碣和纪念的作用。碑亭属清代建筑，于民国七年（1918年）进行过一次维修。清朝康熙、乾隆年间曾多次出动大军，与西北地区割据势力交战，每平定一个地方，康熙、乾隆就亲书立庆功碑一座。由于这些碑属于当朝皇帝的御赐，故下令修亭予以保护。西安文庙现有七座碑亭，其中一座位于戟门外的第二进院落，其他六座位于戟门之内的主题庭院中，居南北中轴线两侧，戟门与原大成殿之间，两庑之前各三个东西相互对称，戟门左前侧有一座。碑亭形制相同，分别坐落在台座上，周围设石质望柱和栏板。碑亭平面呈六边形，每边均为木隔扇门，檐下有斗拱，形式为七踩双昂。屋顶为六角攒尖顶，并覆以黄、绿二色琉璃瓦件，顶置宝瓶。

---

[1] 清乾隆三年至乾隆四年（1738—1739年）刻立的《重修文庙颂并序》，此碑现藏于西安碑林博物馆。

华表

碑亭

华表

华表是古代用以表示王者纳谏或指路的木柱，或立于宫殿、城垣或陵墓前的石柱。华表有简有繁，代表着不同的等级。华表一般刻有怪兽，起仪卫和祥瑞的作用。北京天安门前和山东曲阜孔庙的盘龙华表，代表了最高等级，最为尊贵。西安文庙现存华表两对，东西对称为八棱石柱，上有蹲兽。

在文庙出土的明代琉璃建材，其饰釉采用孔雀蓝色琉璃釉，釉色精致典雅，其胎土中掺和石英砂粒，胎骨坚硬致密，所饰龙纹造型生动。其中出土的巨型鱼龙变纹鸱吻，气势宏大，极具动感，是不可多得的明代琉璃艺术珍品。这批出土的琉璃器物，均由明秦王府立地坡琉璃厂所造，代表着明代官办琉璃窑的烧造工艺水平，反映了明代对儒家学说的尊崇。

七贤堂

京兆府学和文庙于北宋崇宁二年（1103年）由虞蒂迁建于西安碑林现址。在西安碑林博物馆内，藏有金正隆五年（1160年）《重修碑院七贤堂记》残碑，该碑记述了金朝在确立了对关中的统治之后，在耶律隆、周维甫的主持下，对碑林（当时称作"碑院"）所进行的一次较大规模的整修。可惜的是，此碑残损太甚，碑题所言之"七贤堂"，残存碑文中竟然无一字述及。

在西安碑林现在还藏有一块北宋（刻立时间不详）的《京兆府学新建七贤堂记》残碑，此碑从上至下中裂，只存前半截。从现存的前半部分残碑碑文可以了解到，上面讲的多为空泛的儒学道理，几乎未谈及当时京兆府学新建七贤堂的情况。据这两块残碑，可知在北宋和金代，京兆府学文庙中的确有"七贤堂"存在，它始建于北宋，金正隆五年（1160年）曾经得到重修。在元代，京兆府文庙中有"七贤祠"。碑林现藏元至元十三年（1276年）《大元国京兆府重修宣圣庙记》碑文提道："……又作二堂于大门口内，东□先正七贤之祠……"[①]这里的"七贤之祠"前面加了"先正"一词予以限定。"先正"亦作"先政"，意为前代贤臣、名宦，此处"祠"与"堂"应是同义，碑文中即是"堂""祠"混用，因此，元代的"七贤祠"应当就是宋、金时期的"七贤堂"。另外，碑林现藏有的元至正二十六年（1336年）《大元重修宣圣庙记》载有："正殿、两庑、仪门、神库、七贤，及二处衣堂、石经廊、孝经亭，梁栋榱桷，门窗阶陛，灿然改观。"[②]

西安碑林博物馆现藏明成化十一年（1366年）《重修西安府学文庙记》碑，碑文记述了明代成化九年（1364年）马文升、孙仁对西安府学、文庙和碑林的整修，在罗列整修项目

① 元至元十三年（1276年）刻立的《大元国京兆府重修宣圣庙记》，此碑现藏于西安碑林博物馆。
② 元至正二十六年（1336年）刻立的《大元重修宣圣庙记》，此碑现藏于西安碑林博物馆。

时谈及："……次作戟门，又次作棂星门，又次文昌祠、七贤祠、神厨、斋宿房、泮池。"此后，康海撰文，现藏于西安碑林的嘉靖十一年（1532年）的《西安府学重修文庙之碑》在所列的整修项目中，便只有"乡贤""名宦"二祠，不再提及"七贤祠"。乾隆本《西安府志·古迹志》的明代部分记载："七贤祠在文庙戟门左，祀宋张子、吕大忠、大防、大均、大临、范育、苏昞，皆有绘像。"①此外，嘉庆本《长安县志》也有相同的记载。"张子"即张载，此七人皆北宋人，且均为秦中名儒、名宦，这与元至元十三年整修碑文中"先正"一词相合。

因此，"七贤堂"发展的经过大致如下：北宋末年，京兆府学始建"七贤堂"，以张载、吕大忠等七位同时代的当地名儒名宦入祀文庙；金代沿袭宋代旧制，京兆府学文庙中仍设"七贤堂"，并于正隆五年重加修葺；元代建立后改"七贤堂"为"七贤祠"，直到明代前期，"七贤祠"一直存在于文庙中，位于"戟门之左"，并几度重修。明代成化九年重修庙学、碑林之后，"七贤祠"得以废止。西安文庙旧藏明嘉靖十五年（1536年）《陕西会城文庙附近名宦乡贤祠记》碑，记述了明正德九年（1514年）陕西巡抚蓝章于西安文庙附建乡宦、乡贤二祠之事。二祠位置位于"礼殿戟门内"，东为名宦祠，西为乡贤祠，"开院树楹，胥以南向"。

到了明代中期，随着理学衰落，心学兴起，对于贤者的取舍标准有了新的变化。更重要的是，到了明代中期，各地文庙建"乡贤""乡宦"二祠，入祀当地名儒名宦，已然成为定制，西安文庙中的"七贤祠"被"乡贤""乡宦"二祠取代已成为历史必然。新建的"乡贤""乡宦"二祠入祀者的范围越加宽泛，正如《陕西会城文庙附近名宦乡贤祠记》碑所列的"二祠祀凡三十三贤"，其中名宦十一人，乡贤二十二人。

① [清] 舒其绅等修，严长明等纂：《西安府志》卷60《古迹志》，乾隆本。

大夏石马

大夏石马为国家级文物，是匈奴贵族赫连勃勃留下的。大夏石马陈列在戟门（小殿）西侧，是1954年7月20日在西安市北郊查家寨发现的，石马身高200厘米，身长255厘米。大夏为十六国之一，公元407年，匈奴贵族赫连勃勃称天王大单于，立国号夏，建都统万城（今陕西靖边县白城子）。大夏赫连勃勃（381—425），后秦时被封为五原公，后自立称帝，改年号为"昌武"。其在位期间，残暴嗜杀，狂妄恣睢，后率军攻取长安，关中百姓深受其害。令其子赫连璝镇守于此，领大将军、雍州牧、录南台尚书。这尊石马原在长安城故址，是否为陵前仪卫，有待进一步考证。石马由一整块石料雕刻而成，造型质朴古拙。此石马前足有刻铭，马前腿处有赫连勃勃真兴元年（419年）大将军的题记，残留"大夏真兴六年"（424年）、"大将军"等字样，风格雄健，是一件值得珍视的罕见文物。

大夏石马

景云钟

景云钟为国宝级文物，因铸造于唐睿宗李旦景云二年（711年），故称为景云钟，又称为景龙观钟，距今已有将近一千三百多年的历史。1953年，政府先后拨专款对西安文庙的大成殿、戟门（小殿）及全部房屋进行整修，并于1953年9月12日，从陕西省图书馆运回唐景云钟一件，并建钟亭陈列在戟门（小殿）的东侧，供游人参观。景云钟重达六吨，用铜五千多公斤，由二十五块铜模铸成，而今铜铸弥合的痕迹依然清晰可见，是我国古代最大的铜钟之一，该钟高2.47米，腹围4.86米，口径为1.65米，口沿为六角弧形，顶端有兽纽。钟身分为上、中、下三段，每段分三格，除了下段中格为铭文外，其余均以八棱花瓣为界，以四线达于四角的几何纹相间隔，饰有龙、凤、狮、牛、鹤等不同的动物和飞天形象。四头缓行的狮子、昂头飞舞的凤凰、飘逸云端的飞天、起舞天际的游龙、壮硕强健的黄牛，以及翩翩起舞的仙鹤等，造型生动形象。三段中三十二枚钟乳如一颗颗璀璨晶亮的星星，均匀地分布于钟身各处，既装饰了钟表面，又起到了调节音韵的作用。钟身铭文共为二百九十二个字，为唐代景云二年（711年）唐睿宗李旦撰并书写，铭文内容记述了道教的神秘玄妙和对景云钟的夸赞。

总之，西安文庙建筑格局较为完整，主要古建筑基本保存完好。现存文庙部分古建筑主要保存有太和元气坊、泮池、棂星门、二庑、戟门、碑亭等，除大成殿毁于雷火外，文昌阁、七贤祠、神厨、斋宿房等辅助建筑均保存完好。而属于碑林部分的《石台孝经》亭、展室、库房等建筑均保存完好。

现藏于西安碑林的景云钟

服务建筑

魁星楼

魁星楼初建于明万历己未年（1619年）九月，后遭兵火所毁，清代虽有重修，但不久又被毁。

据《咸宁县志·学校》记载，明万历年间的一次乡试中，咸宁县竟无一人中榜，官府百姓都觉得颜面扫地。为了培植本地文脉，左布政使高公勘察地形，观风水，测定城墙东南角即八卦中的祭位，气脉通达华山、终南山，带穿浐灞泾渭，是缔结文脉的胜处。于是在此建造魁星楼，专门供奉魁星神像，向魁星祈福。

今日所见的楼体是1986年西安城墙整修时，根据《咸宁县志·创建魁星楼记》中所记载的各种数据与遗址现存柱网尺寸资料进行设计的，并在其旧址上加以恢复。楼体为台基式木结构建筑，重檐四坡攒尖顶，通高14.65米。楼体一层边长3.5米，高6.1米，二层边长3.5米，高5.5米，上饰彩绘。

魁星塔

魁星塔位于西安文庙东部，柏树林大街与咸宁学巷之间，为明代建筑。因与城墙上的魁星楼在同一南北轴线上，故称魁星塔。

塔底面呈正方形，宽约3.2米，塔身为三层实心砖塔，顶部有绿琉璃宝顶，尖顶蒉宇，远看端似笔头。魁星塔目前四面俱被民居包围，一层全部被围，二层东侧可见塔体，三层除南侧外大部分可见。

刘天祠

刘天祠位于文庙东门外，碑林区少年富以东，柏树林大街以西。有红蓝两块门牌，红色门牌号为三学街19号，应为老门牌号，蓝色为三学街1号，应为新门牌号。

刘天祠原应为西安文庙的专祠部分，现为"中老年活动站"，沿街建筑被改作商用。文庙周围一般建有专祠，以祭祀地方的贤士、名宦，纪念的同时，树立典型模范，对生徒进行教育，以达到劝诫规励、见贤思齐的目的。

刘天祠为民国时期建筑，原为典型关中民居式四合院建筑，现仅存大门和西侧厢房。大门底部呈矩形，宽2.55米，深3.9米，单檐双坡硬山顶，上覆小青瓦，檐口距地面3.74米。墀头墙中间嵌木质门框，门框下部有青石质门墩石。黑色对开板门，门高1.87米，宽0.6米。门框以上有民国二十二年（1934年）题款的"刘天祠"匾额，匾额宽1米，高0.4米。今大门两侧墀头墙已被改造，但其结构、形态基本保留原状。西侧厢房为陕西典型的"房子半边盖"，单坡顶，上覆小青瓦。经改造后，原貌已被破坏。

碑林相关建筑

碑林部分的古建筑主要是《石台孝经》亭、一至六展室、两个库房和石刻艺术馆。建筑的主要功能是藏碑，相当于藏书阁，在古代具有图书馆的职能。

宋元祐五年（1090年）《京兆府府学新移石经记》碑记载："……徙置于府学之北墉……经始于元祐二年初秋，尽孟冬而落成……分东西次比而陈列焉，明皇注孝经及建学碑则立之于中央，颜、褚、欧阳、徐、柳之书，下迨偏旁字源之类，则分布于庭之左右……门序旁启，双亭中峙，廊庑回环，不崇不卑，诚故都之壮观，翰墨之渊薮也。"①可见，碑林在建立之初应该是西安文庙宣圣殿后的一个独立的院落，《石台孝经》与《建学碑》一前一后立于中轴线上；"廊庑回环"加以保护的一百一十四块《开成石经》"分东西次比而陈列"；其他唐宋石刻，则分立于双亭之左右。

金正隆五年（1160年）《重修碑院七贤堂记》碑记曰："宣圣殿后，就有玄宗序注孝经石台并文宗群经碑院一区……爰命匠民相与计度，宏模廓度，逾越旧制者一百三十有六椽……四廊彩樗，远延瑞雾……前后瞩望，灿然一新……"②据此可知，碑林在当时仍是一个独立的院落。不过当时碑刻的保护建筑情况如何已难以考证了，据"四廊彩樗，远延瑞雾"一句，大概推知当时仍以碑廊的形式对碑刻加以保护。

元至元十三年（1276年）《大元国京兆府重修宣圣庙记》碑记曰："石台孝经……为之起楼以贮□。石刻九经……为□架□以庥之。"③可见在元代，碑林建筑保留了石台孝经居中、石经廊庑环绕的格局。石台孝经砌楼阁加以保护，而开成石经仍是用廊庑予以保护。

明成化十一年（1473年）《重修西安府学文庙记》碑记载："及殿后汉唐石刻之属，旧覆亭宇，咸增新之，饰以丹漆，加以藻绘，高卑大小举以发，无复昔时之陋。经始于癸巳春正月，至秋八月讫工。"④可知，此次维修虽对碑石的次位做了适当调整，"高卑大小举以发"，但是建筑状况并没有发生多大改变，只是"旧覆亭宇，咸增新之，饰以丹漆，加以藻绘"，仅对文庙部分建筑进行了装饰。

清乾隆三十七年（1772年），毕沅主持大规模整修碑林，

---

① 宋元祐五年（1090年）刻立的《京兆府府学新移石经记》，此碑现藏于西安碑林博物馆。
② 金正隆五年（1160年）刻立的《重修碑院七贤堂记》，此碑现藏于西安碑林博物馆。
③ 元至元十三年（1276年）刻立的《大元国京兆府重修宣圣庙记》，此碑现藏于西安碑林博物馆。
④ 明成化十一年（1473年）刻立的《重修西安府学文庙记》，此碑现藏于西安碑林博物馆。

重新规划和改建了碑林的建筑，为此后碑林部分建筑格局打下了基础。对碑林的藏石也进行了大规模的调整，宋元以前的石碑规定"帖估不得恣意摹拓"。同时建立了相应的管理办法，并派人员专门管理。此时，碑林开始转变成为以收藏和保护古代碑刻为目的，并向社会开放的独立的文化机构。

1937—1938年，碑林部分进行了大规模的修整，今日所见的第一到第七展室，以及东侧二层小库房即新建于此时。西安碑林部分主要包括如下建筑物：

《石台孝经》亭

由《京兆府府学新移石经记》可知，宋元祐二年（1087年），吕大忠移唐石经纪诸多唐宋碑刻于"府学之北墉"后，石台孝经就建有保护碑亭。元至元十三年（1276年）《大元国京兆府重修宣圣庙记》碑记曰："石台孝经……为之起楼以贮□。"元至正六年（1346年）《奉元路重修庙学记》碑记载："……殿后有石经之亭，唐人石刻附焉……实记而刻诸石，则至元十三年丙子之岁也。"[1]由此可见，在至元十三年（1276年）的时候《石台孝经》亭曾重建过一次，据"为之起楼以贮□"，可以推测它可能为楼阁式建筑。

现《石台孝经》亭位于大成殿后，建于乾隆三十七年（1772年），1938年、1947年各进行过一次较大规模的维修。平面呈方形，面阔、进深均为三间。重檐四角攒尖顶，屋面覆以青灰色筒板瓦，整个亭外均饰以彩画。底层空透，不设门窗，檐下只设斗口跳；二层檐下设斗拱，形式为五踩双翘。面南额枋正中悬挂一匾额，上书"碑林"，字体刚劲有力，史载为清末林则徐所题。

《石台孝经》亭为西安碑林藏碑部分的起点，也是西安

① 元至元十三年（1276年）《大元国京兆府重修宣圣庙记》，此碑现藏于西安碑林博物馆。

《石台孝经》碑亭

碑林博物馆的标志性建筑。亭内安置有西安碑林最大、最宏伟、形制最独特的名碑《石台孝经》，被称为西安碑林博物馆镇馆之宝。

第一展室

第一展室位于《石台孝经》亭之后，建于1938年，1947年曾进行过一次维修。建筑面积460平方米，平面呈"凹"字形，硬山顶，屋面覆以青灰色筒板瓦。前后檐正中一间及两翼一间设隔扇门，其余为槛窗，外檐下不设斗拱，梁架结构也较简单。室内陈列有唐代开成二年（837年）刊刻完成的十二部儒家经典，即《周易》《尚书》《诗经》《周礼》《仪礼》《礼记》《春秋左氏传》《春秋谷梁传》《孝经》《论语》《尔雅》，共114石，228面，650252字，合称为《开成石经》。《开成石经》是我国古代七次儒家经典刻石中时代较早且保存基本完好的一部，也是北宋元祐二年（1087

第一展室《孝经》部分碑文

年）首批移入西安碑林的石经，这成为西安碑林发展史的奠基石，素有"文献渊薮，石质书库"之美誉。在印刷术尚不发达的唐代，刊刻石经主要是为广大学子提供学习的儒家经典范本，并作为校对传抄错误的官方标准。《开成石经》不仅是我国古代知识分子的必读之书，也成为中华文化与民族精神的渊源所在。

第二展室

第二展室位于第一展室之后，建于1938年，1947年曾进行过一次维修。建筑面积120平方米，平面呈方形，面阔五间，进深7.15米，硬山顶，屋面覆以青灰色筒板瓦。明间设隔扇门，两边次间、稍间为槛窗。本展室以唐代名碑为主，室内陈列有大量的唐代名碑。其中，《大唐景教流行中国碑》《不空和尚碑》是研究唐代中外文化交流的珍贵资料。

第二展室所藏褚遂良书《同州三藏圣教序碑》部分碑文

　　另外，颜真卿书《颜氏家庙碑》《多宝塔碑》、柳公权书《玄秘塔碑》、欧阳询书《皇甫诞碑》、欧阳通书《道因法师碑》、褚遂良书《同州三藏圣教序碑》、僧怀仁及王羲之书《大唐三藏圣教序碑》、史惟则书《大智禅师碑》等，历来是人们练习书法的珍贵范本。多数碑侧有刻工精致、结构瑰丽的纹饰，是研究古代图案装饰艺术的宝贵资料。

第二展室一角

第三展室

第三展室位于第二展室之后，建于乾隆三十七年（1772年），1938年、1947年各进行过一次较大规模的维修。建筑面积215平方米，平面呈方形，面阔五间，20.94米，进深11.07米，硬山顶，屋面覆以青灰色筒板瓦。前后明间为木隔扇，两边次、稍间为槛窗。檐下设斗拱，形式为五踩单昂，外檐施彩画，内檐施单色油漆。室内陈列有宋代不同书体、不同形制、不同类型的珍贵碑石。其中篆书有唐代的《美原神泉诗序碑》、宋代的《篆书目录偏旁字源碑》等；隶书有汉代的《熹平石经》残石、《曹全碑》，前秦的《广武将军碑》和《邓太尉祠碑》等；其中还包括隶书向楷书演变的典型书体《司马芳碑》；隋代的楷书名碑《孟显达碑》《颜勤礼碑》《郭家庙碑》《臧怀恪碑》等；隋代的《智永千字文》、唐代的《怀素

千字文》与张旭的《肚痛帖》等。通过上述碑石，可以了解我
国书法艺术发展演变的概况。

第四展室

第四展室位于第三展室之后，位于南北中轴线最北端，
建于乾隆三十七年（1772年），1938年、1947年各进行过一

第四展室所藏清刻孔子像

第四展室所藏《魁星点斗图》①

① 此图为清顺治年间马德昭所绘。古代科举以五经取士，每经首选一人成为"魁"，所以当时很多学宫多筑有魁星楼，塑造魁星点斗像奉祀，此图以儒家提倡的"正心修身，克己复礼"八字组成魁星形字，一脚立"鳌"字上，取"魁星点斗，独占鳌头"之意，形象生动，拼字巧妙。

西安文庙研究

次较大规模的维修。建筑面积194平方米，坐落于长方形台基上，平面呈方形，面阔五间，17.96米，进深9.8米，硬山顶，屋面覆以青灰色筒板瓦。前檐明间设木隔扇门，次间、稍间设槛窗，后檐全为槛窗。外檐施有彩画，内檐施单色油漆。室内陈列有宋至清代名家诗文书迹、线刻画等碑石。本展室除陈列有苏轼、祝允明等宋、明时期的名家诗文书迹刻石之外，还有宋至清代的石刻图画，其中宋刻《长安城残图》《唐兴庆宫图》、清刻《太华全图》《关中八景》等刻石对研究古代建筑和名山胜迹有重要的参考价值。另外，宋刻《王维画竹》、清刻《孔子像》《达摩像》《松鹤图》《关帝诗竹》等也有很高的艺术价值。

第五展室

第五展室位于四展室西侧，建于1938年，1947年曾进行过一次维修。建筑面积215平方米。坐落于长方形台基上，平面呈方形，面阔五间，18.42米，进深11.41米，单檐歇山顶，屋面覆以青灰色筒板瓦。前檐明间设木隔扇门，次间、稍间设槛窗，檐下无斗拱，但施以油饰等。室内陈列有宋、元、明、清各代的碑石，尤以清代为最多。其中的碑刻多记述修庙、记功、拨田、瞻学、浚渠、葺城、官箴、格言等内容，是研究当时社会和地方史的重要参考资料，其中部分碑刻还记载了西安文庙和碑林史的相关宝贵史料。此外，宋代重刻的秦《峄山刻石》以及清代康熙皇帝、王铎、左宗棠等人所书写的碑刻，在书法艺术史上也都有着很高的价值和地位。

元代《重修宣圣庙记》碑

北宋《玄圣文宣王赞》碑

民国《陕西新城小碑林记》碑

第六展室

第六展室位于第五展室南侧、第三展室西侧，建于1938年，1947年曾进行过一次维修。

展室建筑面积215平方米。坐落于长方形台基上，平面呈方形，面阔五间，18.4米，进深13.2米，单檐歇山顶，屋面覆以青灰色筒板瓦。前后檐明间设木隔扇门，次间、稍间设槛窗，檐下不设斗拱，但施以油饰。室内陈列的碑石除少部分属于元、明两代士人写的诗文作品以外，大部分作品都是清代人所写的诗词歌赋。其中，明代书法家董其昌所写的《秣陵旅舍送会稽章生诗句》，清圣祖玄烨临米芾的《赐吴赫书》、林则徐书《游华山诗》等，都是难得的珍贵碑石。

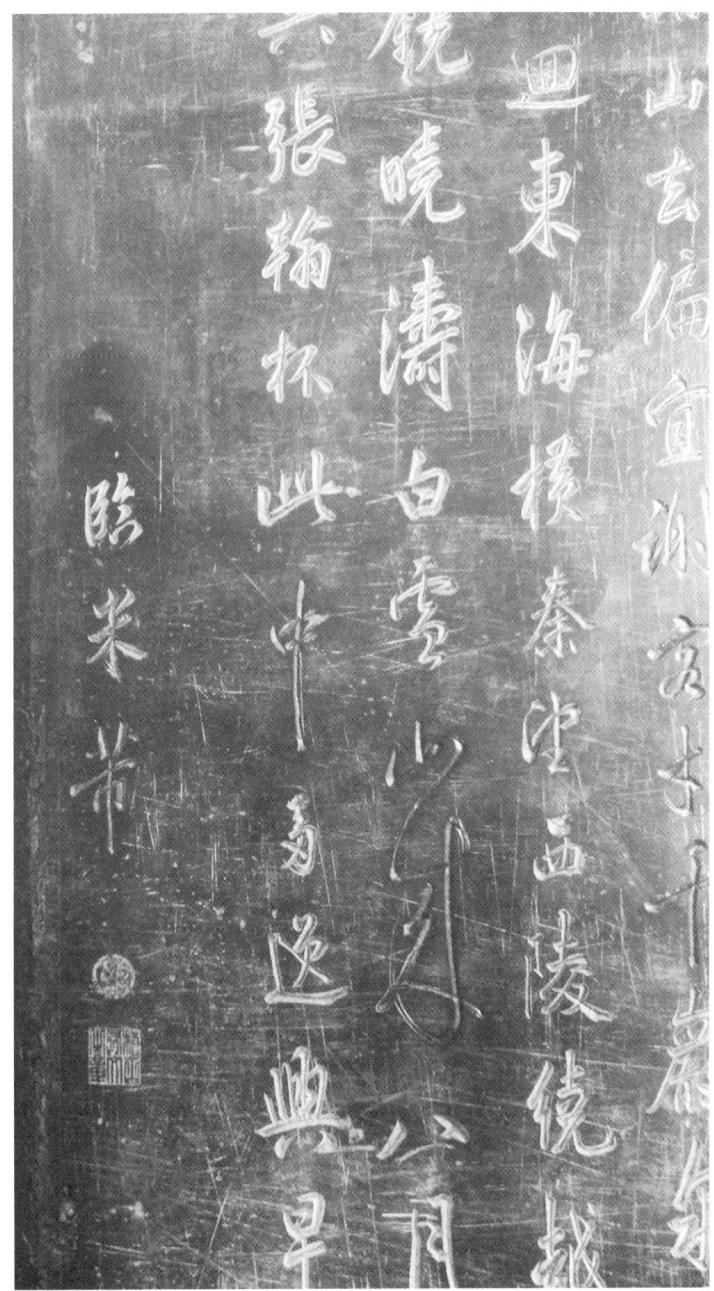

清圣祖爱新觉罗·玄烨临米芾《赐吴赫书》碑

清林则徐《游华山诗》碑

第七展室

第七展室主要陈列有"陕西本淳化阁帖"，为清顺治三年（1646年）所刻。北宋淳化三年（992年），宋太宗命王著将宫中所藏历代墨迹摹刻于枣木板上，因刻于淳化年间，故名"淳化阁帖"。原帖刻成后不久就毁于火患。明万历四十三年（1615年），肃宪王据原拓刻石，藏兰州藩属，称为"兰州本"。"陕西本"是费甲根据"兰州本"摹刻而成，共10卷，154石，均为两面刻字。"淳化阁帖"前五卷为历代帝王、名臣、名书法家字迹，后五卷为王羲之、王献之书迹，是中国古代著名法帖。

第七展室

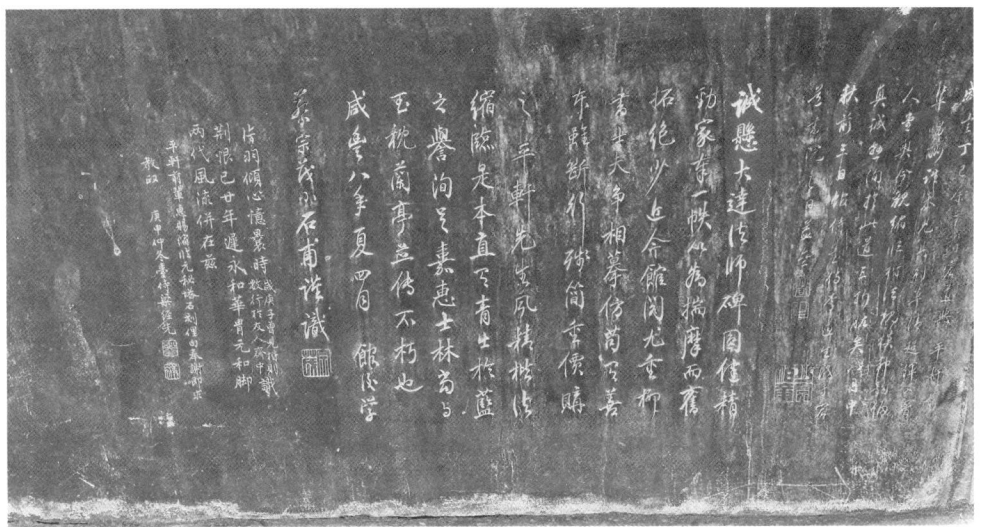

清《玄秘塔碑》碑文

清《经锄堂法帖》碑文

库房一

位于文庙东北角，第三展室东侧，建于1938年，1976年唐山大地震后进行过抗震加固。

建筑面积371.76平方米，基底面积185.88平方米，建筑高度13.36米。平面呈方形，二层，底部为砖混结构，上部为木屋盖。青砖砖墙，木屋架，歇山顶，屋面覆以青灰色筒板瓦。前檐一层明间设隔扇门，门两侧及二层均设窗；后檐一、二层均设窗。

库房二

位于文庙东北角，第四展室东侧，库房一以北，初建时代不详，碑林旧档案《1938年西安碑林总平面图》《1938年西安鸟瞰图》中均无此建筑，证明初建时间应在1938年之后，1976年唐山大地震后曾进行过抗震加固。建筑面积365.61

西安石刻艺术室

平方米，基底面积168.34平方米，建筑高度11.6米。平面为方
形，二层，青砖砖墙，面阔5间，进深2间，双层歇山顶，屋
面覆以青灰色筒板瓦。一层明间设板门，两边次间、稍间设
槛窗，后檐一层窗封堵。二层为木地板，前后檐均设窗户。
主要储存古籍善本等。

石刻艺术馆

位于碑林第一展室西侧，1963年10月1日建成，第三次文
物普查将其列为文物点。建筑平面呈"凹"字形，歇山顶，
屋面覆以青灰色筒板瓦。前檐正中及两翼端开门，其余为槛
窗。正中向外突出，其入口做成抱厦。展厅内原陈列有陕西
境内出土汉唐时期陵墓及宗教代表性石刻170多件，被誉为中
国"第一座大型室内石刻艺术馆"，在碑林新石刻馆建成后，
现主要展示陵墓石刻。

建筑格局完整，主要古建筑基本得以保存

西安文庙部分古建筑保存有牌坊、泮池、棂星门、东配殿、戟门、碑亭。根据《重修西安府学文庙记》的记载，除主体建筑大成殿不存外，但保存下来的两庑、文昌祠、七贤祠、神厨、斋宿房等都属于辅助建筑。而碑林部分的"石台孝经"亭、展室、库房等全部保存。西安文庙格局保存完整，主要古建筑基本得以保存，这在国内文庙中并不多见。

建筑文化特征明显，突出儒家思想和孔子的崇高地位

文庙在于凸显孔子崇高的地位，其单体建筑用来烘托、渲染儒家思想。西安文庙中大成殿作为祭祀孔子的主殿，是文庙建筑群的核心建筑，无论体量、高度还是装饰，都采用了最高形制；文庙内不管是主要还是次要建筑物的命名，都有其来历和历史典故，文化背景深厚浓郁。见文庙的万仞宫

墙，知规矩范围；看见宫门泮水的洋洋清流，就要学成渊涵的情性、流美的文思；走"礼门义路"，就要端正观念，整肃行为；望翠柏苍松，就要坚守骨气节操。

建筑以官式为主，兼具陕西地方风格

西安文庙建筑形式以官式为主，建筑格局中轴对称，建筑单体的比例、尺度等大多中规中矩，与清式营造则例基本一致。但是，在整个文庙营建过程中，遵守官式做法的同时，还应用了一些陕西地方性的做法。如戟门檐柱较短，柱高仅够36个斗口，柱身有较明显侧脚，但无"生起"。檐下设斗拱，斗拱形式用三踩单昂，明间4朵，次间两朵，攒当相当疏朗。昂咀扁平，挺秀有劲，大小斗子都有显著欹顺。柱头科的昂咀虽较平身科略宽，但坐斗并未加宽。斗拱用材14厘米×10.5厘米，高与宽的比例为3∶2.25，正心瓜拱长达7个斗口。平板枋用材较薄，后檐两次间额枋之下各施"绰木枋"1根。五架梁头和大脚梁头均垂直切割，不加雕饰，且屋顶歇山部分收山比较大，达到三檩径。这些都具有典型的关中建筑风格，地方风格和特点较为明显。

建筑距离设计精妙，景观视线布置合理

按照建筑学原理，不同视距（D）和建筑高度（H）的关系决定空间感。当D/H=1时，仰角45°，空间围合感很强，人倾向于观看建筑立面的局部或细节；当D/H=2时，仰角27°，空间围合感适中，倾向于观看整幢建筑的立面构图及细部；当D/H=3时，仰角18°，围合感下降，倾向于观看

单栋建筑与周围景物的关系，或观看一群建筑；当D/H=4时，仰角14°，空间围合的容积性特征趋于消失，倾向于把建筑看成是突出于整个背景的轮廓线；当人的仰角小于等于6°时，空间围合感消失，空间趋于空旷，6°是人眼最敏感的黄斑视域。

从文庙第一进院落到第三进院落，在短短几十米的行进距离内，人眼相对于展室檐口的垂直视角从展室门口处的14°左右，到屋檐下刚下台阶处的18°，再到庭院中间的27°，人对建筑的感受经历了从整体到立面构图，再到局部细节的层层深入的多个阶段，视觉感受层层丰富。

拜谒者进入西安文庙，沿中轴线参观，由棂星门望戟门，由戟门望大成殿，远观建筑的垂直视角都控制在6°以上，以保证建筑在人眼的黄斑视觉范围内。这样不断地利用建筑作为拜谒者的行进目标，引导拜谒者和游人不断前进。

从棂星门望照壁，垂直视觉为8°，处于远观建筑的合适距离范围内，而且视线刚好从前面的"太和元气坊"的底层檐下穿过，看见完整的照壁，不能不说建造设计之精妙。

相比之下，碑林部分的《石台孝经》亭和第一到第七展室之间，空间显得窄小局促，人们没有余地对建筑形成整体印象，站在展室门口，对面的展室檐口的垂直视角已超过18°，人们直接进入易于观看建筑的立面构图与细节的阶段。这是因为这组建筑不再具有祭祀的功能，不需要用大尺度的空间感培养人的敬畏感，而是用于储藏碑石。作为一个图书馆性质的建筑，用于阅读的私密空间才是最主要的。

建筑单体在以"百尺为形"的前提下，兼有自身独特的尺度特点

西安文庙的建筑无论进深、面阔、还是高度，其尺寸都在"百尺之形"的尺度范围内。这是一个能看清人的面部表情和细节动作的近距离视距范围，以此为准，可以创造出尺度宜人的外部空间。西安府文庙内的单体建筑在遵守"百尺为形"的空间处理原则下，还具有自身独特的尺度特点。

进深

为满足白天自然采光的需要，房间的进深除考虑内部使用功能外，还要由西安地区的太阳高度角、檐口高度、开窗方向与高度共同决定。在横向（东西向）与纵向（南北向）房间进深比较上，西安文庙横向建筑进深普遍大于纵向建筑进深。横向建筑都是南北向双向采光，进深一般不超过10米；纵向建筑现存只有东配殿和第一展室的东西两翼，基本是或东或西单向采光，进深一般不超过7米。

面阔

面阔尺寸由人的水平视角和视距决定。在横向（东西向）与纵向（南北向）房间面阔比较上，21米是横向建筑面阔的尺度范围，但一展室由于在中轴线上，面阔41米。纵向建筑不受"百尺之形"的尺度限制。

檐口高度

一般来说，中轴线上的建筑总是高于两侧的建筑。文庙部分古建筑原为大成殿最高，现为戟门，高5.7米；碑林部分

中轴线上古建筑最高为"右自孝经"尊碑第一展室，亦为5.7米，但库房一、二高度高于中轴线建筑，其檐口高度为7.8米，超出中轴线最高建筑2.1米，但两库房的地坪比中轴线低2.3–2.5米，两者相互抵消，使得其檐口的海拔高度仍然低于中轴线上的戟门和第一展室。

西安文庙对周围生态
环境的影响和塑造

西安文庙作为一座弘扬和彰显儒家传统文化的外在物化形式，一经建成，不仅对周围的自然环境产生了重要影响，也对周围的人文环境进行了无形的塑造。

对自然环境的影响和塑造

《论语·雍也》载曰："子曰：知者乐水，仁者乐山。知者动，仁者静，知者乐，仁者寿。"孔子认为，山水之美在于它具有与君子或智者的仁、智、勇、德等可贵品质相类似的特征，象征着高尚的品格。如山可以使草木茂盛，鸟兽繁衍，财用增加，能给他人带来好处而自己则别无所求；水则可以滋润万物，给大地以无限生机，无私以德。儒家这种将人的道德精神与山水特性相联系的思想不仅对后人为人处世产生了重要影响，也影响到文庙对周围环境的塑造。

对周围水体的影响和塑造

西安文庙对周围水体的塑造主要是开凿了泮池。各地文庙的前面均开凿有泮池，主要有以下几个方面的原因。第一，古代礼制的规定。天子之学为"辟雍"，诸侯之学为"泮宫"。自唐玄宗李隆基封孔子为"文宣王"后，文庙在礼制上成为诸侯之学，故允许在文庙开凿泮池。第二，水给人以警示和激励。《论语·子罕》载曰"子在川上曰：逝者如斯夫，不舍昼夜"，寓意为水是时间的意象，象征着人生命的长河，劝导、警示和激励人们要珍惜时间，不要虚度岁月。第三，水被赋予陶冶情操的寓意。汉代大儒董仲舒认为，秀美的山水不仅可以洗净人身上的污秽，还能涤净人身上的欲念，培养平和中正的品德，使人能够获取天地间的精华，获得身心上的健康和愉悦。第四，从水实用的角度来说。文庙中开凿泮池不仅可以解决雨水排放的问题，还能够满足文庙及其周边的饮用、洗涤、防火的多种需要。同时，在泮池中不断蓄水，使其永不干涸，看起来碧波荡漾，成为西安文庙一道亮丽的风景线，给人以美的享受。

对周围植被的影响和塑造

文庙作为古代祭祀建筑的重要空间，为营造庄严肃穆的氛围，通常会在文庙和周围地区多栽植一些松树、柏树等常绿树种。柏树由于其四季常青不凋，寿命长，加之其肃穆稳重，树干挺拔且壮观，老枝苍虬而富古拙，十分适合在文庙内及周围种植。另外，文庙中枝叶高大常绿的植物有助于常年吸收文庙内外的噪音，使文庙环境保持安静的氛围。

儒家思想通常以自然美和人类的道德相比，通过对自然美的赞美影响和塑造人类的人格美。儒家思想要求古代读书人在欣赏植物之美时，发掘和领悟植物身上所体现出来的人类美德和高尚情操，从而把欣赏植物之美当作人的一种修身养性的手段和方法，借以培养和塑造人们高尚的道德情操，这即是中国传统植物审美中的"比德观"。文庙作为传播儒学的重要场所，注重体现园林的"美育"功能和儒家思想所倡导的"比德观"。西安文庙在植物种类的选择上多选用松、柏、桂、槐、竹等一些特色植物，力求实现植物美与道德美的和谐统一，使进入到文庙内的人能够通过常看常想其间的植物，触景生情，自我鞭策，提升自己的品德修养，努力达到"圣人"的理想境界。

目前，西安市挂牌的七十七棵古树名木中，西安城内有四十四棵，其中保存于西安文庙及其周围地区的多达三十一棵，可以看出西安文庙在植物保持和自然环境改善中所发挥的重要作用。

对周围人文生态环境的影响和塑造

在中国传统思想体系中，儒家思想文化作为其核心，长期以来构成了我国传统文化的基本精神和主要框架，其对中国人思想的影响自不必赘述。西安文庙作为一种外在的固态文化，不仅对当地的自然环境产生了重要影响，对当地的人文生态环境也产生了一些影响。

对西安城市功能分区的影响和塑造

中国古代推行"庙学合一"制度，文庙不仅仅是祭祀孔子的场所，更是进行社会教化、传播儒学思想的教育机构。因此，包括西安文庙在内的各地文庙的周围，必然成为学校集聚的地方，在城市功能的划分上，文庙周边地区演变发展成为重要的文化教育区域。

由《清代西安府图》可知，西安文庙周围遍布了众多的文化教育机构，如西安文庙西侧分布有西安府学、长安学、关中书院等，其东侧分布有咸宁学、文昌宫、崇圣祠等。[①]当时西安府内与文化教育有关的建筑机构几乎全部集中于文庙周围区域，西安文庙成为西安市重要的文教区域和核心。

对西安城市地名的影响和塑造

西安文庙在长期发展的历史过程中，直接或间接影响了西安文庙周边的一些重要地名，如碑林区、柏树林街、三学巷、文昌门、府学巷等。

第一，碑林区。碑林区是西安市四个中心城区之一，位于西安市中心东南部方向，总面积二十二平方千米，共八个街道办事处、一百零二个社区、十五个行政村，总人口七十一万余人。碑林区的名称源于西安文庙境内有驰名中外的"碑林"，早期"碑林"曾是西安文庙的组成部分，但后来西安文庙反而发展成为"碑林"的一个组成部分。

第二，柏树林街。柏树林自明代开始出现，南北纵街，北接端履门大街，南抵文昌门。孔子有"岁寒，然后知松柏之凋也"的格言，受此影响，故各地文庙多种植柏树。明代正统（1436—1449）年间，时任西安知府孙仁益在文庙四周地区广植柏树，柏树林街由此得名，并沿用至今。

第三，三学街。三学街位于西安文庙文昌门内西侧之南，东起柏树林西至书院门。历史上明代府学、长安县学、咸宁县学先后移至西安文庙两侧，使原街北侧出现上述"三学"，故后来改称为"三学街"。

① 吴伯纶：《西安历史述略》，陕西人民出版社1979年版，第172页。

第四，府学巷。府学巷为明清时期西安城的巷名。位于西安市文昌门内西侧，西安文庙之西。南北巷走向，南起今三学街，北接西安碑林博物馆的后门。因其位于西安府学之东而得此名，此巷名至今仍沿用。

第五，咸宁学巷。咸宁学巷为明、清时期西安城巷名。位于西安市文昌门内西侧，柏树林南段之西。南北巷，南起今三学街，北不通，长约一百八十米。此巷因有咸宁县学在此而得名。咸宁县学旧在咸宁县治之西（今县坡巷），明成化九年（1473年），由当时的提学副使伍福迁建于此。今此小巷仍沿用咸宁学巷的名用。

第六，长安学巷。长安学巷位于西安市文昌门内西侧，文庙之西面。该巷为南北走向，南起今三学巷，北接今安居巷，此巷因有长安县学而得此名。长安县学旧在长安县治以西（府城西门大街城隍庙附近一带），明代成化九年，巡抚马文升移建长安县学于此，遂得长安学巷一名，此巷名今天仍在沿用。

第七，书院门。书院门位于西安文庙南门内东侧，东至安居巷接三学街。明万历七年（1579年），学者冯从吾因与阉党斗争失利，辞官归里，在宝庆寺开展讲学活动。后来冯从吾另辟新址，在街北侧建立关中书院，吸引了周边众多学子来此学习，学生多至丁人，后来发展成为陕西地区著名的书院。冯从吾后为阉党所迫，书院被毁，冯从吾在书院坐两百日而死。关中书院于明末清初又进行了大规模修建，后来发展成为西安师范学校，此街由于在关中书院门前而得名为书院门。

第八，文昌门。文昌门开通于1986年。这里的城墙上建有魁星楼，是西安城墙上唯一一个与军事防御无关的设施。由于其位于西安文庙东南方向，寓意为文风昌盛，因而命名为文昌门。

对西安城市天际线的塑造

所谓城市天际线，是指从远方第一眼所看到的城市的外边形状。在中国古代，城市的建筑大部分为单层平房，天际线较为平直。在文庙周围，一般都建有文笔塔、魁星楼等较为高大宏伟的建筑。这些建筑物能划破较为平直的天际线，使其产生高低起伏的节奏感。

《相宅经纂》这样介绍文笔峰："凡省府县乡村，文人不利，不发科甲者，可于甲、巽、丙、丁四字方位上择其吉地，立一文笔塔，只要高过别山，即发科甲，或于山上立文笔，或于平地建高塔，皆为文笔峰。"①甲、巽、丙、丁四个方位是东向、东南向、南向和西南向。西安文庙位于西安城内，地势较为平坦，周边没有山体可借，故在文庙东部修建此风水塔，保佑本地文运亨通，文人能多入仕途。此塔现位于西安文庙东部，为正方形实心砖塔，共有三层，顶部覆有绿琉璃宝顶，尖端远看像笔头。此塔因为与城墙上的魁星楼分布在同一条南北轴线上，故被称为魁星塔，起到了文笔塔的作用。据说，魁星塔插向天空是为了让它能沾染到神气，使西安府学文化之风绵延不绝。

《相宅经纂》又载："（文）庙后易高耸，如笔如枪，左宜空缺明亮，一眼看见奎文楼，大利科甲。"②《阳宅三要》也指出："庙后宜高耸如笔如枪，庙左宜空缺明亮，一眼看见城上之文阁奎楼，大利科甲。"③因此，为满足人们企盼文运兴盛的心理需要，在西安文庙东南（即庙左）方向，开辟一片较为开阔的空间，并借高耸的西安城墙，在城墙上面建

① [清] 高见南：《相宅经纂》卷3，清道光二十四年刻本。
② [清] 高见南：《相宅经纂》卷3，清道光二十四年刻本。
③ 孔祥林、孔喆：《世界孔子庙研究》，中央编译出版社2011年版，第276页。

有魁星楼，这样无论自文庙内何种方位，抬头即可看见魁星楼。魁星楼现在位于西安文庙东南侧的城墙之上，是西安城墙上唯一一个与防御设施无关的建筑物。魁星楼为台基式木建筑，高约17米，呈方形，屋顶为四角攒尖顶通高14.65米。魁（奎）星是北斗七星之中前四颗星的总称，为二十八星宿之一，又称奎宿。在我国古代神话传说中，魁星是主宰文章优劣之神，后人将魁（奎）星演变为文官之首。在科举考试中，考中进士第一名即状元又称为"魁甲"，乡试考中的举人，第一名称为"解魁"。今天的西安文庙（西安碑林博物馆）内藏有一块"魁星点斗"的碑刻，碑刻由"正心修身，克己复礼"八个大字组成为魁星形象，其左手托砚，右手执笔，一脚翘起，托一"斗"字，一脚立"鳌"字之上，寓意为"魁星点斗，独占鳌头"。

西安府文庙现存建筑格局基本完整，建筑保存较好、水平较高，是关中地区文庙的杰出代表。作为西安市乃至陕西省儒家文化标志性的建筑群，西安文庙在文化史和建筑史上都占有重要地位。随着西安碑林博物馆石刻馆的开馆，碑林博物馆影响力的扩展，赋有深厚文化底蕴的文庙建筑群，将为现代气息日渐浓厚的西安古城再现它的魅力增添几分凝重。

西安文庙人物考

清代　明代　宋代　唐代

西安文庙在建立和发展的过程中，得到了一些关键人物的帮助，使得西安文庙历经战乱和朝代更迭，依然得以发展、完善，并逐步壮大，最终与西安碑林一起发展成为蔚为壮观的文化博物馆，被誉为"经史宝库""书法渊薮"。本章拟对西安文庙（碑林）发展史上一些重要的历史人物进行简单考证，他们分别是唐代的韩建，宋代的吕大忠，明代的马文升、余子俊、商辂、王尧封，清代的崔纪、毕沅，以纪念其功绩。

唐代

韩建

　　韩建（855—912），字佐时，河南许昌人。唐末军阀割据，任镇国节度使，以勤政爱民闻名后世。韩建为西安碑林（文庙）的重要奠基人，是他把遗弃于荒郊野外的"唐石经"，第一次迁徙到西安府学之西隅。唐代有"北韩南郭"之称，是唐代韩建与郭禹的合称。宋代司马光《资治通鉴·唐僖宗文德元年》记曰："归州刺史郭禹击荆南，逐王建肇，建肇奔黔州。诏以禹为荆南留后。荆南兵荒之余，止有十七家。禹励精为治，抚集凋残，通商务农，晚年殆及万户。时藩镇各务兵力相残，莫以养民之事，独华州刺史韩建招抚流散，劝课农桑，数年之间，民富军赡，时人谓之北韩南郭。"元代杨围桢《佳麦良茧歌》赞曰："北韩南郭，无足比隆。"

吕大忠

吕大忠（1020—约1096），据《宋史·吕大防传》记载："字进伯。登第，皇祐进士，初为陕西华阴县尉，后任山西晋城县令。韩绛宣抚陕西，以大忠提举永兴路义勇，改秘书丞，兼任定国军的军事判官。"吕大忠曾言："养兵猥众，国用日屈，汉之屯田，唐之府兵，善法也。弓箭手近屯田，义勇近府兵，择用其一，兵屯可省。"后迁河北转运判官、陕西转运副使，官至宝文阁直学士。起复，知代州。契丹使萧素、梁颖至代，大忠数与素、颖会议，屡以理折之。元祐初，历工部郎中、陕西转运副使、知秦州。时郡籴民粟，豪家因之制操纵之柄。大忠选僚案，自旦入仓，虽斗升亦受，不使有所壅阏。民喜，争运粟于仓，负钱而去，得百万斛。程颐称："吕进伯可爱，老而好学，理会直是到底。"绍圣三年（1096年），加宝文阁直学士、知渭州，付以秦、渭之事。晚年与章敦等人不合，徙知同州（今陕西大荔县），旋降待制、致仕。不久卒，诏复学士官，佐其葬。著有《辋川集》五卷及《奏议》十卷。宋元祐二年（1087年），吕大忠任陕西转运副使期间，移唐代石经及诸多唐宋碑刻如《石台孝经》《开成石经》等至西安"府学之北墉"，即今西安碑林（文庙）处，对西安文庙的整体建筑格局产生了重要影响。

马文升

　　马文升（1426—1510），字负图，号约斋、三峰居士。钧州（今河南禹州）人，累任左副都御史、兵部右侍郎、右都御史、兵部尚书、吏部尚书、巡抚等职。马文升于景泰二年（1451年）考中进士及第，先后做过山西、湖广等省的御史。在位期间，清正廉明，明辨是非，为百姓所称颂。其母去世后，守丧期满升任福建按察使。明成化初年（1465年），朝廷召其为南京大理卿。满四之乱爆发后，马文升作为陕西右副都御史协助陕西总督项忠平定战乱，后被任命为左都副御史并兼任陕西巡抚，屡立战功，受到皇上赏识。马文升能文善武，机智多变，重气节，素清廉，深得时人钦佩和朝廷重视。明成化九年（1473年），马文升在任陕西巡抚期间，提议对西安文庙进行整修。明成化十一年（1475年）《重修西安府学文庙记碑》、乾隆《西安府志》、嘉靖《咸宁县志》《长安县志》对此事都有记载。正德三年（1508

年），刘瑾叛乱，马文升被牵连入狱。正德五年（1510年）六月，马文升去世，享年八十五岁。刘瑾叛乱平息后，朝廷追封马文升为特进光禄大夫、太傅，谥号"端肃"。嘉靖初年（1521年），马文升被追赠为左柱国、太师。

余子俊

余子俊（1428—1489），字士英。四川青神县（今四川省乐山市）人，祖籍京山（今属湖北省荆门市）。明朝名臣。

据明代嘉靖《陕西通志》记载，余子俊"成化初知西安府"。《明史·余子俊传》记载：余子俊举景泰二年（1451年）进士，授户部主事，进员外郎。官至兵部尚书、太子太保。在户部十年，以廉洁奉公称。余子俊知西安时，以居民患水泉咸苦，凿渠引城西河入灌，民利之。久而水溢无所泄。至是，乃于城西北开渠泄水，使经汉故城达渭，公私益便，号余公渠。作为西安知府，余子俊曾于明代成化初年（1465年），主持西安文庙和府学整修。

弘治二年（1489年），余子俊逝世，年六十一岁。追赠太保，谥号肃敏。有《余子俊奏议》《余肃敏公奏议》等，今已佚。《皇明经世文编》录有《余肃敏公文集》一卷。

商辂

商辂（1414—1486），字弘载，号素庵，浙江淳安人。明朝名臣，内阁首辅。商辂自幼天资聪慧，才思过人。商辂于宣德十年（1435年）乡试、正统十年（1445年）会试及殿试均为第一名，是明代近三百年科举考试中第二个"三元及第"的读书人。郕工朱祁钰监国时入内阁，参预机务。夺门之变后被削籍除名。成化三年（1467年）再度入阁，官至少保、吏部尚书兼谨身殿大学士等职。为人刚正不阿，宽厚有容，临事果决，时人称"我朝贤佐，商公第一"。

成化十一年（1475年），明朝对西安文庙进行整修，时任明朝赐进士及第资政大夫户部尚书兼翰林院学士知制诰经筵官淳安的商辂为《重修西安府学文庙记》撰文，《重修西安府学文庙记》碑记述了咸宁、长安二学的迁建情况，此碑现立于西安碑林博物馆。

成化二十二年（1486年），商辂去世，年七十三。获赠太傅，谥号"文毅"。著有《商文毅疏稿略》《商文毅公集》《蔗山笔尘》，纂有《宋元通鉴纲目》等。

王尧封

王尧封（1478—?），字伯圻，号南皋。直隶定兴（今河北定兴县人）。明弘治十七年（1504年）举人，弘治十八年（1505年）进士。王尧封任陕西巡抚至嘉靖十三年（1534年）。他对西安文庙和府学整修的时间为嘉靖十二年（1533年）。刚上任的巡抚王尧封来到西安府县三学、文庙，"见庙学未备而亭弗新也"。王尧封看到西安文庙、府县三学自成化年以来尚未经过认真整修，以至学舍倾圮，连学官都要"赁舍而栖"，何况诸生。决定对西安文庙、府县三学进行整修，此次整修由左布政使黄臣主持整修工程，嘉靖十五年（1536年）《陕西西安府县入学先圣庙重修记》碑，对此次西安文庙和府县三学的整修作了介绍。

清
代

崔纪

　　崔纪（1693—1750），原名珺，字南有，号虞村、定轩，蒲州潘侯人。康熙五十六年（1717年），崔纪考中举人，第二年考中进士，任翰林院庶吉士、授翰林院编修。乾隆二年（1737年），崔纪以仓场侍郎署理陕西巡抚，他认为巡抚的职责主要在于利农功、整文教、储军粮，而不能仅仅检点案牍，明哲保身，应当竭尽所能为地方办实事。崔纪后被起用为国子祭酒。他主张用儒家经典培养封建人才，反对诸生死记硬背，而应有自己的独到见解。崔纪在国子监讲学期间，"皆能自道所见，不规为讲学家言"。崔纪于乾隆三至乾隆四年（1738—1739年），对西安文庙、府学进行整修。乾隆九年（1744年）《重修西安府学宫碑记》、乾隆九年《重修文庙颂并序》碑拓本中记载了此次整修情况。

　　崔纪虽然一生历任多职，但他能在公务之暇潜心做学问，著有《周易讲义》十二卷、《学雍讲义》二卷、《论语温州录》一卷、《读盂子札记》一卷、《读周子札记》一卷、《太极图》等。

毕沅

毕沅（1730—1797），字纕蘅，小字秋帆，因从沈德潜学于灵岩山，自号灵岩山人。江苏镇洋（今江苏太仓）人。清代著名学者。

乾隆二十五年（1760年）进士，廷试第一，状元及第，授翰林院编修。乾隆五十年（1785年）累官至河南巡抚，第二年擢湖广总督。嘉庆元年（1796年）赏轻车都尉世袭。病逝后，赠太子太保，赐祭葬。死后二年，因案牵连，被抄家，革世职。

毕沅经史小学金石地理之学无所不通，续司马光书，成《续资治通鉴》，又著有《传经表》《经典辨正》《灵岩山人诗文集》《关中金石记》《关中胜迹图志》《西安府志》等。毕沅对陕西的文物古迹做了很多的保护和整修工作，他于乾隆三十七年（1772年）对西安文庙和碑林进行了整修，在其所著《关中金石记》中记载道："西安府学大成殿后，旧为碑林，今称碑洞，经始于宋元祐庚午龙图阁学士吕大忠。自明迄本朝，屡加修葺。余以乾隆壬辰岁，政务稍暇，进访古刻，见屋宇倾圮，石经及诸碑率弃榛莽，瞻顾悚息，复议兴修，前后堂屋，皆鼎新焉。旋于土中，搜得旧刻十余片。遂取石经及宋元以前者，编排甲乙，周以蓝楯。明代及近人所刻，则汰存其佳者，别建三楹以存置，其锁钥则有司掌之，设法保护，以冀垂诸太久。"文中将毕沅整修文庙和碑林的情况做了大致的描述。

　　毕沅对文庙和碑林的整修主要有三个方面：第一，对碑林重新规划和改建，为碑林建筑格局打下了基础；第二，对碑林藏石进行整理，清除其中的恶书俗札，将可存者集中安置，以供帖估摹拓；第三，建立相应的碑林管理办法，由巡抚衙门直接派人管理。经过毕沅对文庙和碑林的整修，使得建筑得以扩建，碑石增加，以致碑石陈列拥挤，狭径如洞，使得"碑洞"（碑林）更加完善。

西安文庙的文化
传承与保护利用

西安文庙对中国文化的传承与发展

西安文庙的保护与利用

清朝灭亡后，直接为封建科举制度服务的西安府学成为历史陈迹，西安文庙逐渐失去往昔的显赫地位。一直附属于文庙、府学的西安碑林，却作为一笔宝贵的文化遗产和财富为新社会接纳和利用。民国初期，西安碑林由陕西省立图书馆代管，并向游人开放。1937—1938年，由当时的中央古物保管委员会和陕西省政府出面，对西安碑林进行了一次大规模整修。邵力子、张继、孙蔚如等地方大员出任监修委员会委员，著名考古学家黄文弼具体主持工程事宜，于右任所捐赠的"鸳鸯七志斋藏石"387方也于此时移藏碑林。整修之后，成立了第一个碑林专门管理机构——西安碑林管理委员会。1944年，以西安碑林为基础，成立了陕西省第一所博物馆——陕西省历史博物馆，饱经沧桑的西安碑林由此向现代博物馆转化。

中国的碑石刻铭从世界范围来看，出现的时间并不算太早，晚于西亚两河流域和古埃及。在两河流域南部的苏美尔，早在铜石并用的乌鲁克文化时期（前3500—前3100），就已出现了苏美尔象形文字和用这种文字刻成的石板。在古埃及，则出现于公元前3100年前后，即被看作上、下埃及统一王朝时代开始之实物证据的《那尔迈调色板》。中国现存最早的刻铭者为战国时代秦国之《石鼓文》，年代亦在公元前4世纪，比埃及要晚两千多年。比中国稍晚的是古印度，其现存最早者，已到了孔雀王朝阿育王在位（前273—前232）时期，即著名的阿育王石刻和石柱。中国古代碑刻虽起步较晚，但在其所存在的两千多年里，伴随着中国封建时代发展的漫长岁月，得到了充分的发展。其种类之繁多，数量之丰富，形制之规范，涉及内容之广博，是任何国家和地区的碑石刻铭都无法比肩的。历代碑刻及其拓本，是中华民族历史文化遗产的重要组成部分。

对古代碑石刻铭这部分遗产进行整理和研究，在历史上直接促使了一门专门学问的诞生——金石学，并形成了诸多专门收藏和保护古代碑刻的场所，而西安碑林则是其中历史最为悠久、藏品数量最多者。总的来看，西安碑林形成与发展的历史，与我国传统经学、金石学之兴衰起伏息息相关，是中国传统文化发展的一个缩影。

西安文庙与经学的传承与发展

在古代中国印刷业较为落后的情况下，西安文庙和碑林作为中国碑石刻铭的重要聚集地，是古代中国传统文化的一座宝贵的文化殿堂，对于传播优秀传统文化发挥了巨大的作用。

奠定西安碑林这座文化殿堂之重要基础的，是著名的唐代《开成石经》。自汉武帝采纳董仲舒"罢黜百家、独尊儒术"的建议后，儒家思想学说一跃而成为正统的官方学说，并逐步走上了官学化、经学化的道路，逐步发展成为适应中国古代中央集权之君主专制政体和宗族血缘社会需要的理论体系，对历朝历代中国社会产生了重大影响，它统治中国社会达两千年之久。而阐释和训解儒家经典的学问——经学，则日渐发展成为中国传统学术之主流。随着儒学独尊局面的形成，从西汉开始，经学便出现了古文经学和今文经学之争，这种现象影响了整个中国封建社会。

东汉熹平四年（175年），蔡邕等人鉴于当时儒家经籍辗转传抄，文字沿讹之弊，联名奏请皇帝正定六经文字，灵帝许之，下令刻石并立于太学门外，全光和六年（183年）完成，这就是著名的《熹平石经》。《熹平石经》所刻为今文经学，有《周易》《尚书》《鲁诗》《仪礼》《春秋》《公羊传》《论语》七种，字体为当时流行的隶书，各刻一家之章句，诸家异同则列为校记，附于各经之后。曹魏正始二年（241年），再次出现刊刻石经之举，刻成后同样立于洛阳太学，所刻者为古文经学，有《尚书》、《春秋》、《左传》（未刊完）三种，史称为《正始石经》。因古文难以识别，便以古文、篆文、隶书三种字体刻成，因此被称之为《三体石经》。从代表今文经学的《熹平石经》再到代表古文经学的《正始石经》，二者刻经时间相隔不过六十余年，且同时被立于洛阳太学，说明当时古文经学和今文经学之争已达到相当激烈之程度，古文经学已发展兴盛到足以向今文经学的官方正统地位发起挑战的程度。

魏晋南北朝时期，随着玄学兴起和佛教盛行，经学一度陷入衰微境地。入唐后，随着国家在政治上的统一，儒家经学也随即复兴起来。唐初太宗皇帝命颜师古考订五经文字，编定《五经定本》，命孔颖达撰定五经义疏，名曰《五经正义》，由朝廷颁行天下，这样就使得儒家经典从文字到解释都有了统一范本，并将其作为科举考试中儒经义理的标准。于是，东汉以来师说多门的经学很快便归于统一。然而当时中国尚未出现印刷术，儒家经典的传抄仍然难免出现谬误，至唐天宝年间又有人提出刊刻大唐石经之建议，后因安史之乱而未能实现。为了解决经文不统一的问题，大历十年（775年），国子监为供诸生校正经文讹误，由时任国子监司业张亲主持，将经过校勘的整部经书直接墨书于国子学讲论堂东西两廊的墙壁上，此即"五经壁本"，亦称"壁经"。宪宗元和十四年（819年）和文宗太和初年（827年），曾两度对"五经壁本"进行重新缮写，且把第二次缮写的"五经壁本"嵌于墙壁的木版之上。而石经之刊刻到太和七年（833年）由国子监祭酒郑覃主持实施，石经于开成二年（837年）完成，史称《开成石经》，共刻114石，228面，仍立于讲论堂之两廊，内容包括《周易》《尚书》《毛诗》《周礼》《仪礼》《礼记》《春秋左氏传》《公羊传》《谷梁传》《孝经》《论语》《尔雅》等十二种经书，并《五经文字》《九经字样》，共160卷，65万余字。如果说《熹平石经》和《正始石经》的刊刻，是今文经学和古文经学斗争的反映，那么《开成石经》的刊刻，则是经学归于一统的结果。

从北魏到隋朝，《熹平石经》和《正始石经》曾被数度搬迁，并遭到人为破坏，最终毁失殆尽，如今只剩下流落各地的残石。与它们相比，《开成石经》却较为幸运。唐昭宗天祐元年（904年），朱温胁迫唐昭宗东迁洛阳，据《旧唐书·昭宗本纪》记载，"令长安居人按籍迁居，彻屋木，自渭浮河而下，连甍号哭，月余不息"，长安城遭到毁灭性破坏。然而，《开成石经》并未毁于此次劫难。据北宋建隆三年（962年）《重修文宣王庙记》碑载，此后留守长安的佑国军节度使、京兆尹韩建，以原皇城城垣为基础缩建长安城，并将已处于城外的"太学并石经"迁入新城。又据北宋元祐五年（1090年）《京兆府府学新移石经记》碑载，朱梁时长安守官刘鄩在幕史尹玉羽的劝诱下，将"本委弃于野"之"六经石"迁入城内原唐"尚书省之西隅"。

迁入新城的太学，五代时演变成为京兆府文宣王庙，一并迁来的《开成石经》和《石台孝经》碑则立于庙中。此后北宋元祐二年（1087年）和崇宁二年（1103年），唐代石经后又随京兆府文庙和府学历经两次搬迁，终于落脚于"府城之东南隅"，即西安碑林现址。中国古代历史上曾七次刻经，除清代《乾隆石经》因刊刻较晚而完好无损外，其他六种石经中只有唐《开成石经》硕果仅存。如果没有从唐末到北宋的三次保护性迁置，如果没有在迁置过程中逐步形成的西安碑林作为它的归宿和庇佑，《开成石经》这部珍贵文献瑰宝恐怕很难熬过上千年的历史变迁，很有可能也会像《熹平石经》《正始石经》以及唐以后的《广政石经》、北宋《嘉祐石经》、南宋《绍兴石经》一样，毁失于社会变乱之中，湮没于尘世。西安碑林如果没有《开成石经》这部卷帙浩繁的石刻典籍奠定基础，碑林的形成和发展将无从谈起，而如果没有西安碑林的保护和庇佑，弥足珍贵的《开成石经》也难以保存至今，文庙和碑林的文化保护和传承的作用在此体现得淋漓尽致。

西安文庙与金石学的传承与发展

西安文庙与金石学的形成与发展有着非常密切的关系，特别是北宋金石学的兴起，成为碑林形成和发展的真正契机。

我国古人很早就开始重视碑刻资料。司马迁在《史记·秦始皇本纪》中便有六种关于秦刻石的记载。北魏郦道元著《水经注》中对各水道附近所存碑刻记载甚详。从汉代到唐代的许多史、地著作，也都注意对前代碑刻加以利用。入宋后，则出现了专门以古代碑刻和钟鼎彝器为研究对象的金石学。金石学的形成与发展与当时中国封建经济、政治和文化的高度成熟密切相关。经过唐末、五代的战乱，门阀士族阶层残余势力已被荡涤殆尽。从北宋时期起，大量出身社会底层的庶族地主知识分子通过科举制度进入统治阶层，形成了一个庞大的文人群体。宋代社会进入文化、艺术发展的高峰期，产生了富有思辨色彩的哲理化新儒学——理学，出现了寄情于山水的文人画，尚意宣情的文人书法，还有更易于表达情感和意境的宋词。当北宋文人把目光投向历史的时候，碑刻成为他们关注的对象。北宋时期的文人热衷于古代礼乐器物和碑刻的收集、整理和研究，加之碑刻拓本较钟鼎彝器更易搜集，这样就在北宋时期兴起了一门新的学问——金石学。

宋人研究金石有多种形式，或存目，或刻印图谱，或录文，或考释（跋尾），有很多金石学著作遗世。现存最早著录碑刻的金石著作是欧阳修的《集古录跋尾》。后出现了赵明诚的《金石录》、郑樵的《通志·金石略》、洪适的《隶释》与《隶续》、王象之的《舆地碑目》、陈思的《宝刻丛编》，以及黄伯思的《东观余论》、董逌的《广川书跋》等。至于金石之著录，则以吕大临的《考古图》和王黼的《宣和博古图》最具有代表性。据民国容媛的《金石书录目》统计，流传至今的宋代金石著作，详细情况可考的有二十二人，著作达三十种，而现今已不存者人数更多，清人李遇孙的《金石学录》录有宋代金石学者六十人，杨殿珣的《宋代金石佚书目》中所列金石佚书为八十九种。

长安在北宋时期仍被称为京兆府，为永兴军治所，虽然已经失去国都的地位，但作为汉唐故都，仍然保留有包括碑刻在内的大量前朝遗物、遗迹。在北宋兴起保护、研究碑刻的背景下，从北宋初年开始，长安府城的宋代官绅们开始将散落于城郊各处的前代碑刻向城内的文宣王庙集中，与原本保存于此的《开成石经》和《石台孝经》碑一起加以保护。据《颜氏家庙碑》所附重立碑记，太平兴国七年（982年），权知永兴军府事李准在"好古博雅君子"李延袭的建议下，将已"倒于郊野尘土之内"的颜真卿书《颜氏家庙碑》"移载入于府城，立于先圣文宣王庙"。其他碑刻如颜真卿书《多宝塔碑》、褚遂良书《孟法师碑》、欧阳通书《道因法师碑》、徐浩书《不空和尚碑》、柳公权书《玄秘塔碑》、史维则书《大智禅师碑》以及《怀仁集王圣教序碑》《隆阐法师碑》等，都是从北宋初开始被陆续迁置于西安京兆府文庙的，文庙成为这一时期碑刻的集中地。

与此同时，北宋的好古之士将已佚的前代名碑重新刻立于西安文庙。如北宋时期的永兴军节度使、京兆尹王彦超在其任职的建隆二年至乾德二年（961—964年）年间，重新刻立虞世南书《孔子庙堂碑》；淳化四年（993年），陕西转运副使郑文宝依据南唐徐铉摹本重刻秦《峄山刻石》；大中祥符三年（1010年），姚宗尊等人重刻李阳冰书《栖先茔记》和《三坟记》碑；熙宁六至八年（1073—1075），吴中复知永兴军时重刻颜真卿书《争座位稿》等。

此外，许多宋代当代名人撰书的碑刻也开始刊立于文庙之中。如僧梦英书乾德三年（965年）《篆书千字文碑》、乾德五年（967年）《十八体篆书》碑、咸平元年（998年）《篆书目录偏旁字源碑》等五种，郭忠恕书乾德四年（966年）《三体阴符经》碑、袁正己书乾德六年（968年）《摩利支天经与阴符经》碑、沙门云胜书天禧三年（1019年）《宋新译三藏圣教序》碑、僧正蒙书咸平元年（998年）《赠梦英诗》碑、虚仪先生书天禧三年（1019年）《大宋勃兴颂》碑、卢经书天圣六年（1028年）《慎刑箴》碑等等。

后来，这些唐宋时期的碑刻与京兆府文庙、府学及唐石经一起，先后经历了两次迁移。据骆天骧《类编长安志·石刻卷》著录元丰三年《宋京兆府移文宣王庙记碑》载，元丰三年（1080年），知永兴均府事吕大防将京兆府文庙和府学移至"府城之坤维"。据元祐五年（1090年）《京兆府府学新移石经记》碑，元祐二年（1087年），陕西转运副使吕大忠以唐石经尚在尚书省之西隅"地杂民居，其处洼下，霖潦冲注，随立辄仆，埋没腐壤，多久折缺，殆非所以尊经而重道"为由，决定"徙置于府学之北墉"。唐石经迁至"府学之北墉"后，"分为东西次比而陈列焉，明皇注孝经及建学碑立之于中央，颜、褚、欧阳、徐、柳之书，下迨偏旁字源之类，则分布于庭之左右。"此次迁移的除了唐石经外，还有"颜、褚、欧阳、徐、柳之书"，指的是此前移入文庙的唐石碑，"下迨偏旁字源之类"则指的是刻立于文庙的宋代碑刻。

至于此时文庙的建筑情况，碑文中也曾提及："门序旁启，双亭中峙，廊庑回环，不崇不卑，诚故都之壮观，翰墨之渊薮也。"[1]可以看出，当时在京兆府学北墉修建了一个由碑亭和碑廊构成的相对独立的建筑群落，使得"门序旁启"，其中中峙之双亭是保护立于文庙中央的《石台孝经》和《建学碑》的；回环之廊庑，是保护陈列于东西的《开成石经》的，它从三面环绕双亭；其他唐宋时期的碑刻则分立于双亭之左右。可见，此次迁置后，京兆府文庙的藏石数量已达到一定规模，并有专门的碑亭、碑廊对其加以保护，各个时期的碑石也都排列得井然有序，此时的碑林之雏形已初步形成。

北宋崇宁二年（1103年），京兆府文庙、西安府学和初具雏形的碑林又经历了一次迁移。当时的知永兴军府事虞策

---

① 宋元祐五年（1090年）刻立的《京兆府府学新移石经记碑》，此碑现藏于西安碑林博物馆。

建议另选新址，对京兆府文庙进行扩建。西安碑林现藏的金正隆二年（1157年）《京兆府重修府学记》记载了这一次迁置情况："京兆旧学，在府城之坤维，地非亢爽。前宋崇宁二年，命郡县建学，以宾兴贤能。府帅枢密直学士虞公策承命诣学，谓诸生曰……今府城之东南隅，水易就下，地且文明，欲改卜其处可乎？诸生怡然曰：诺。乃范湖州规制，经营建立。庙学之成，总五百楹，宏模廓度，冠维一时……儒衣冠而入者日不啻千人，弦诵之声，洞澈霄汉。"此处提到的"府城之东南隅"，乃西安碑林现址。其中，西安碑林现存金正隆五年（1160年）的《重修碑院七贤堂记》残碑也记载了此次搬迁和整修文庙情况："京兆府学乃唐之太学，前宋崇宁岁迁于兹地。宣圣殿后旧有玄宗序孝经石台并文宗群经碑院一区。"可见，在此次整修中，虞策在"府城之东南隅"新址扩建文庙的同时，还专门在宣圣殿后建成一座独立的院落，专门陈列唐代石经和其他唐宋碑刻。

这样，从唐末天祐年间韩建第一次迁置唐石经，到北宋崇宁年间虞策在碑林现址为唐石经找到专门的集中场所，终于在府学、文庙处形成了一个专门放置碑林的特定场所。西安碑林之所以能够从之前附属于府学、文庙，到最后逐渐独立，不仅得益于汉唐故都深厚的文化积淀，更得益于北宋金石学兴盛的适宜的大环境，西安碑林为宋代金石学的发展和兴盛提供了较好的平台，在传承中国传统碑刻文化中发挥了至关重要的作用。

两宋时期大为兴盛的金石学，到了元、明两代盛极而衰，与此同时，西安碑林的发展也随着金石学的衰落而陷入低谷。明代碑林虽然在藏石数量上有所增加，但并未得到明显发展。

到了清代，随着清代金石学的复兴和兴盛，西安文庙和碑林迎来了发展的黄金时期。清代学术的主流是考据学，到乾嘉时期达到极盛时期，后世称之为乾嘉之学。乾嘉之学是对明代日益空疏的程朱理学的批判扬弃和汉学朴实传统的回归，是以训诂考据为特征的经学。但乾嘉之学又不同于汉学，其考据对象不局限于传统的儒家经典，而是以经书为主，兼及音韵、天算、地理、金石、乐律、典章、辑佚、校勘等，治学范围极为宽泛。乾嘉之学虽然有脱离现实生活的局限性，但在保存和整理古代文献方面为我国传统文化的发展作出了巨大的贡献，清代学术界出现了众多的学术大家，如戴震、惠栋、纪昀、章学诚、段玉裁、钱大昕、孙星衍、焦循等，他们为后世留下了众多宝贵的学术著作。

清代考据之学的兴起，导致金石学快速兴起，并成为清代学术的重要组成部分。清初顾炎武的《金石文字记》、朱彝尊的《曝书亭金石文字跋尾》等，以金石资料证经订史，开风气之先，至乾嘉时期，金石学进入黄金发展时期。清代金石学的研究范围较之宋代更为宽泛，除了传统主流的碑刻、青铜器皿、钱币、玺印外，也包括镜鉴、兵符、玉器、砖瓦、封泥等。清代学者多喜好金石，留下了浩如烟海的学术著作。据民国宣哲《金石学人录》统计，清代的金石学者多达一千零五十八人，又据容媛《金石书目录》，清代金石著作流传下来的就多达九百零六种。但就碑刻方面的著作而言，存目、跋尾者有钱大昕《潜研堂金石文字目录》《跋尾》、武亿《授堂金石跋》、吴式芬《金石汇目分编》、罗振玉《雪堂金石文字跋尾》等。辑录碑文者有陈奕禧《金石遗文录》、吴玉搢的《辽金石存目》、端方的《陶斋藏石记》等。专记一地之碑者有毕沅的《中州金石记》和《关中金石记》、阮元的《两浙金石记》、毕阮二人合著《山左金石志》、杜春山的《越中金石记》等。专记一代之碑者有翁方纲《两汉金石记》、王懿荣的《汉石存目》、缪荃孙的《偃辽金石存目》等。集存目、录文、跋尾于一身的集成性著作有王昶的《金石萃编》及其《续编》《补略》《补正》、陆增祥的《八琼室金石补正》等。至于碑刻的通论性著作，则首推叶昌炽的《语石》。

清末民初，随着殷墟甲骨、敦煌汉简等各类古物出土日多，金石学研究范围愈加扩大。如孙诒让的《契文举例》，罗振玉的《殷墟书契考释》，罗振玉、王国维合著的《流沙坠简》等即为上述新领域的开创性成果。此时的金石学已然成为涵盖器物学、金石文字学等综合性学科名称，离中国近代的考古学仅剩一步之遥。西安碑林在清代的发展，首先表现在藏石数量的大幅度增加，清代入藏碑林多为当代碑刻，较为重要的如顺治三年（1646年）费甲铸以兰州肃府本重刻于碑林的《淳化阁帖》，带跋文共一百四十五石二百八十九面；康熙三年（1664年）贾汉复集唐石经字样补刻《孟子》十七石，补足《十三经》。其他如建庙、修学、筑城、开渠等记事碑，以及名人书帖、诗文、记赞、箴铭格言、线刻画等刻石，不胜枚举。需要指出的是，清代金石著作著录碑林藏石，一般只录唐宋碑刻，至多下延到元代，难以反映当时碑林藏石总量。此外，清代碑林藏石的种类随着数量的增加，其藏石的种类也日趋多样化，除碑石、石经外，还增加了墓志、石刻造像、经幢、石刻线画等新品类，文化内涵更为丰富。

碑林自形成起直到清代，均是作为文庙和府学的一部分而存在的，但是自清代开始其独立性逐步增强。这表现在碑林的整修不再作为文庙、府学整修的一部分附带进行，而是开始单独整修，且专门立碑记事。据考证，清代曾经对碑林进行过四次整修，分别是康熙五十九年（1720年）、乾隆三十七年（1772年）、嘉庆十年（1805年）和道光二十一年（1841年），其中乾隆三十七年是几次整修中规模最大的一次。碑林整修之所以受到如此重视，其重要原因在于当时乾隆年间金石学极为兴盛，而这次碑林整修的主持者就是由时任陕西巡抚的著名金石学家毕沅亲自担任的。毕沅一生酷嗜金石，足迹所至，广为搜罗金石，且著述颇丰。毕沅对碑林的整修在其所著的《关中金石记》《关中胜迹图志》《陕甘资政录》中均有记述。毕沅整修碑林不同于以往对碑林进行简单的修修补补，他注重对碑林进行科学设计，重新规划并改建了碑林的建筑，以适应清代碑石日益增多的现实需要，为清代碑林建筑格局的形成奠定了重要基础。清末旅陕日本学者足六喜六在其所著《长安史迹考》中这样述及碑林整修情况："其在乾隆三十七年之修理，乃经山西巡抚毕沅之手，改筑之规模甚大……现在碑林之设计与屋宇，悉当年毕沅之遗楷也。"据其书《碑林平面图》，可知毕沅整修碑林后，碑林建筑除《石台孝经》碑亭和存置《开成石经》之马蹄形廊庑外，另有碑室五所，碑林这一建筑格局一直延续到民国时期。毕沅还对碑林的藏石进行了整理，将《开成石经》和宋元以前碑版，与明代及近人所刻区别对待，加以甄别，剔除其中恶书俗札、鱼龙混杂者，选出较好的碑刻，另外建三间屋宇单独存置，供人帖估摹拓。此外，据《西安府志·学校志》"府学"条下所引毕沅的《陕甘资政录》记载，毕沅还对碑林建立相应的管理办法，将存置唐石经及宋元以前碑版的屋宇"周以阑楯，其锁钥有司掌之，帖估不得随意摹拓，庶旧刻得以垂诸永久"。日本学者足六喜六《长安史迹考》也提到碑林管理情况："碑林原属陕西巡抚所直辖，常置守卫看护之，在冬季三月中，锁闭不开，此外各时则任人观览。"毕沅所制定的碑林由巡抚衙门直接派人员管理的办法，一直沿用到清末。这对碑林的发展意义重大，表明当时的碑林已不再作为文庙、府学的附属物而存在，从某种意义上来说，碑林已转变成为一个以收藏和保护古代碑刻为目的、并向公众开放的相对独立的文化机构。碑林的这一实质性的变化发生在乾隆时期，与金石学之兴盛关系密切。

可见，碑林虽然形成于北宋时期，但是"碑林"这一名称是在明代万历年间才出现的，而且是民间称谓，当时还有称之为"碑洞""墨洞"的。正是在乾嘉时期，"碑林"这一名称才成为官方正式认可的名称而被固定下来。嘉庆十年（1805年），西安知府盛惇重新整修碑林，立记事碑《重修西安府学碑林记》即是一个明证，西安碑林走向独立，有了自己正式的名称。由此可以看出，清代金石学之兴盛直接推动了西安碑林的发展，促进了西安碑帖业的繁荣。史载，当时碑林周围和今书院门一带帖肆林立，随着碑林拓本行销四方，"西安碑林"自此名扬天下。

以田野调查和发掘为基础的西方考古学理论和方法传入中国后，随着中国考古学的诞生和发展，金石学作为一门独立的学问已不复存在，其研究内容，已融入考古学各分支学科以及古文字学、古文献学的研究之中。随着中国现代化的进程和文物博物馆事业的发展，西安文庙获得了前所未有的发展机遇。今天的西安碑林，已成为一座以收藏、陈列和研究历代碑刻和石雕刻艺术品为主的专题博物馆。据最新统计，西安碑林博物馆藏自汉迄民国各代碑石、墓志、经幢、画像石、陵墓石刻、宗教造像等各类石刻文物多达二千四百余种，三千三百余件。其中仅国宝级文物便有十九种一百三十四件，一级文物二百七十二种五百三十五件。正是拥有了这笔巨大的文化财富，西安碑林才成为儒家典籍的石质博物馆、内涵丰富的石刻史料档案库以及中国古代书法艺术和石雕刻艺术的宝库。西安碑林是中国传统文化的物质载体，保护它、研究它、利用它是中华民族文化复兴的需要。

西安文庙的
保护与利用

中华人民共和国成立以来，对于古建筑的保护和维修越来越受到相关部门的重视。

西安文庙（碑林）古建筑群作为先贤留给我们的珍贵遗产，历经上百年的沧桑巨变，经过历代仁人志士的精心呵护，方才保存发展至今。这些珍贵的古代建筑群遗产，能否在当代得以保护和传承，是摆在我们面前的问题。2015年修订的《中国文物古迹保护准则》指出："（文物古迹）保护的任务是通过技术的和管理的措施，修缮自然力和人为造成的损伤，制止新的破坏。保护的目的是真实全面的保存并延续其历史信息及全部价值。对文物施加的所有保护措施都必循遵守不改变文物现状这个原则。"《中国文物古迹保护准则》指出了文物古迹保护的十条原则：必须原址保护、尽可能减少干预、定期实施日常保养、保护现存实物原状与历史信息、按保护要求使用保护技术、正确把握审美标准、必须保护文物环境、不应重建已不存在的建筑、考古工作注意保护实物遗存、预防灾害侵袭等。①

① 国际古迹遗址理事会中国国家委员会制定：《中国文物古迹保护准则》，文物出版社2015年版，第10—14页。

尽可能保护古建筑的本体和原貌

任何一座古建筑都是依赖建筑本体而存在的，保护古建筑本体的关键所在是保护古建筑的原貌。如何尽可能保护古建筑的原貌，是西安文庙在整修过程中密切关注的问题之一。一般来讲，保存较好的建筑本体能够反映出古建筑发展历史中凝固的原貌，能够使古建筑中所包含的历史信息不至于被破坏或曲解。古代的建筑群大都是采用的木质建筑结构，由于木质建筑结构很容易腐蚀变质，这给古建筑的保护和维修带来了困难和挑战，也给保护古建筑的本体带来了新的问题。历经几百年甚至上千年的古建筑，在岁月长河中不断被修复，甚至重建，由于各个时代修复古建筑的手法和风格不尽相同，难免会使维修痕迹在古建筑上得到明显或隐约的体现。如果在维修古建筑的过程中破坏了其本体性的结构或材质，就会使古建筑遭到损害甚至毁灭。能否尽可能地使古建筑的现状保持其原貌，有两个基本前提：第一，古建筑构件基本上保持原物而未被更换；第二，古建筑现状必须符合安全方面的要求。按照西安碑林博物馆馆员刘东平的说法，古建筑修缮的原则是能小修的绝不大修；能用原构件的绝不更换新构件；原构件能加固使用的尽量加固使用；能不落架的不予落架；能不迁建的尽量避免移动。[①]只有这样，才能使古建筑群的原貌得以保留，最大限度地保护古建筑的本体不被破坏，古建筑本体所蕴含的大量历史信息才可以被保存下来。因此，在维修前，必须要对古建筑本体进行精细的测量、记录和拍照，并把所有的材料予以存档、保存，为以后的古建筑维修提供翔实的参考资料，以确保维修后的古建

① 刘东平：《2012—2014：西安碑林博物馆修缮情况及保护理念述略》，载2015年《碑林集刊》（二十一），第238页。

筑原貌不被破坏。如在2012—2014年对西安文庙和碑林的维修中，在维修碑亭时，由于碑亭原有的斗栱基本保存完好，在本次维修时经过简单处理后，依照碑亭的原样进行安装。按照"修旧如旧"的原则对碑亭进行了油漆彩绘，屋架的木质构件能够继续使用的全部按照原有的规格予以恢复。屋面依原样用青灰色简板瓦覆面，脊及宝顶用原有的琉璃构件予以恢复。原有瓦件经过仔细挑选后被再次利用，同时恢复了碑亭周边的石栏板，地面均采用仿古方砖。另外，对文庙建筑中原有木构件中较好的彩绘予以保留，其他部位运用传统的工艺对其进行油漆，较为完整地体现了清代法式。对西安文庙（碑林）南北的图书楼的木屋架构也依照原样进行了恢复。南楼原有屋面的垫层为水泥、白灰、炉渣的混合物，为传统的工程做法。南楼的屋面起坡曲线优美，翼角突出，非常美观，瓦件保存也较为完好。鉴于此，在南楼维修过程中，屋面严格按照原有的做法予以恢复。经文物专家鉴定，南楼屋面上约80%的椽子可以继续使用，因此在维修过程中只更换了约10%的椽子。屋架的整体结构保存得也较好，因此只进行了一般性的加固处理，而对于损坏较为严重的望板及博风板则予以全部更换。

在北楼维修过程中，经专家鉴定主体结构基本完好，特别是屋架没有受到白蚁侵蚀，建筑结构没有被破坏，整个古建筑保存完好，因此在维修时依照原样予以了安装和修复。由于屋面损害较为严重，基本丧失了古建筑的原貌，几乎没有了修复的价值。因此，对屋面的望板和部分椽子予以更换，屋面的瓦件予以全部更换，均照原样复原。同时，对北楼地面进行了专业性的防潮处理，楼面仍保存原有的木质材料原料，对楼面加固了一层内柱，免遭白蚁侵蚀，对北楼原有的窗户了以修补。

尽可能保护古建筑的历史人文信息

古建筑的历史人文理念与整体布局、形制特点、装饰式样和图案、彩绘的内容等多种因素紧密交织和融合在一起，成为今人研究和了解古人的审美观念、道德情操、礼仪礼制规则等各种意识形态的有效途径和宝贵资料。在对古建筑进行保护和修缮时，要特别注意对这些古建筑的历史人文信息进行全面和整体保护，不得随意改变和取舍古建筑的原有的规制和历史风貌。在对文庙这些古建筑进行修复和重建的过程中，要尽可能地保护其原有建筑格局和特点，使其建筑文化理念和思想得以完好保存和传承。如文庙（碑林）的一至七室的建筑分别记录和见证了碑刻收藏及陈列的全部过程。一号碑亭陈列有大量的清代碑刻，在维修中对碑刻特别是碑文进行保护，尽量使固有的文物不致受到破坏，从而保护古建筑原有的历史人文信息的完整性。

尽可能保护古建筑的工艺水平与技术含量

建筑的结构、形制在一定程度上反映了同时期的生产力发展水平与科学技术状况。古代建筑物大多为木质结构，对木质结构的处理方式各个时代做法不尽相同。如宋元以前，多采用素土夯筑，也有用卵石、碎砖瓦或铁滓与夯土间隔分层建造，明清时期则是常用的石灰与黄土按照一定比例配成灰土夯打而成。对于高等级建筑台基，仍然沿用打入长条柏以求坚固的传统做法。落架重修古建筑，基础部分处理应当遵循原结构的传统规制，不使用现代建筑商的钢筋、混凝土结构的做法，避免将古人的传统技术改为现代技术而变得不伦不类。如木质结构的古建筑柱架，枋木是采用油饰彩画画出来的，有着一套严格的操作工序与配料规范，如果偷工减料或者改变配料的成分和比例，将会减弱木质防护强度，导致油彩画脱落。在对碑亭维修的过程中，维修人员多次深入勘探和进行沉降分析，并采取有效措施予以保护。同时，对木构件上的部分原有的彩绘予以保存，尽量不破坏古建筑原有的工艺水平和技术含量。

尽可能使古建筑与周边环境相协调

文庙在择址上也是相当考究的，既要考虑到古代风水的因素，又要顾及与周边环境的搭配和协调。西安文庙（碑林）的各类文物、古建筑与历史环境、周围的街区等构成了一个不可分割的整体。因此，在对西安文庙（碑林）进行保护时一定要坚持整体性规划原则，不能破坏文庙的整体布局。

西安文庙的迁移在历史上有两次明确的记载，一次是北宋的元祐二年（1087年）由吕大忠主持将西安文庙从原尚书省之西隅迁往当时的西安府学所在地；另一次是宋代崇宁二年（1103年）由虞策将西安文庙迁往今西安碑林现址。经过迁建后的西安文庙，史载"庙学既成，总五百楹，宏模廓度，伟冠一时……"，说明文庙在经过第二次迁建后，不仅主体建筑宏伟壮阔，更为重要的是与周边的环境相得益彰。从科学建筑理念上来说，主体建筑应成为环境的一部分，而环境又能够诠释建筑的整体艺术效果。因此，如果要对古建筑进行改造和整修，周边环境的保留与改造应是一个非常重要的内容。如西安文庙周围的府学街、书院巷等古建筑，长期以来已然成为文庙不可分割的一部分，在整修文庙的过程中必然要考虑到与这些原有的古建筑相协调。再如，文庙南北图书楼的周边有几处20世纪70年代修建的平房，平房内堆放了大量散乱的石刻，严重影响了文庙建筑的整体效果。因此，在2012年的文庙整修中，在对文庙主体建筑整体修缮后，就对原有的这几处平房果断拆除，同时打通文庙周边的消防通道，在地面统一铺设青石，突出文庙主体建筑的效果，实现了文庙与周边环境的协调统一。

坚持可移动文物与不可移动文物区别对待的保护原则

西安文庙的可移动文物主要包括两大类：石质文物和纸质文物。对于可移动文物的保护要点有几个值得注意的地方：第一，改善文物的保存条件，逐步扩大石质文物保护和展示的空间；第二，为石质文物提供合适的温度、湿度环境，尽可能减少不良自然因素对文物破坏；第三，采取切实可靠的措施，解决文物的防火和防震问题；第四，综合采用科学的物理、化学等方法，尽可能减弱文物的自然风化；第五，运用现代化的数字技术，尽可能地减少人为因素对文物的破坏。

不可移动的文物主要指古建筑类的文物。西安文庙（碑林）保存有大量的古建筑，有的属于国宝级文物，更应该增强文物保护意识。为了便于保护和管理，实行分级保护。按照西安文庙（碑林）现有的古建筑分布情况，可将其古建筑分为两级保护区：一级保护区从棂星门以北沿轴线至一至七展室北界，保护范围约为1.8公顷；二级保护区为碑林博物馆围墙界域之内，面积约1.48公顷。一级保护区的保护原则为：第一，建筑文物及其环境应当保持历史的真实性与整体性，必须保持原貌和格局；第二，建筑文物的维护、加固、修复必须按照原貌以"整旧如旧"的原则进行；第三，严禁对现状文物进行重建。二级保护区的保护原则为：第一，禁止建设与展示无关的建筑；第二，必须清理保护区内的不当建筑；第三，保护区内新建设施应当保持与一级保护区内的文物建筑在材料、尺度和风格的一致性。[①]

西安文庙的开发和利用

西安文庙已经成为西安碑林博物馆的重要组成部分，西安碑林博物馆成为同时拥有文庙、碑刻书法和石刻造像等丰富文物资源的重要场所，不仅藏有丰富的石刻典籍，诸多精湛绝伦的书法名碑，还有长期以来仁人先贤多方搜集的大批历代墓志以及精美的汉唐石雕艺术品，这些均是传播社会文明的重要载体，是中国传统文化的集中体现。在中国倡导中华文化全面复兴的今天，如何对西安文庙（碑林）进行合理的开发和利用，是严峻的考验和挑战。为此，必须坚持系统性规划和保护原则，将西安文庙（碑林）的保护、保存、展示、研究、开发利用、服务等作为一个完整的系统工程对待。

依托国学讲座和诵读活动，传播国学经典

儒家文化是中国传统文化的主体和核心，经学是儒家文化的重要组成部分。西安文庙（碑林）藏有丰富的儒家石刻经典，如碑林博物馆藏的刻于唐文宗大和七年（833年）、完成于开成二年（837年）的《开成石经》目前已成为中国古代保存较为完整的儒家石刻经典，被誉为是我国现存最大、最厚、最重的石质教科书。西安碑林作为中国目前最大的石质宝库，在传播国学经典的过程中拥有得天独厚的天然优势。

① 刘东平：《浅议西安碑林发展保护规划》，载2011年《碑林集刊》（十七），第319页。

因此，要依托西安文庙（碑林）这种丰富的经学教育资源，来开展和举办各种国学经典讲座和诵读活动，使更多的人能够接受国学经典教育。如西安文庙（碑林博物馆）就曾以"弘扬国学，学子祭礼"为主题开展过一系列的教育活动——《论语》诵读、《弟子规》诵读、《诗经》诵读等，通过诵读品味古人的经典词句来感受中华先贤留给我们的智慧和美德，弘扬和传承中华民族的传统美德和崇高品质，激发人们崇尚中华民族美德的思想感情，形成国人良好的道德品质和行为习惯，从而弘扬我们的国学精粹，传承中华传统文化，推动中华文化走向复兴。

创新教育模式和项目，传播优秀传统文化

西安文庙所依附的西安碑林博物馆，已发展成为综合性的大型博物馆，其影响已远远超越陕西省的范围。如何发挥文庙（碑林）的教育功能，使其发挥更大的传播中华优秀传统文化的作用，是西安文庙（碑林）面临的重要问题。"博物馆作为不同文化的熔炉，以巨大的包容性向南来北往的人类群体开放，提供平等的服务，本身就是对人类自身主体地位和创造性的尊重。当代博物馆以完善的公共服务积极参与社会变革，在多元文化交流、共享中推动着社会的和谐进步。"[①]西安文庙（碑林）收藏和展示汉代至民国时期数千座丰富和稀有的碑刻艺术品，成为闻名海内外的"书法渊薮，经史宝库"。这些碑石不仅有着较高的书法艺术价值，其间蕴含着我国丰富的优秀传统文化思想，如忠孝、诚信、孝悌、仁义、勤俭、公廉、民本等，需要弘扬并传承下去。作为集古代文物与现代化于一体的西安文庙和碑林博物馆，应主动融入市场，结合公众的不同文化层次的需求，采取新颖生动

① 李中义：《多元价值观与博物馆公共服务》，载《中国文物报》2013年版。

的活动形式和形象直观的内容，为游客提供趣味性、多样性的贴心服务，不断增强文庙（碑林）教育功能的渗透力和辐射度，努力成为提升公众文化水平的好帮手。

为此，博物馆可以针对不同年龄段、层次、社会角色等观众的需要，以中国书法、汉字、礼教等传统文化为主题，开展有针对性的"微型课堂"，课堂主要围绕和突出文庙（碑林）的内涵和特点，开展诸如书法赏析、汉字品读、名家名碑解读等活动，形成文庙（碑林）独具特色的专题性讲座，满足不同人群学习的需要，以喜闻乐见的形式传承优秀传统文化。西安文庙（碑林）应主动加强与大中小学的合作和交流，探索建立教育实践基地，形成深度化的青少年学生的教学实践长效机制。

此外，可以依托西安文庙（碑林）自身丰富的文化资源，精心策划、积极创设一些题材丰富多样、新颖新奇的临时展览活动，通过特色化、科技化、多元化的陈列宣扬古老的文庙（碑林）文化。如西安文庙（碑林）就曾针对大中专院校、机关、企事业单位、部队、社区等举办过很多场专题化教育活动，如"石台孝经""走进碑林·感悟中国文化""西安碑林与书法艺术""碑林萌宠""翰墨凝香"等，深受广大游客和民众的欢迎和喜爱。许多建筑、艺术、书法、旅游等专业的学生走进文庙和碑林，进行雕塑临摹、古建筑的绘制、石刻书法艺术的欣赏与保护等实践活动。博物馆还每年在暑假定期为中小学生举行"小小讲解员"的活动，学生为游客讲述古老文庙和碑林的故事，从中感受中国优秀历史文化的魅力。博物馆还可以利用现有的馆藏资源，探寻文庙碑帖书法、石刻造像艺术等文化内涵，通过举行书法绘画大赛、汉字探秘、碑林寻宝等活动，真正使古老的碑刻文化

"活起来"。此外，也可以利用现代化的新媒体和网络，打造智慧型的博物馆，打通人与物、线上与线下沟通的障碍，使文庙（碑林）的文化成果和信息以更加便捷、新颖、科技化的形式展现在公众的面前，不断增强对公众教育和熏陶的效果，同时也可使古老的中国传统文化得以有效传承下去。

依托丰富的教育资源，传播儒学文化

文庙是体现和传播中国儒家文化的重要载体，是我国独有的极具特色教育资源。因此，可以依托西安文庙现有的遗存古建筑，发掘文庙的文化信息，推广和传播中国的儒学文化。为此，可以与文联、作协、学校、社区合作，打造一系列与孔子儒家文化有关的参观和游览节目，如举办儒家经典国学班，开展诵读儒家经典文化系列活动；还可以举行孔子文化少年行和孔子文化游学活动，如让青少年学生参与体验穿汉服、读竹简、入泮礼、开笔礼、成人礼等活动，吸引青少年和儿童走进文庙，品读国学经典，感受儒家文化，培养其高尚情操，体验传统儒家文化和现代文明之间的交融与联系。

唐代文庙碑刻

孔子庙堂碑

微臣属书东观，预闻前史。若乃知几其神，惟睿作圣，元妙之境，希夷不测。然则三五迭兴，典坟斯著，神功圣迹，可得言焉。

自肇立书契，初分爻象，委裘垂拱之风，革夏翦商之业。虽复质文殊致，进让罕同，靡不拜洛观河，膺符受命。

名居域中之大，手握天下之图。象雷电以立威刑，法阳春而流惠泽。然后化渐八方，令行四海。

未有偃息乡党，栖迟洙泗，不预帝王之录，远迹胥史之俦。而德侔覆载，明兼日月。道艺微而复显，礼乐弛而更张。

穷理尽性，光前绝后，垂范于百王，遗风于万代。猗欤伟欤！若斯之盛者也！夫子膺五纬之精，踵千年之圣，固天纵以挺质，禀生德而降灵。载诞空桑，自标河海之状；才胜逢掖，克秀尧禹之姿。知微知章，可久可大。

为而不宰，合天道于无言；感而遂通，显至仁于藏用。祖述先圣，宪章往哲。

人其道也，回以孚肖陶钧，也岂埏化，已直帝卷八代，并吞九埏而已哉！虽亚圣邻几之智，仰之而弥远；亡吴霸越之辨，谈之而不及。

于时天历寝微，地维将绝，周室大坏，鲁道日衰，永叹时喜，实思濡足，遂乃降迹中都，俯临司寇。道超三代，止乎季孟之间；羞论五霸，终从大夫之后。

固知栖遑弗已，志在于求仁；危迹从时，义存于拯溺。方且重反淳风，一匡末运。是以载贽以适诸侯，怀宝而游列国。

元览不极，应物如响，辨飞龟于石函，验集隼于金椟。触舟既晓，专车能对，识罔象之在川，明商羊之兴雨。

知来藏往，一以贯之。但否泰有期，达人所以知命；卷舒惟道，明哲所以周身。□里幽忧，方显姬文之德；夏台羁绁，弗累商王之武。陈蔡为幸，斯之谓欤。于是自卫反鲁，删书定乐，赞易道以测精微，修春秋以正□贬。

故能使紫微降光，丹书表瑞，济济焉，洋洋焉，充宇宙而洽幽明，动风□而润江海。

斯皆纪乎竹素，悬诸日月。既而仁兽蜚时，鸣鸟弗至，哲人云逝，峻岳已义。尚使泗水却流，波澜不息，鲁堂馀响，丝竹犹传，非夫体道穷神，至灵知化，其执能与于斯乎？自时厥后，遗芳无绝，法被区中，道济天下。

及金册斯误，玉弩载惊，孔教已焚，秦宗亦坠。汉之元始，永言前烈，□成爰建，用光祀典，魏之黄初，式遵古训，宗圣疏爵，允缵旧章，金行水德亦存斯义。而晦明匪一，屯亨递有，筐□□繫，与时升降，灵宇虚庙，随道废兴。炎精失御，蜂飞□冑起，羽檄交驰，经籍道息。屋壁无藏书之所，阶基绝函丈之容。五礼六乐，翦焉煨烬。重宏至教，允属圣期。大唐运膺九五，基超七百，赫矣王猷，蒸哉景命，鸿名盛烈，无得称焉。皇帝钦明睿哲，参天两地，乃圣乃神，允文允武。经纶云始，时维龙战，爰整戎衣，用扶兴业。神谋不测，妙算无遗，宏济艰难，平台区宇。纳苍生于仁寿，致君道于尧舜。职兼三相，位总六戎，元□乘石之尊，朱户渠门之锡。礼优往代，事逾恒典。于是在三眘命，兆庶乐推，克隆帝道，丕承鸿业。明玉镜以式九围，席萝图而御六辨。寅奉上元，肃恭清庙。宵衣昊食，视膳之礼无方；一日万几，问安之诚弥笃。孝治要道，于斯为大。故能使地平天成，风淳俗厚，日月所照，无思不服。憬彼獯戎，为患自古。周道再兴，仅得中算。汉图方远，才闻下策。徒勤六月之战，侵轶无厌；空尽贰师之兵，凭凌滋甚。皇威所被，犁颣厥角，空山尽漠，归命阙廷，充仞槁街，填委外厩。卅牌以来，未之有也。灵台偃伯，玉关虚候。江海无波，□逢燧息警。非烟浮汉，荣光莫河。□苦矢东归，白环西入。犹且兢怀驭朽，兴眷纳隍；卑宫菲食，轻徭薄赋；斫雕反朴，抵璧藏金；革舄垂风，绨衣表化；历选列辟，旁求遂古；克己思治，曾何等级，于是眇属圣谋，凝心大道，以为括羽成器，必在胶庠，道德润身，皆资学校，翔乃入神妙义，析理微言，厉以四科，明其七教，懿德高风，垂裕斯远。而栋宇弗修，宗祧莫嗣，用纡听览，爰发丝纶。武德九年十二月廿九日，有诏立隋故绍圣侯孔嗣哲子德伦为□圣侯，乃命经营，惟新旧址。万雉斯建，百堵皆兴，揆日占星，式规大壮。凤甍骞其特起，龙桷俨以临空。霞入绮寮，日晖丹槛。□□崇邃，悠悠虚白。图真写状，妙绝人功。象设已陈，肃焉如在。握文履度，复见仪形。凤□寺龙蹲，犹临咫尺。□完尔微笑，若听武城之弦；怡然动色，似闻箫韶之响。□□盛服，既睹仲由；侃侃礼容，仍观卫赐。不疾而速，神其何远？至于仲春令序，时和景淑，皎□璧池，圆流若镜，青葱槐市，总翠成帷。清涤元酒，致敬于兹日；合舞释菜，无绝于终古。皇上以几览余暇，遍该群籍，乃制《金镜述》一篇，永垂鉴戒。极圣人之用心，宏大训之微旨。妙道天文，焕乎毕备。副君胄上嗣之尊，体元良之德。降情儒术，游心经艺。楚诗盛于六义，沛易明于九师。多士伏膺，名儒接武。四海之内，靡然成俗。怀经鼓箧，摄□趋奥。并镜□披，俱餐泉涌。素丝既染，白玉已雕。资覆篑以成山，导涓流而为海。大矣哉！然后知达学之为贵，而宏道之由人也。国子祭酒杨师道等，偃元风于圣世，闻至道于先师，仰彼高山，愿宣盛德。昔者，楚国先贤，尚传风范，荆州文学，犹镌歌颂。况帝京赤县之中，天街黄道之侧，聿兴壮观，用崇明祀，宣文教于六学，阐皇风于千载。安可不赞述徽猷，被之雕篆？乃抗表陈奏，请勒贞碑，爰命庸虚，式扬茂实。敢陈舞咏，乃作铭云：

景纬垂象，川岳成形。挺生圣德，实禀英灵。神凝气秀，月角珠庭。探赜索隐，穷几洞冥。述作爰备，邱坟咸纪。表正十伦，章明四始。系缵羲易，书因鲁史。懿此素王，邈焉高轨。三川削弱，六国从衡。鹑首兵利，龙文鼎轻。天垂伏鼍，海跃长鲸。䐑骸云佩，书燔儒坑。暴光甲叶，退尊大圣。为建□成，膺兹显命。当涂创业，亦崇师敬。胙土锡圭，礼容斯盛。有晋崩离，维倾柱折。礼亡学废，风颓雅缺。戎夏交驰，星分地裂。□藻莫荐，山河已绝。隋风不竞，龟玉沦亡。樽俎弗习，干戈载扬。露□阙里，麦秀邹乡。修文继绝，期之会昌。大唐抚运，率繇王道。赫赫元功，茫茫天造。奄有神器，光临大宝。比踪连陆，追风炎昊。于铄元后，膺图拨乱。天地合德，人神攸赞。麟凤为宝，光华在旦。继圣崇儒，载修轮奂。义堂宏敞，经肆纡萦。重栾雾宿，洞户风清。□开春牖，日隐南荣。锵宏钟律，蹋□□明。容范既备，德音无儿。肃肃升堂，□□让席。猎缨访道，横经请益。帝德儒风，永宣金石。

碑考：《孔子庙堂碑》现陈列于西安碑林博物馆，其原碑由初唐四大家之一的虞世南奉敕撰文并书写，又唐睿宗亲笔篆额，自刻成之后，曾长期屹立在唐代长安城国子监最显要的位置，供朝臣和贵胄子弟们瞻仰。后来，这块珍贵的碑刻被唐末战乱劫难惨遭严重毁坏，直至宋代王彦超据旧拓重新摹刻一石，才让这块千古名碑在西安文庙和碑林的庇佑下得以传承至今。我们现今所看到的宋代重刻的《孔子庙堂碑》高达280厘米，宽110厘米。额题"孔子庙堂之碑"，两行，每行3字，篆书。碑文34行，满行65字，楷书。安祚刻字。

尚书省郎官石记序

夫上天垂象北极，著于文昌，先王建邦南宫，列为会府。六官既辩，四方是则，大总其纲，小持其要，礼乐刑政于是乎达，而王道备矣。圣上至德光被，睿谋广运，提大象以祐生人，躬无为以讽天下。三台淳曜，百辟承宁，动必有成，举无遗策，年和俗厚，千载一时。而犹搜泽茂异，网络俊逸，野罄芳兰，林弹松秀，尽在于周行矣。夫尚书郎二十四司，凡六十一人，上应星纬，中比神仙，咸擅国华，以成台妙。修词致天一之仪，伏奏为朝廷之容，信杞梓之薮泽，衣冠之领袖。顷朝荣初拜，或省美中迁，升降年名，各书厅壁，讹误多矣，总载阙如，非所以传故实、示不朽者矣。今诸公六联同事，三署并时，排金门，蹢华毂，鸾跄凤峙，肩随武接，而不因金谋补其阙典，其于义也，无乃太简乎？左司郎中杨公慎余于是合清论，创新规，征追琢之良工，伐荆蓝之美石，刊刻为记，建于都省之南荣。断自开元二十九年，咸列名于次。且往者不可及，来者不可逃，非责自我，盍取随明。班位以序，昭其度也，丰约从宜，昭其俭也。俾夫金石长固，英华靡绝，不编班固之年，自然成表，未识马卿之赋，已辩同时，不其伟欤。开元二十九年岁次辛巳十月戊寅朔二日己卯建。

朝散大夫行右司员外郎陈九言撰，吴郡张旭书。

碑考：这篇序文对郎官题名刻石的缘起，交代得非常清楚。开元二十九年之前，尚书省各部郎官也有题名，不过是直接墨书于各自厅壁，并无统一的题名刻石。按陈九言序文所说，那些曾题名于厅壁的"诸公"们，当时已经纷纷在朝中身居要职，地位显赫，所谓"排金门，辚华毂，鸾跄凤峙，肩随武接"。于是左司郎中杨慎余根据众议，创建题名刻石，立于"都省之南荣"，即尚书省省都堂之南檐下。不过，这篇序文对刻石本身却语焉不详。尤为奇怪的是，通篇不见"石柱"二字，连一点可供推敲的暗示也没有，着实让人生疑。但并不会影响后人将此作为《郎官石柱》之序，此处将开元二十九年作为《郎官石柱》的初刻时间。此碑现藏于西安碑林博物馆。

宋代文庙碑刻

重修文宣王庙记

观察判官朝散大夫检校尚书工部员外郎兼殿中御史刘从乂撰

（上缺）昭吉书并篆额

昔在先王，法龟图而画卦，降于中古，效鸟迹而成文。吉凶生而爻象生。仁义起□□□□□□□□所以察鬼神之情状，穷天地之变通，考往知来，钩深索隐，则物无遁形矣。是知典坟者，所以复父子之孝慈，正君臣□□法，立言垂范，与时作程，则人知所措矣。非规矩则不能定方圆之用，非准绳则不能质曲直之疑，宪章开八政之源，名教挈五常之器，必由是也。何其盛□，故得国有庠，乡有校，党有序，家有塾。虽设教不伦，其归一揆。譬乎贞筠劲挺，假□羽以滋深；美璞珍奇，成琮璜而益贵。然后□仲尼之道，揭而行之，与日月以俱悬；仲尼之德，推而广之，与江河而同润。辅相皇王之大业，天纵多能，弥纶宇宙之全功，日彰圣绩。其于遗风余烈，贲古辉今，□□复书。昔唐之季也，大盗寻戈，权臣窃命，地维绝纽，八蛮迁胁于东周；天邑成墟，三辅悉奔于南雍。天祐甲子岁，太尉许国□公时为居守，才务葺修，遂移太学并石经于此。露往霜来，雕墙半圮，尘封藓驳，塑像全堕。属吾道之有归，见斯文之不坠，我太师令公禀岳秀川灵之英概，负虎眉犀额之雄标，张智勇以立邦，立诚明而驭下。鸣钟沸鼓，辛勤讨伐之勋；揽辔登车，慷慨澄清之志。皇帝辟统之明年也，念汉五陵之豪族桀骜轻浮，秦四塞之要冲摧埋剽掠，将袪故态，每念难材。闻外牙璋，方思宿将，关中管钥，荐委通贤。一角来而上应玉绳，九苞鸣而动谐金奏。仰分忧寄，旁奉攻条，投惠而民怀，发奸而吏慑。申明狱讼，引决如神，劝课农桑，服勤务本。令出而随如注壑，化行而速如置邮。加以钤阁晓开，剧谈名理，玳筵夜洽，高会英儒。一日因谒灵祠，顾谓宾佐曰：厚禄高官，咸称弟子，赜垣坏宇，孰念宗师？岂□□务通方，不资于国耶？致功成利，无益于民耶？观风吏敛衽而对曰：昔者仲尼生于周之末世，事于鲁之乱邦，长幼失宜，冠婚亡序。繇是删诗书而定礼乐，赞易象而修春秋，扶世导民，劳形役智。卑栖下位则席不暇温，历聘诸侯则车无停响。斥于齐而逐于宋，厄于卫而困于陈，每屈己以救时，欲化风而成俗。昭王厚礼，固轻千社之封，矧寸禄乎？灵公奇待，不顾万钟之粟，矧束脩乎？孟轲所谓生人已来未有如夫子者也，功如是，德如是，岂无益于民乎？岂无资于国乎？我太师令公取制度之规，以模黉舍，量经营之费，遂出俸财。霞张梦奠之楹，粉耀藏书之壁，增华崇丽，眩目惊心。青璅丹梁，见廊庑轩墀之洁；藻扃黼帐，有豆笾庋栋之仪。莫不赋采挥毫，参灵运思。尧身禹状，□神凛凛以如生；月角山庭，画像莘莘而在列。介珪华衮，享王爵于高封；八簋三牲，遵国章于常祀。工徒告毕，庙貌斯严。英旒□□之贤，瞻之如市；揖让周旋之教，靡若从风。里闾焜耀于搢绅，文雅阐扬于洙泗。从义巧亏摛翰，才类编苫，叙美图芳，俾刊贞□，□□课拙，强扣庸音。时大宋建隆三年八月二十五日记。推诚奉义翊戴功臣永兴军节度使管内观察处置等使特进检校太师兼中书令京兆尹上柱国琅琊郡开国公食邑四千五百户实封一千三百户王彦超

安仁祚刻字

碑考：《重修文宣王庙记》碑刻立于北宋建隆三年（962年）。碑高221厘米，宽83厘米。碑文25行，每行48字。该碑文在《金石萃编》中全文著录，且在《类编长安志》《关中金石志》《陕西金石志》等均有著录。该碑现藏于西安碑林博物馆。

大宋永兴军新修宣圣文宣王庙大门记

朝奉郎尚书比部员外郎知制诰知军府兼管内劝农使上轻车都尉赐紫金鱼袋孙仅撰
朝奉郎尚书屯田员外郎通判军府兼管内劝农渠河事上骑都尉赐绯鱼袋冉宗闵书
左班殿直监军资库张格篆额

孔子之道，屈于三代之末，伸于千古之下。故其生也，位□□□，没也，爵极王者。王者之居，自有制度，不壮不丽，则偏下甚矣。是军，古京邑也，斯庙，古国学也。自浚郊建都，降□□府，百司之盛，空余坏垣，三辅之雄，宛若列郡。然而，故地虽易，旧名尚存，是以民到于今或以监名呼之。丁未岁末，仅奉令出守。至止之翌日，举行故事，首趋强仞。次年上丁释奠，□奉苹藻，环视乎内，殆非前闻。石壁外周，既异乎藏书之所，苔碑中立，又殊乎丽牲之贝。至于斋戒之室，讲习之堂，□□之器，三者交阙。加之闬闳不峻，阛阓俯近，陋类晏宅，陋同颜巷。因退思之：文举相北海，旌康成之门衡，孝若游朕□，颂曼倩之祠宇，况儒宫先觉，圣域元龟，百代所宗，万民取则，虽未能更诸爽垲，极乎轮奂，□可坐视其卑庳而不为之改张者耶？乃审制度以造俎豆，由是祭器列焉；乃限嚣尘以严启闭，由是重门辟焉；□□□袤以建厅事，由是洗心者肃焉，解颐者革焉。巍巍乎高，耽耽乎深，俾及门者，趋庭者，升堂者，入室者，摄齐□□□□得，步骤修慹于其外，进退周旋于其内。信可以移四教于风俗，被六艺于人伦，混泾渭于洙泗之流，变□□□□□之地。功既毕，会国家采诗书之义草封禅之□，既检玉于介丘，□□□□阙里。寅奉祀典，顺考礼文，因开元之旧，封增庙讳，圣之新号，徽名允

洽□咸傅惟新，傥门间未崇，则牌□□□□□幽情有引必先。不然，伺缮完修饰，迎合天意之如此？昔鲁恭王闻金石之韵，旧宅载存，钟□□□□□□尺壁思睹□之今日，宁后古人？考室有期，正辞无愧。庶后之观者知元后之勃兴，吾道守臣之诞□诏条，岂独效春秋家流。谨（以下缺）

大中祥符二□□□己酉六月甲申朔十一月甲午立。

碑考：北宋大中祥符二年（1009年）刻。碑高278厘米，宽92厘米。碑文22行，每行44字。《金石萃编》录其全文，《关中金石记》《陕西金石志》等有著录。此碑现藏于西安碑林博物馆。

京兆府小学规

乡贡进士裴祃书

大理寺丞签署观察判官厅公事专管勾府学李緵篆额

府学榜准使帖指挥于宣圣庙内置立小学，所有合行事件须专指挥。

一应生徒入小学，并须先见教授，投家状并本家尊属保状，其保状内须声说情愿令男或弟侄之类入小学听读，委得令某甲一依学内规矩施行，申学官押署后上簿拘管。

一于生徒内选差学长二人至四人，传授诸生艺业及点检过犯。

一教授每日讲说经书三两纸，授诸生所诵经书文句音义，题所学书字样，出所课诗赋题目，撰所对属诗句，择所记故事。

一讲生学课分为三等：

第一等

每日抽签问所听经义三道，念书一二百字，学书十行，吟五七言古律诗一首，三日试赋一首或四韵，看赋一道，看史三五纸内记故事三条。

第二等

每日念书约一百字，学书十行，吟诗一绝，对属一联，念赋二韵，记故事一件。

第三等

每日念书五七十字，学书十行，念诗一首。

西安文庙研究

一应生徒有过犯，并量事大小行罚。年十五有下，行扑挞之法，年十五以下，罚钱充学内公用。仍令学长上簿学官教授通押。

行止逾违，盗博斗讼，不告出入，毁弃书籍，画书窗壁，损坏器物，互相往来，课试不了，戏玩喧哗。

一应生徒依府学规，岁时给假，各有日限。如妄求假告，及请假违限，并关报本家尊属，仍依例行罚。

右事须给榜小学告示，各令知委。以前件如前。至和元年四月日。

权府学教授蒲宗孟

府学说书兼教授裴渎

秘书丞通判军府兼管内劝农事提举府学韩绛

尚书比部员外郎通判军府兼管内劝农事提举府学薛俅

忠武军节度使特进检校太尉知军府事文

本学教授兼说书草泽任民师、三峰进士李邵管勾立石丰邑樊仲刻

碑考：北宋至和元年（1054年）刻于宋《篆书目录偏旁字源》碑阴。碑高300厘米，宽99厘米。碑文分为4截，各18行，每行7字。《金石萃编》录其全文，《关中金石志》《寰宇访碑录》《陕西金石志》等有著录。此碑现藏于西安碑林博物馆。

金代文庙碑刻

京兆府重修府学记

三代之治莫隆于周，蔼蔼王多吉士，维君子使媚于天子。后世追仰风猷，常叹其不及者，何耶？世态淳于前而浇于后也，非任务兴于古而衰于今也。盖以庠序学校之设，成于当时者备，涵濡长养之方尽于其道也。人故教化有所格，器质有所就，而贤人众多能为邦家立太平之基也，岂以浇淳兴衰有前后 古今之异哉？晚周东驾，王室衰微。吾夫子恚圣人之道熄，删诗书，定礼乐，赞易道，述春秋，皇皇然辙环天下，历聘诸国。以微言大义垂世立教，授三千之徒于洙泗之间，祖述尧

舜，宪章文武，薪帝王之道，坦明于时，仰民夈共赐了万世之后。呜呼，其然大卜后世之重如此，至于叹凤鸟之不至，泣麟出之非时，岂独为一身而已哉！暨乎梦奠两楹，异端并起，继以秦焚汉滥，得毁烬之余者不绝如线。当是时也，微吾夫子之道，其谁与归？斯所以明君哲后有意帝王之治者，莫不诏郡县立学，春秋享先圣先师于庙焉。京兆旧学，在府城之坤维，地非亢爽。前宋崇宁二年，命郡县建学，以宾兴贤能。府帅枢密直学士虞公策承命诣学，谓诸生曰：鲁修泮宫，有思乐泮水、薄采其芹之颂，是知泮水以育人才也。今府城之东南隅，水易就下，地且文明，欲改卜其处可乎？诸生怡然曰：诺。乃范湖州规制，经营建立。庙学之成，总五百楹，宏模廓度，伟冠一时。水润木阴，清泠懋郁，儒衣冠而入者日不啻千人，弦诵之声，洞彻霄汉。厥后学古入官，贡名于桂籍，登书与天府者，未薪一二数也。自罹兵革，残毁几尽。贞元乙亥岁，河间韩公希甫亚尹京兆。视事之三日，谒奠于文宣王。酌献礼毕，见诸生于学，喟然叹曰：我国家经文纬武，进用贤能，每三岁设科，以经史取士，乡升之府，府升之朝，而皇帝临轩，赋业见贤焉，然后用之，诚夸越夐古之治也。谨按尚书省批送礼部节文，应有宣圣庙去处，即便修整。今此庙貌倾圮，黉宇颓弊，何以仰副明天子作成之意？遂即议于府尹完颜公胡女，遵奉朝廷之命，鸠工计役。拾堕瓦于废基，抡坚材于坏屋，新寝祠而重偶像，创修廊而绘列贤。师儒讲诵之有堂，生员居处之有庐，以至斋祭之室，庖湢之所，各有其序。补苴罅漏，剔秽治芜，期年而成。韩公又出己俸，重修祭器，俎豆之属，大率皆备，乃延诸生入学隶业。仍与漕使李公、同知张公、副使周公暨注幕属共议，申敕朝廷养士，著令具馔焉。继而府推张公仲堪，下车提领教纲，力赞其务。而又府判毕公栐，入幕之初，首督斯举，能事于是。毕矣，学正来昌国师其徒请于栗。栗以鄙陋少文屡辞，屡属，牢不可让，且告之曰：在昔，宗周作都丰镐，人材萃出，一本于学，故诗人谓文王曰：于乐辟雍；谓武王曰：镐京辟雍；以至：世之不显，厥犹翼翼，思皇多士，生此王国，王国克生，维周之桢，济济多士，文王以宁。且京兆处宗周之域，被文物之化，熏陶渐渍，数千百载之后，风声气俗宜乎不改。今诸公克承朝廷美意，主张吾道，重建庙学，岂非翼翼然思皇多士复生，我国家如文王时耶？勒铭金石，不足以以美于上。诸生当勉学夫子之道，外则孝于其亲，友于兄弟；出则忠于其君，施于有政，抱道怀德，升名仕版，为当世之显儒。远不忝宗周习俗之美，仰不负吾皇乐育之诚，俯不愧诸公主张之德，使诸公异时闻诸生行业于庙堂之上，美复有慊于心欤？大金正隆二年十一月十有五日京兆前进士李栗谨记。

碑考：《京兆府重修府学记》刻于金正隆二年（1157年）。碑高168厘米，宽77厘米。碑文30行，每行70字。《金石萃编》录其全文，《类编长安志》《关中金石志》《寰宇访碑录》《陕西金石志》等均有著录。此碑现藏于西安碑林博物馆。

重修碑院七贤堂记

京兆府学乃唐之太学，暨前宋崇宁岁迁于此地。宣圣殿后，旧有玄宗序注孝经石台并文宗群经碑院一区。昨自刘宋扰攘，饥馑连迹，继踵学士解散，宣圣庙宇，迨为草莽。彼所谓石经者，虽森然壁立，而严霜烈日，暴其燥烁，淫风涕雨，饱其渐渍，苍苔翠藓之斓斑，牧童樵子之□琢，逾二十载，几不免湮没于荆榛瓦砾间。会前河中府同知府尹耶律公隆，陕西东路转运使副使周公维甫，被命监修利用。监日二公恭谒庙貌，叹其□露，爰命匠民相与计度，宏模廓度，逾越旧制者一百三十有六椽。而耶律公……周……给，总判吕公应熊，府判毕公棣，户判田公彦皋，度判孙公鼎年，……时复诣学助其犒劳，望日……总管，由是鸠工并力，自春徂夏。钉头雨集，柱脚云矗，栋影……风，四廊彩膜，远延瑞雾。而蝌蚪篆隶，龟趺龙首之属，乃始……余標，工才过半，而……前后瞩望，烂然一新，可谓能始能终者也。初……学舍，人人以为莫大之美。至是二公之绩特与争辉噫……坚石冀传之不朽，公乃加之以翚飞跋翼，使蔽臁而……不朽之典传无穷矣。谊忝诸儒列，亲见美事，未容缄默，敢……辰采实而书之。学谕曹谊谨记并立石，进士郭孝忠书丹。……书宋端弼，直学王丙，学正来昌国。

碑考：此碑刻于金正隆五年（1160年）。目前此碑已残缺不全，高134厘米，宽82厘米。碑文后半部缺损严重。《寰宇访碑录》有著录，此碑现藏于西安碑林博物馆。

大金重修府学敕赐之碑

奉天杨焕书

征事郎张邦彦篆额

盖闻扰攘之后，必有惟新之图；忧患之余，必有增益之智。不然，安得勋高前古，措世隆平者哉？我国应天顺民，虽马上得天下，然列圣继承，一道相授，以开设学校为急务，以爱养人才为家法，以策论词赋经义为擢贤之首。天涵地育，磨砺而成就之。是以将相全材磊落间出，其大者俊伟雄杰，光华汗简，其次者犹能以谨朴廉洁自重。从源徂流，号称多士，郁郁彬彬，追踪三代。及乎妖孽缠次，氛翳元都，素教皇风，开阐未暇。仰惟行省参政金源完颜郡公，卓然忠节，深结主知，名高建武之功臣，亲沐贞观之政化。英风义概，北伐南征，沙漠江淮，咸名大震。轻裘缓带，歌雅投壶，硕德元勋，超今迈古。军国议余，乃会参政知府石盖公、尚书张公暨潭府英髦而谓曰：自兵凶以来，贵胄氏族子弟流离关中者为多，伍庸隶，侪浮民，恣意于蒲博弹戈之间，相与扇愚为恶，未见能善其后也。事有似缓而急者，其此之谓乎？闻之府庠赡士田舍，皆前贤清俸所营，吝而弗与，何以副明天子崇儒设学之意？乃发廪粟，出帑资，以为斋盐之费而教育之，虑规矩之不肃，以行省郎中宏文裴满蒲先、外郎集贤上党张士贵、都事裴满世论，龙山高谊，柱石庙堂，著龟帷幄，胸中万卷书，笔下数千言，道学渊源，为世摹范，俾提举焉。奉政兀颜德正、承直郖邦用，皆当世闻人，老于学问，俾教授焉。于是檄有司督工役，支倾补缺，联断洗昏，植踣碑于芃草，基废址于蒴蔬。殿宇翚飞，石经堵立，斋厨廊庑，焕然一新，济济乎，洋洋乎，聚秀异而诲焉。易以经之，礼以纬之，诗书以成之，春秋以断之，标准语孟，鼓吹韩柳，博采于历代史氏。日渐月滋，作为文章，华国藩身，厥绩茂矣。可谓过晁董，丽卿云，诚贯道之器，异夫雕花草而状风云也。每月旦，二公洎学宫，锁院私试择椽属，平衡下，蚩妍即辨，铢两不差。士子得占榜者，同华衮之赐，其勉励又可知己。屡以省酝百壶见赐，助醉经之余旨，讲乡射之遗风，酌唐虞薰酿，味周孔醇厚，斥诸子之浇漓，黜老庄之淡泊，吸幽挹玄，发为英华，陶然于洪均之中，岂设醴之比哉。将见直玉堂，待金马，谋王体，断国论，诏感卒泣，檄愈头风，一书下燕国，三箭定天山，孰谓秦无人也。诸生其勉旃，勿负我良相贤大夫教养作成之意。正大二年十二月中浣日蒙泉刘渭谨记。

直学元善长、张师德，学录关听，学正安济，直学蒲察贞固、颜盎公直，学录蒲鲜元庆，学正蒲察成

朝列大夫长安县令赐紫金鱼袋范昂霄、少中大夫咸宁县令赐紫金鱼袋纥石烈阿邻督役

宣武将军录判张和、奉国上将军录判完颜得哥、宣武将军京兆府录事孙立立石

承直郎省差教授赐绯鱼袋郅邦用、奉政大夫京兆府教授赐绯鱼袋兀颜德正立石

碑考：此碑刻于金正大二年（1225年）。该碑高235厘米，宽86厘米。碑文28行，每行48字。《金石萃编》录其全文，《类编长安志》《关中金石记》《寰宇访碑录》《陕西金石志》等有著录。此碑现藏于西安碑林博物馆。

元代文庙碑刻

大元国京兆府重修宣圣庙记

前陕西□□行尚书省左右司郎中徐琰撰

古之教者，家有塾，党有庠，术有序，国有学。凡始□□□□学，必□□□□奠于先圣先师，故学必有庙。后世以孔子为先圣，颜孟为先师，冉闵而下救人益以曾子为十哲，皆侍坐而配享焉。自余六十一弟子及左丘明、公羊高、孔安国、刘□、荀□、杨雄、郑元、王弼之等二十四大儒，绘于两庑，春秋二仲月日取上丁祀，用王者事。自天子京师，达于郡邑，咸遵此制，唐以来莫之或废也。金季板荡，中原丘墟，所在庙学，例为灰烬。大元开创，抚有方夏，谓生民不可一日无教，孔子不可一日无祀所，首命东诸侯岁□□平益□济南历日银□宣圣庙于兖州曲阜之厥里，其他郡邑，起废之议未遑及之。然修之与否，各在其土□贤不贤、为不为耳。京□旧有宣圣庙，辛卯弃城，殿宇倾颓，总管田侯，护持仅存。甲辰岁，征南先锋使夹谷公□□扈国昌言，慨然以修复自任。既葺正殿，复起二门，工粗毕而力不继。又

十余年，平章廉公，参政商公宣抚陕□，乃为构其两庑，绘事未讫，二公八相。□转运使□公假馆于学也，率□属傴工为图之。年岁既久，后就者虽新，而先成者已复坏矣。正殿□建，建制□□，材植挠弱，天雨浸□，上栋为之腐败，□床之漏，适当黼□，学之师生，蹙额仰视，无以措手。教授李庭腾书有司，走谒当路，遑遑焉，汲汲焉，若不能一朝居者。时陕西四川行尚书省平章廉公属有疆场之事，驻□巴蜀。□省正奉严公视时之明日，只谒庙下，徘徊顾瞻，已而叹曰：今夫为教于世者三，而吾夫子居其一，彼二教者何其崇敬之甚也，且以一□□□宝□琳宫，金碧□□，舳棱相望，介于民□□□□者□数区，少犹不减二三。一县凡几乡，一州凡几县，一府凡几州，合而言之，则不可胜计矣。京兆独辖八州，□□□台□□□是秦□九道□之以为风化□□□□宣圣一庙，方之二家不为过分，而狼藉若此，食人之德，袭人之教，游于其门者，宁□愧于心欤？其议所以□葺之□□□俸聊□经□，且以为诸公倡。于是省府僚吏暨在学儒生，莫不欣然赞叹，咸愿出钱而助之。会平展赛公之檄至，许以栾材，别廪余□糯米三伯石□□通计□□。所鸠之赀，总为钱二千□□缗。以新易旧，以崇易庳，□徙藏事，绰绰然有余裕矣。命京兆总管府判寇君元德董其役，经始于至元七年之冬，断手于明年之夏。□大成殿为七楹，高其□□□□□□乃命工更塑先圣先师及从祀者十人之像。内外二门，榱□尤甚，悉从改作。石台孝经，唐明皇之御书也，为之起楼以贮□。石刻九经，开成间之故物也，为□架□以庥之。又作二堂于大门之内，东□先正七贤之祠，西则亭□斋居之次，祭器有库，烹饪有厨，□其坛槐，其市缭垣、疏屏、□窗、绰楔、丹膜之华，涂墍之饰，无所不用其力。虽皆严公之指授而纲维□□是修饰之，润色之，判府寇君之功为多。爰择吉日，舍莱告成，诸生济济，骏奔在庙。礼殿高明，法庭宽敞，周庑深□，重门洞彻，箧豆有嘉，笙镛间作，进退周旋，登降揖让，三献而退。邑里之民，观礼识古，刮耳刮目，愉愉怿怿，有感道怀和之意。既卒事，教授先生招诸生立馆下诲之曰：汝知行台诸相作新斯庙之本旨乎？非直为观美也，盖以懿德之人，非学无以就之，人伦之人，非学无以明之，选秀俊造之资之在人，非学无以辨论之。有民则有学，有学则有庙，庙以致墙羹之思，学以囿渐摩之域，其所由来尚矣。秦中自古帝王之都，首善之制，历代相承，人才之盛，号为渊薮，风声气习，薰醸涵浸，视他道为独异。于论鼓钟，以乐辟雍，有周之典也。继之以蔼蔼，王多吉士，惟君子使媚于天子，开设学校，旁求儒雅，以阐大猷，西汉之规也。终之于数路□人，文武并兴，名臣辈出，增筑□舍千二百区，鼓箧升筵八千余士，大唐之则也。卒之以积学成功，□谈辩治，邈有其人，光乎信史，曰宋曰金。篷迹于泮宫，登名于天府，□传记所载，曾不让乎邹鲁，□□素教之效。方今圣天子孜孜求治，网络贤俊，郡国文学，妙龄秀发之士，朝取一人焉，拔其尤，暮取一人焉，拔其尤。□□台阁，安置殆遍，自关以东，无郡无之，独吾京兆未有一人应诏者。非天降材尔殊，是亦教诲涵养敦劝之不至也。行台诸相增崇庙学，其意如此。窃□□□□儒□国家宽恤之典，世世复其家，无茧丝之供，无过践之徭，饱食暖衣，恣其读书，业稍精，行稍□，官□禄之矣。□□谓儒于道最高，乃今始知为不妄，何惮而不自□哉。庙之不葺，有官君子□其责而塞之矣；学之不讲，吾与汝曹之事也，诸君幸努力焉。东平徐琰在侧，适闻其语，请志于石以为重修庙记，先生曰：诺，于是乎书。至元十三年九月昭勇大将军京兆路总管兼府尹诸军奥鲁总领营缮使司大使赵炳立石，诸刊石人山东刘彬。

碑考：《大元国京兆府重修宣圣庙记》刻于元至元十三年（1276年）。碑高250厘米，宽96厘米。碑文31行，每行62字。《陕西金石志》《金石萃编未科稿》录其全文，《类编长安志》等有著录。此碑现藏于西安碑林博物馆。

大元重修宣圣庙记

前征士陕西诸道行御史台治书侍御史董立撰
资善大夫陕西诸道行御史台治书侍御史董立撰
资善大夫陕西诸道行御史台御史中丞张冲书丹
朝列大夫佥陕西汉中道肃政廉访司事王五篆额

至正二十五年乙巳冬十有一月，耆儒李扩、王及等具事状，礼赞谒粢请曰：吾侪先世，涉金季，归皇元，由亡国末裔为起家始祖，以诵法孔子，获占儒籍，遂复其家，世无所与，若子若弟，幼则群尻庠序，肄业讲学，熏陶德行而涵养气质；

长则乡举里选，抡材辨官，策名大朝而荣居禄位。虽或不学无术而混于农工商贾，亦获免于追呼答诟之辱，奔走服役之劳，视编氓仆仆然日困于里胥社吏之征需者，盖不啻十百倍之相悬也。所以蒙是殊私者，繄谁是赖，实先圣先师道德之余庇也。求其图报于万一者，惟旦望祝釐，春秋释奠，与祭执事，骏奔走在庭，对越在天而已。学之有庙，岁久必圯，失于兴葺，则神不以宇揭处妥，灵将无所依。吾乡庙学，旧在府城坤维，宋崇宁年间改建于此，其规模之大，至五百楹。国初辛卯岁，乱离城弃，殿宇仅存。甲辰岁始葺正殿，起二门。又十余年，当至元十三年丙子，乃大加兴缮。其时国运方亨，纲纪始振，年丰物阜，家给人足，膺分陕之寄者，皆一时名公，前后接武，经营规度，输财发廪，劝相其役，盖历数稔，乃底于成。自时厥后，赡学有田，修庙著令，随毁随葺，事小无记。甲子一周，当至元复号之二年丙子，复增修之，实出于行台群执法之所建白倡率。于时四方无虞，关辅全盛，上自宗王藩镇，下而庶府郡邑，皆发帑割俸以赞襄之，亦逾岁月乃讫，其功距今迨三十年矣。顷因河南盗起，天下兵兴，祸延各乡，横罹荼毒，城市丘墟，黄蒿没野，风雨摧剥，殿宇敝漏，正当先圣神座。加以乱兵屯集庙庭，毁撤户牖，蹂躏阶砌。教授于炳累尝陈情，欲事修治，有司以公私困竭，弗遑暇及。大比取士，适在今年。行省右丞韩元，被总兵檄为知贡举，馆于庠舍，宾兴礼成，进谒于庙，顾瞻庭宇，慨然兴叹，乃飏言曰：吾总兵以文武忠孝职兼将相，任国讨伐，军务倥偬之际，不忘礼文之治，恪遵成宪，增广贡额，网罗俊秀，辅成朝廷侧席求贤之意。此邦为古今都会，而庙学如此，任方面者忍坐视不恤？爰谋于平章台间、平章许国佐、参政谢聚，数公翕然响应，各捐己俸，为诸儒劝。鸠木庀共，计庸给饷凡百。所需取具，一时率掇拾于官府民间之弃余。如以筑城阙之修椽，易大屋之坏椽，衰废寺观之完瓦，补正殿之漏瓦，和泥取造楮币之灰，捣麻用悬门桥之绠，此类不可缕数。物力之出于民者，一司两县肆儒籍者数十家而已。然所输不过数椽，所当止于一夫。兴役于农隙之时，毕功于日至之候，易漫漶为鲜华，变破败为完整。正殿、两庑、仪门、神库、七贤，及二处衣堂、石经廊、孝经亭，梁栋榱桷，门窗阶陛，灿然改观。其主张措画，一出于韩公，督工则镇抚文谅，转输录事王世中，始终经营者，教授于炳也。役大而民不劳，废广而财不损，功速而众不知，斯时斯举，不可无述。涅为之文，以载于石。余窃谓：前丙子兴缮，郎中徐琰记之，后丙子增修，翰林虞集记之。立何人哉，毂继二公之后？固以朴钝辞，而请益坚。因惟未胜冠时，忝厕诸生之末，受教庠学，小宾司酋沈罍爵，执事于庙，曰礼仪之盛，耳声乐之美，其得于观感之间者盖无数也。今老矣，衰病里居，屡经丧乱，当恐惧忧患之余，复睹敬教劝学之举，岂容无言以答其意？爰谂之曰：国家之建学立庙，守臣之营缮兴葺，所以尊尚吾夫子之道也。是道传之文武周公，而垂宪万世，其体则三纲五常，其用则礼乐刑政，其说具于方册，其理根于人心。邠岐丰镐之间，乃文武周公兴行王化之地，去古虽远，遗风尚存。吾党之士，知学其道，惟以入耳存心，蕴之为德行，行之为事业。穷而在下，则进修于一身，达而在上，则化被于所及。无惑于他术，无局于小艺，不以富贵势利荡其心，不以患难忧虞改其操，惟日孜孜，毙而后已。斯不负圣贤垂世立教之功，国家崇儒重道之意，守臣修饬庙貌之勤也。诸儒应之曰：然，斯可以为记矣。遂书以畀之。至正二十六年丙午三月吉日府学众儒户等立石，京兆何惟敬刊。

（碑阴附诸儒户题名录）

碑考：此碑刻于元至正二十六年（1366年）。碑高205厘米，宽93厘米。碑文30行，每行56字。《关中金石记》《寰宇访碑录》有著录。此碑现藏于西安碑林博物馆。

奉元路重修庙学记

翰林侍讲学士通奉大夫知制诰同修国史虞集撰

嘉议大夫礼部尚书王守谦书

中奉大夫陕西诸道行御史台侍御史苏天爵篆额

我国家龙飞塑方，奄有中夏。世祖皇帝既定大统，人文聿兴，学校之设为急务。奉元本京兆，汉唐故都，地望尤重，是以分镇于陕者，平章廉公希宪、参政商公挺、佥事严公忠范，先后作成宣圣庙，儒学于郡东南。有礼殿，有仪门，东西庑为从祀之舍，殿后有石经之亭，唐人石刻附焉。仪门之外有斋宫，外□都宫，有棂星门，此其人嗜也。则东可禄必玦为为行省左右司员外郎，笑记而刻诸石，则至元十三年丙子之岁也。其后陕西行中书省、行台皆治奉元，有司校官治庙学无敢阙失。会岁荐饥，勿遑缮葺。仍改至元之二年，岁在丙子，瞻思贴木儿不花为行台御史，乃建言曰：今岁之有成，民汔小康，礼义之教需此焉。出岁行六十，时其复矣，以更治庙宇为请，且曰：从祀诸贤，如国子监庙制，皆塑像为宜。台端唯而从之。相继以就其功者，则御史李伯述、何执礼、李中、蔡明、安达尔诸君，教授则张冲也。于是陕西行省、行台咸割公用以为之先，豫王闻而资以五千缗，王傅公，巩昌帅府，奉元路泊怯邻、屯田二总管府，下至郡邑，率皆翕从，好义之士闻风劝助者相续。四月命工度材，各给其直，工佣之费，稍廪之给，凡为钞二万缗。如民间之通工易事，无官府之扰，是以明年八月告成，而民不如有是役也。是年二月，官又给费修石经廊庑。五年夏，御史李中又计学廪之赢，修神厨、苍屋、更衣之室及提学官廨。冬，御史蔡明、安达尔更建棂星门。是年，李御史巡行西道，得豪民所侵学田五十余顷，刻石著其疆畔，租入之数，畀之学官。六年，御史燮理溥化司廙，以为学校之政既修，风纪之效为大，使学生姜硕以其事来征予为文以为记。噫，前有徐工之文在，集何敢有所记载于其后乎？而二君知集先雍人也，集其敢不为雍之父兄子弟颂宪台君子之美而纪其成绩，推本关陕道学之自，以成诸君子作成人才之意乎？集闻之兹土也，昔者周公尝治而教之矣，礼乐其具也。出之于宗庙朝廷之上，行之乎学校井田之间，因其秉彝好德之懿，而咏叹夫天命之不已；因夫卦画示人之蕴，而发挥乎变通之无穷；致严于闺门衽席之微，而推至于天地神明之著；致察乎时物衣食之末，而究极乎辅成化育之功。耕禄之均，施之四海而无不准也，祭祀之达，传之子孙而无不保也。三代以降，人文莫过焉。世降俗易，仲尼犹有不复梦见之叹，而况于千载之下乎？汉唐之遗迹无复存者，又何有于教之可言邪？昔二程子得周子之传而起于洛，邵子在焉。横渠张子特起于关中，其学一源也，而尤有意于制作之事焉。程子言有关雎麟趾之意，而后可行周官之法度，此周公之遗意而张子之志业。与正蒙之书，学者受读，订顽之铭，推极乎事亲事大之诚。而程子以为其修辞之不可及，其勇知之所造，非振古之豪杰孰能于此。而其言曰：贫富不均，教养无法，虽欲言治，皆苟而已。议与学者，买田画井，正其经界，不失公家之赋。而立敛法，广储蓄，救灾恤患，厚本抑末，以见先王之遗意，而当今可行也。又曰：今欲以正经为事，自古圣贤莫不由此而始，远者大者有所未及，而可见于家庭见之。又口：学者切须识礼，可以滋养德性，集义养气，盖有所据依，即有常业，可以见诸行事，其端绪可见如此。方是时，关洛相望，表里经纬，孟子以来，亦未有盛于此时者哉。其为言也，衣被天下后世至于今，赖之咏歌周南者，不亦归求而有余乎？世祖皇帝初年，鲁怀许文正公亦尝与师友讲明于斯矣。去之朝廷，儒者之效遂大见于当世，而至元、大德之间，犹有守志厉操之士，高蹈深隐于其乡，朝廷不爱尊位显爵，以延致之，以表式于四方，闻其风而及其门者矣多矣，未必其寂然也。夫其风气四塞之固，土厚而水深，其生人也，质直而忠厚，是以文王、周公之教易行焉。仲尼所以赞筑易，载之于书者，莫非其事，至于关洛诸君子而大明焉，舍此无以为教矣。学于斯者，思周公之为治，以极于孔子之道，因横渠之学而博通乎濂洛之原，则化行俗美，贤才众多，岂不见于雍学而见之乎？诗曰：南台有台，北山有莱，乐只君子，邦家之基。不有圣贤之遗教，则斯焉取斯乎？请以复诸大夫、君子而与其都人士讲焉。至正六年十月望日教授赵蓍等立石。

碑考：此碑刻于元至正六年（1346年）。此碑原碑已不存在，有拓本资料留存。碑文30行，每行62字。《金石萃编未刻稿》《陕西金石志》录其全文，《关中金石记》《寰宇访碑录》等有著录。

府学公据

皇帝圣旨里

皇子安西王令旨里

王相府据京兆路府学教授孟文昌呈照得先钦奉圣旨节文道与陕西等路宣抚司并达鲁花赤管民官管匠人打捕诸头目及诸军马使臣人等：

宣圣庙，国家岁时致祭，诸儒月朔释奠，宜恒令洒扫修洁。今后禁约诸官员、使臣、军马，无得于庙宇内安下或聚集，理问词讼，及亵渎饮宴，管工匠官不得于其中营造，违者治罪。管内凡有书院，亦不得令诸人骚扰，使臣安下。钦此。卑职切见府学成德堂书院地土四至：东至庙，西至泮濠，南至城巷，北至王通判宅。四至内地土及房舍，诚恐日久官司占作廨宇，或邻右人等侵占，乞给付公据事。相府准呈，今给公据付府学收执，仍仰诸官府并使臣军匠人等，钦依圣旨事意，无得骚扰、安下，及邻幽人等，亦不得将府学房舍四至地基侵占。须议出给公据者：一成德堂七间，计五十六椽。东廊一十间，计四十椽。西廊九间，计三十六椽。緘膳厅三间，计一十四椽。厨房三间，计一十二椽。勃海舍三间，计六椽。门屋三间，计一十二椽。门西舍三间，计六椽。又舍三间，计六椽。土地堂一间，计三椽。门东舍二间，计八椽。又旧舍三间，计一十二椽。

一采芹堂七间，计四十二椽。门屋一间，计二椽。

一西院正堂七间，计四十二椽。厨房三间，计一十二椽。

小舍三间，计六椽。

右给付京兆路府学收执，准此。

至元十三年十二月十三日

碑考：此碑刻于元至元十三年（1276年），该碑与《重立文庙诸碑记》同刻一石。碑高156厘米，宽63厘米。碑文21行，每行字数不等。《金石萃编未刻稿》《陕西金石志》录其全文，《关中金石记》等有著录。此碑现藏于西安碑林博物馆。

重立文庙诸碑记

府学正骆天骧书

物生天地间，有象则有滋，有滋则有体。凡物之大小虽异，至于显晦成坏，莫不存乎数。夫石之寓物，盖有形而无情，伐而为碑，刻镌诸文章、字画，垂法后世，兹石之幸者也。不幸而毁折摧仆，人能用术智使合本然之质，实旷代罕遇之奇事也。京兆府学，昔为国子监。石经之次诸碑，它郡所亡有。如秦丞相李斯暨阳冰之小篆，晋右军王羲之行书，唐颜真卿、柳公权、虞世南之真楷，宋郭忠恕、僧梦英之众体，是皆古今昭昭，著人耳目，争先睹之为快者，其毁折摧仆，不知其几年矣，观者叹息，未如之何。一日客僧远方来，自称能炼药补石，时人叹弗如。案牒雷君，因事在庙学，仰瞻殿障之未具，首出净赀，命工增葺而绘饰之，遂试僧术，倡之于前。总管任公，慨然为仆言：予之先世尝以贡士读书是庠，遭乱以殁，予幸复居长安，家稍优饶，有子有孙，岂非由圣人之门、父祖垂裕所致欤？愿卒成胜事。乃备钱百余缗，经费一资于己。俾前代名碑，断者重续，废者载立，得还旧观，皆公之力也。公讳佐，为人诚笃，仕锦院大使。雷君讳时中，字敬之，幼失父，事母尽孝，友爱同气，乡党称之，领提举司案牒。二公乐于向善，在流俗中诚不易得。仆嘉二公用心，喜物数有归，文教复兴之兆，姑书以为乐善之劝，并识岁月云。王府典书京兆路府学教授孟文昌记，大元至元十四年正月望日学录徐鼎、学正董溥立石，府学生王仁刊。

　　碑考：此碑立于元至元十四年（1277年），与《府学公据》碑同刻一石。碑高156厘米，宽63厘米。碑文22行，每行24字。《金石萃编未刻稿》《陕西金石志》录其全文。此碑现藏于西安碑林博物馆。

粤惟泮宫碑

　　粤惟泮宫，宣圣有庙，爰自唐宋，以迄于今。近因兵兴，风摧雨剥，守官者迫于军务，不遑葺理。今年夏，戎事稍戢，监府笃公仲渊独廊庑倾圮，瓦木狼藉，慨然以为：清庙乃安神灵、彰礼教之所，既乏观瞻，孰知企慕。予忝牧是邦，讵忍日就废坠乎？于是率府吏淳暨学官马懿，度材计工，董役敦匠，补罅漏，端欹侧，新腐败，饰漫漶，裁正方隅，崇峻阶陛。经始落成，曾不逾月，殿庑高廊，门庑庖库，焕然一新，若未经毁者焉。由是，虽被坚执锐之士来游来观，莫不知吾道尊崇而加敬礼。呜呼，教化，国家之元气；学校，王政之大本，皆自吾夫子之道而立。公方设抚攘，剖繁制剧，必日诣指画，诚可谓勤于职而知为政所本矣。如诸贤佐又能以公之心为心，乐事劝功，毕集厥绪，尤可嘉尚。况兹奉府，环莅州县数百里，适当礼法况弛之余，俾各守宰咸仰效公勤事务本之意，龟俛承宣，兴文化俗，人人知爱敬有道，尊卑有等，以启其向善之良心者，又自监府公率励而作新也。是宜刻石壁间，姑述其梗概云。前学录李祺记。时至正甲辰秋八月吉日。学正摄教授事马魏学立石开书。

提举司吏樊思奇，直学李弘道，司书刘守谦

笃工府吏学录陈振

从侍郎陕西等处儒学副提举张默

征事郎陕西等处儒学提举寇靖

碑考：此碑刻于元至正二十四年（1364年）。碑高60厘米，宽75厘米。碑文26行，每行20字。此碑为一长方形刻石，并非传统意义上的碑，此碑没有碑额，"粤惟泮宫"为其碑文开首第一句。此碑未见著录。此碑现藏于西安碑林博物馆。

明代文庙碑刻

重修西安府学文庙记

赐进士及第资政大夫户部尚书兼翰林院学士知制诰经筵官淳安商辂撰文

赐进士通议大夫都察院御史钧阳马文升篆额

孔子万世师，凡建学育才，必严庙祀，所以感人心，教化本，诚治道所当先者。西安府学文庙，建自有宋。元至元中，平章廉希宪、参政商孟卿辈缮理一新，学士虞伯生为之记。我朝正统间，都御史陈镒、王文相相继出镇，以庙庞岁久颓敝，尝命有司重加修葺。然规制卑窄仍旧，春秋祭享，乐具既设，或风雨间作，几至废礼。两庑回曲，诸贤像设因以迁就弗序。门厅、厨库、碑亭、文昌、七贤诸祠等咸弗辨。成化戊子，副都御史马君文升巡抚是邦，只谒庙下，顾瞻咨嗟，意图恢拓。时属边方多事，未果。越壬辰秋仲，举释奠礼，适大风雨，殿庞益倾圮。乃谋诸巡按御史苏盛，左布政使朱英，按察使宋有文辈，撤而新之，众议克合。遂令西安知府孙仁，出公帑羡余之积，以市材木，基在官民夫匠□，以供诸役。扩其旧址，首建大成殿七间，崇四丈有五，深五丈，袤九丈有二，两庑各三十间，崇深视殿半之，袤切数倍。次作戟门，又次文昌祠、七贤祠、神厨、斋宿房、泮池，及殿后汉唐石刻之属，旧覆亭宇，咸增新之，饰以丹漆，加以藻绘，高卑大小举以法，无复昔时之陋。经始于癸巳春正月，至秋八月讫工。先是，君以附郭长安、咸宁二学僻从其治，去庙甚远，师生望朔，艰于行礼乃命所司徙长安学于庙之东，咸宁学于庙之北，而府学旧在庙西，是庙岿然居中。檐楹翚飞，庭墀轩豁，遗像肃然，瞻者起敬。金谓此举有关风教，不可无述，君因具事状，走书征记。窃惟孔子之道，万世常行之道也。其大虽包罗天地万类，而其实不离乎彝伦日用之间。如父子之亲，君臣之义，夫妇之别，长幼有序，朋友之信，以至一事物之揭，一言行之发，无非道之所寓。人能循而行之，则人纪以礼，风俗以厚，天下国家可不劳而治矣。学校之设，明此道也。庙貌之立，崇此道也。都宪当训兵御戎之际，而拳拳及此，其知急先务者哉。邦人士继自今由学校而勤讲习之功，因庙貌而起欣慕之意，为子尽孝，为臣尽忠，以求无负圣明之教育，无负都宪之作兴，则风俗有补，治道有赖，而予之言亦预有荣矣。幸相与勉焉。

成化十一年岁次乙未春正月之吉立

碑考：《重修西安府学文庙记》碑刻于明成化十一年（1475年）。碑高495厘米，宽144厘米。碑文20行，每行51字。《陕西金石志》录其全文。此碑现藏于西安碑林博物馆。

西安府重修学庙之碑

赐进士及第前翰林院国史修撰儒林郎经筵官武功康海撰

赐进士出身大中大夫河南布政使司右参政前奉敕整饬临清兵备长安田登撰

赐进士出身大夫河南布政使司左参政前奉敕视学山西咸宁刘储秀书

嘉靖丁亥，海东游华山，道过长安，因谒宣圣庙，观碑洞古刻，见庙瓦渐坏，台陛倾圮，斋堂学舍敝漏弗治，私心感焉。以为当昌隆熙皞之世，公卿大夫谒庙视学，月凡两至，顾皆无能兴心殚力，使前人所为坐致于敝，岂不可太息也。今春赴理省府，过庙私望，则比昔加壮矣。嗟叹久之，乃知为今知西安南埠李侯文极所为。冬十月壬午，李侯以书贻海谓：庙学，成化初修于余公，今六十年。往岁戊子，府尝请于巡抚榆次寇公，将举行矣，值岁灾不果。去年庚寅，巡抚麻城刘公、巡按昆山朱公与藩、臬诸公丞命举行。檐牙榱桷增数尺，覆瓦易以琉璃，阶陛用以石槛，两庑与戟门、棂星，更用新木，改以石柱，坚致工好，大异往观。而牲房、斋宿所，乡贤、名宦祠，及府学圣制箴亭与明伦堂、斋号、膳房，新者创之，谬者正之，敝者理之，罔不焕然即绪。所作止于半载，所费未及千金，夫匠一募于官，财力弗扰于下。同知衡水李君梅，实承委专事者。工用既讫，当以岁月勒之坚石，用告有位，惟君子所不辞也。海惟学校之教，莫备于昌世，倾圮之惨，亦极于近年。盖风俗奢俭相推，而时论倚劘难据，非豪杰之士，高世之见，则鲜不推移于时论亦。惟侯行方而履贞，中融而外煦，岂弟之道，渥被民心，恭俭之风，敦受古训。故政治丕宣，教道明显，余徐之后，厥骖鲜焉。落成之盛大，逾往昔良有繇也。于是为之辞曰：有明聿兴，开我文教，首建庙学，无远弗照。翳此关中，华夏之奥，列郡有八，西安惟要。煌煌学宫，胜国所劭。厥觌弗宏，曷以示效，前哲殚心，聿追来孝。有伟余公，罔不留料。嗣事恢功，铿轰辉耀，物久或磷，我心用悼。历年六十，李侯是绍。有严有翼，允匡允导。吏民不挠，绪业惟懋，理废葺颓，靡思弗到。肇工度材，先事伊校，笃庆宣猷，从民之好。财用有章，力作罔躁，惟兹巨工，倏焉终告。岩岩慧慧，有阅其庙，既隆厥堂，况秩伊号。土有所趋，民得瞻效，弦诵不辍，洋洋浩浩。圣箴在亭，表裏训诂，准古师今，见闻偕妙。日就月将，何窹弗觉。殆多哲人，距止检操。上溯洙泗，克光皇造。诸公具熙，群黎咸跃。刻石志功，君子用朓。于万斯年，永绥常道。

嘉靖十一年岁次壬辰孟冬吉日

赐进士第中顺大夫陕西西安府知府汝南李经，同知洪万立、白镒、刘启东，通判李玦。推官乔瑞，咸宁县知县张敕，长安县知县杨博同立

碑考：《西安府重修学庙之碑》刻于明嘉靖十一年（1532年）。此碑原立于西安文庙，1953年由原陕西省博物馆掩埋于西安碑林院内，现存拓本。此碑文20行，每行76字。《陕西金石志》录其全文，《咸宁长安两县续志》有著录。

陕西西安府县儒学先圣庙重修记

赐进士光禄大夫柱国少保兼太子少保吏部尚书武英殿大学士知制诰经筵国史总裁奉敕总经理重书八朝宝训实录官河间李时撰

赐进士嘉议大夫工部右侍郎苏民篆

赐进士通议大夫巡抚山东都察院右副都御史管楫书

今陕西，古秦雍地也。自抚、按以及藩、臬、闻司，俱杂治于西安郡城。而西安所统州县，唯咸宁、长安倚郭。是西安者，陕西之首郡，而咸宁、长安者，西安之首邑也。郡城在古，九为□□，四为要镇，虽尝一染于强，屡猎于戎，而地势之胜，懿风之遗，固有不可泯者。皇朝开国，树为大藩，规防输给，视他为甚。故论者以今天下诸藩，莫重乎陕西，而陕西列郡，莫重乎西安，信矣。况其土沃，以朦故士之赋者厚；其民殷，以持□故士之出者恒。然其俗庞五而不齐，故士之所趋，犹有未协于一。是以皇朝既建西安府学，以养阖郡之士，而咸宁、长安二县又各有学，以养其邑之士焉。盖欲以此而保其厚，达其恒，以定其不一者也。城一而学三焉，其弗盛矣乎？惟昔孔子，生于周末，尝之四方，欲行其道，读未至秦雍。后代□□□□之主兴于斯，然其时经晦习舛，则孔子之道著于兹者，宜朱大皇朝圣祖神宗以作以遹以兴孔子之道于晦裂舛匡之后。列书著度，尊示甲随，以化九有者，百六十年，遂使孔子之道沛然四达，著于秦雍者，炘炘冯冯。其为大士，皆彬彬然埒齐鲁。矧兹郡邑，既首一藩，则士养于学以观而化者，自当弟诸邑而兄之矣。则孔子亦何少于秦雍之未至乎？然则为庙以寅其祀，为学以袤其徒者，宜备其志矣。今圣天子绍统中兴，唯孔子之道是崇是长，间尝亲极宸思，制为敬一之箴，以扬孔子之道于天下，虽庠序在苊遬者，皆勒贞珉而亭奉之，以章孔子之道之益兴于圣天子，况兹郡邑之学为重藩重者，讵可不日新之乎？嘉靖壬辰，巡抚陕西都御史谒孔子，遂诣三学而周视之。见庙学未备而亭弗新也，乃蹴然进学，□诸生于堂下而问故，则对曰：郡学自宋已在兹矣，二邑学成化辛卯始□□治之西而迁于今庙学左右，载尘肆倾而圮。今三学唯有庙，有庑，有门，有堂，学官赁舍而栖，诸全差寂而肆，盖不适以兹为蘧庐而畴克悰之。都御史曰：嗟，救一方者，予责也，其士之不能救，而况民乎哉？是诚在予也已。顾今兹不熟，其待来兹。越明年癸巳岁登，乃□陕西左布政使曰：庙学之修，以君职之，百用悉取若司美财之在藏者，勿烦于郡邑。布政使遂承都御史意，乃命属曰：官吏府胥正长；乃鸠匠曰：土木金石陶绘；乃会需曰：稍食勿估偿赀；乃茹轨曰：远近崇木广从；乃县法曰：戒令斜禁期约。落乎玄，卒乎事。□□□孔子庙者，为侠垣堵廿，树墉一，疏槛四。修于郡学者，为敬一亭、明伦堂各五栋，正门、次门各三栋，斋室有四，教授、训导廨五区、稟廪、吏屋九栋，横舍为八栋者十有二，燎墉在咸宁者为堵百四十有七，在长安者为堵百十有二。表三坊于外，而各有颜。盖历寻未十，而昔之缺者尽备，故者尽新矣。君子谓是役也，可以见都御史之能崇教而振士焉，可以见布政使之能矢教而重土焉，均为肩采之急，不可不载其详于石也。继自今士之生于兹郡兹邑而养于三学者，其勿剥其厚，勿铄其恒，勿徇其末，一以宏乃器，邃乃业，臧乃政，令乃名，晦则蕴焉，出则施焉，以求不朽乎？孔子之道，斯永有光于都御史、布政使之为是役哉。都御史姓王氏，名尧封，直隶定兴县人，登弘治乙丑进士，雅有誉，实为时名卿。左布政使姓黄名臣，山东济阳县人，登正德辛未进士，由中历外，有声方岳，故能相与崇而矢，振而重，以成兹役也。其他有劳于役者，附其名旅于石之阴。

大明嘉靖十五年岁次丙申春二月吉日西安府知府盐城夏雷立

碑考：此碑刻于明嘉靖十五年（1536年）。此碑原立于西安文庙。1953年由原陕西省博物馆掩埋于西安碑林院内，现存拓本。碑文24行，每行101字。《咸宁长安两县续志》有著录。

重修孔庙石经记

今陕城孔庙，在西安府儒学之左，而石经则列于孔庙之后。世传汉唐之末，兵燹相残，尝弃于野。朱梁时，始移置尚书省之西隅。至宋元祐间，迁于学宫，即今孔庙地也。其云石经，谓所书九经、论语、尔雅、孝经及五经诸籍，海内士大夫重之若珙璧焉。岁月既久，印摹者多，渐有磨灭残阙不可读之疵。左布政使今宁夏巡抚姚公阅之，叹曰：经，所以载道也，字，所以翼经也。文字既残，经籍就敝，道斯因之坠矣。好古之士得一器物，尚珍之以为奇，矧石经乎？乃今瓦砾视之，殆非右人文崇教化意也。遂以其事请于抚、按两台，询于藩、臬诸司，计于府、县，命贤工修复焉。凡点画失真者正之，苔藓污者新之，泐而欲敧者理之，文义断阙者稽群书补之，凡无阅月而石经完。府县以公之盛美不可泯没，谋于前京尹王子记之。王子曰：今所称石经，其中或谓汉之蔡邕，或谓唐之欧阳询。其谓蔡邕者，以邕尝奉诏书五经文字于太学；谓询书者，询在武德贞观时，其书为艺林所推。今考之似矣，然未为得也。夫记载所传，谓邕书备古文、篆、隶六体。今石经则今文隶书一体耳。经之目录定次，咸依本疏，而《礼记》首《月令》，则缘明皇删定之故。且其书避纯，又为宪宗讳也。询当武德贞观之时，宁知预尊宪宗讳乎？即此观之，邕书亡矣，此盖唐人书又未必尽询书也。夫邕值末世，自汉而三国，而两晋，而五胡，神器迁移，迄无宁处，问鼎者有矣，有问石经者乎？斯知邕之书不存者久矣。谓询之书，亦不可尽信也。耀州乔先生曰：唐开成间，文宗刊定石经，集众人所书成之，其佳者则虞、褚、薛之遗意耳。斯言盖得之矣。然善美廉至，亦非近世书家可及，无怪乎海内士大夫重之也。龙马呈象，鸟迹示文，乾坤之灵秘泄焉，圣贤之心神寄焉。鬼神呵护，自有不得废坠者。即如邕之书数百年亡矣，而唐人继之。唐人之书数百年残阙矣，而姚公修复之。安知数百年后不有彰美传盛继姚公而兴起乎？公名继可，河南襄城人。保厘之功著于三辅，句宣之化达于八郡。其伟绩炬赫，有不能殚述者，修复石经则其绪余云尔。是举也，崇文重道，尚友先哲，则先任巡抚都御史王公旋，今赵公可怀，先任巡按御史姚公三让，今连公格。表彰文献，嘉惠后学，则布政使司左布政使王公礼复，先任右布政使李公承式，升任丈公可久，今陈公渠，左参政梅公淳，升任左参议原公一魁，按察司先任副使许公评，先任佥事范公守己，今张公季思，匡公铎。赞襄美意，嘉乐盛举，则西安府升任知府吕君三才，今郭君有金，同知李君承武，高君拱宸，先任刘君廷梅，今李君梦麟，升任通判杜君存，今张君四知，升任推官张君守乾，今左君之宜。伐石纪言，永兹令名，则行取知县咸宁李君生芳，长安荆君州俊，今咸宁李君宗延，长安王君立贤。督视锲刻，则咸、长县丞张鸣雷、张大成，主簿李庄、陈道，隆典史马好义、朱焜。订补残缺，则西安学教授曹光启，训导叶时荣、薛继愚、赵寀、牛国宾、稍—本，咸宁教谕石可大，训导管绎如、杨十庭，长安学训导王元吉、郝邦宰。咸终始其事者，法得备书。

大明万历十七年己丑冬十月上吉

赐进士第嘉议大夫应天府府尹前提督翰林院四夷馆太常寺少卿两京太仆寺卿吏兵二科部给事中赐一品服长安王鹤撰

碑考：此碑刻于明万历十七年（1589年）。碑高214厘米，宽79厘米。碑文共19行，每行72字。此碑未见著录，现藏于西安碑林博物馆。

咸宁长安二县尹修葺文庙记

大哉圣人之道，亡古亡今，不增不损，非晦非显，能为而能不为，爰有律历所不能契者。修道之谓教，则贤者勉焉。故圣人以宣圣为极，道德作万世师，安在无土不王，而庙貌穆穆，匪曰神道设教，实以报德报功焉耳。自有祀典以来，事人人崇，莫之敢辄，有司之骏奔于焉豫矣。是岁之春，抚台刘公，瞻拜庙廷，已而下修葺之令，礼也。督学沈公，讲道堂皇，唯修葺之令是申，职也。咸宁县尹李君，长安县尹沈君，唯修葺之令是从，有司存也。受令以来，属属唯谨，陬日躅吉，庀材鸠工，尤数数躬自周旋于松桧间，指挥厝置一切。工役亦莫不□然趋事，鬒殿宇而两庑，缘门舍而诸厨，缘泮池以及学宫，靡不毕举。丹膑金碧，天□黝纠，炜炜煌煌，若阳若阴，瞠焉悚神，□之悦目，岂乎数仞之墙，俨乎宗庙之美，恍乎百官之富，大哉圣人之道，能令修道者之心恢拓于崇报之坠若此。咸宁丞杨君炅，主簿施君永寿，一日过不敏，曰：二邑君侯有文庙之役也，已告成矣，蕲予下吏，朝夕是从，亦获效其劳。二邑君侯之从事而劼急先也。工不日竣，□所不能罄，且砻石以纪其事，下吏之愿也，公其图之。不敏□之则揖而对曰：大哉孔子，百代景行，步趋者仿佛其心神，私淑者摹拟其遗范。至于荐绅缝掖之士，欲蒲伏者安归乎？归于朝廷也。是故，经之营之□之豆之，则良有司任也，传之述之弦之歌之，则诵法者事也。兹二君之修葺而善也，岂待政教发征期会哉？是心说诚服之谊也，是人子晨昏之节而人臣不敢后君之念也。恶庸言。若夫纪其岁月，以启后人之继修者，不容

诶也，是石亦何可少哉。李君名得中，内乡人。沈君名听之，皆繇贤科而为西安之循良吏。时万历二十二年岁在甲午夏五月上浣之吉

赐进士出身中宪大夫四川按察司兵备副使长安王道统顿首记

修职郎咸宁县县丞前光禄寺良醖署盐事蒲坂杨旲、登仕郎咸宁县主簿泰安施永寿立

碑考：此碑刻于明万历二十二年（1594年）。该碑原立于西安文庙，1953年由原陕西省博物馆掩埋于碑林院内。碑文共20行，每行50字。《陕西金石志》录其全文。

重修儒学碑

天下郡邑学宫建置，必师祀孔庙，制也。凡以重德报功，端表直影，一道术而兴士类也。吾西安居省会，郡一邑二，故学三而庙一。庙当城南门之东，宅巽离中，郡学披而右，咸宁邑治在东，故学亦东，长安邑治在西，学亦在西。东学之东为启圣公祠，庙之后环列古诸石经、石刻，覆以步栏，陆离盘纡，港洞若洞署，俗谓之碑洞。洞后正南面建亭，奉崇敬一箴。而箴之东西学者，各为亭，尊制也。郡学明伦堂后，特峙尊经一阁，典籍藏焉。一庙三学，翼比朋翔，乔木联荫，清泮通流，宏规壮观，良用苦心，而莫知伊始。寻读金石诸记，乃知郡学宋已居此，二邑学则我朝成化中，青神余公会建东西云。嗣后或敝或葺，不可殚记。盖嘉靖壬辰癸巳间，有若都御史定兴王公尧封，布政使济阳黄公臣，知府南埠李公文极，盐城夏公雷，诸大夫辈接踵共济，聿新旧贯。迄今甲子逾周，间或亦有继定兴诸公绸缪堊暨之者，然无志可睹述焉。迩年震圮相继，滋久滋剥，瓦有毁，栋有欹，庳有颓，檐扉陁陊，丹艧尘蚀，遂使愿观宗庙之美者瞻拜成叹，而追诵泮水之什，则远怀思乐矣。于是内乡李公以万历庚寅冬来令咸宁，首谒先师，遍观殿庑，次第东视邑学，问子弟业，过郡学访郡博士，徘徊睥睨问，瞿然兴曰：吁，宫耶墙耶，孰尸其责，今淫鬼丛祠，在在干霄耀日，吾圣人徒专民社，乃不如乡间檀越乎？意渠渠谓此首务当急者。顾曰贤劳，吏治不暇给。会往岁癸巳，淫潦弥时，公私垣舍强半大坏，庙学滋甚。令公益奋然曰：簿书何物？乃迟我首务至此！遂议诸长安令商丘沈

公。时杨文襄公所建正学书院奉正学祠，比连提学道，举需缮完，乃相与共请诸府，府请之道，道俞如请，且嘉令知务云。于是又相与议曰：故事一区护作，二令骈临，今兹不然，庙学东，东令董之，书院西，西令董之便，若夫计徒庸，虑财用，其交赞各半焉。李令公遂得专所事如初愿，乃曰：赋法方便，较若画一，吾民不可重劳，藏金无庸侈贷。娓娓然，翊翊然，心计节缩，身先观率，日惟约己以佐费，减舆仆以济工，丰廪饩以劳匠，取材于市，取甓于陶，取颜于肆，惟勿爽其直。而沈令公亦以其半者集于役也。先殿庑、庭堂、门序，以及牲厨诸舍，若启圣，若名宦、乡贤诸祠，后若箴亭，若石经步栏，次郡学堂斋、横舍，以及门序，若尊经阁，次若东邑学，一视郡学，固不毁者完，欹者直，颓者峙，陁陊者，尘蚀者，巩以密，辉以丽矣。役兴于是岁三月某日，讫以某日。令实戴星出入于舁辇畚镵间，而沈令公且时来加一力。故功成不日，民不知有土功。于乎，观令于邑者，庶事概视诸此。周生曰：宇闻之，圣道不容词赞，圣修必由风起。庙学修，令修职也，修职所以风土也，令职修矣。君师之道存焉，乃于兹修焉，藏焉，息焉，游焉者，倘习敝不自加修，不几上玷数仞墙，下负令乎？故修道谓教，修身为本。且令公日简诸誉髦，与之乐群敬业，敛用肥甘，躬临品藻，意岂直雕缋璅璅章句云而已哉？所贵居肆修业，待问修词，仕宦修政，大遇修大猷，不遇修独行，家修孝弟，国修忠顺，乡党修礼让，修德不修容，修实不修名，修以义不修以利，是谓圣修。令修职望士，愿毕此矣。夫慎修我无能焉，聊告多士，以宣令意。诗云：济济多士，克广德心。令德心也，其克广之。李令公名得中，己丑进士。沈令公名听之，壬辰进士。俞令请而嘉知务者，提学副使乌程沈公季文，西安知府都曹公璜。乐观而赞之成者，同知东阿马公英，井陉李公邦平，麻城罗公树声，通判巴县曾公士毅，推官益都李公时辉。相长吏与有劳绩者，咸宁丞杨君炅，主簿施君永寿。书其凡征余记者，为教授李君果，教谕石君可大、赵君万邦，训导牛君国宾、萧君一本、张君恕、李君凌云、侯君宾王、杨君桔、祁君邦宰、杨君遇春凡十一文学。

　　碑考：此碑已佚，资料出自嘉庆本《咸宁县志·学校志》。其"县学"条下这样记载："万历十八年，知县李得中谒庙视邑学，瓦毁栋欹，慨然动兴废补敝之思，申之提学沈季文，西安知府曹璜，移会长安令沈听之，并文庙、三学因其旧址重加修饬，庙舍焕然改观。周宇为记。"文中录有周宇所作的《重修儒学碑》碑文。根据碑文记载，此碑应立于万历二十二年（1594年）。

奉贤宗建文庙坊亭记

万历辛亥之春，翼圣谬以樗材视学西秦。只谒圣庙，用罄明经，仰台庑之阆阆，瞻乔木之蓁蓁，美咸京之文教，并华岳以嶙峋。尔乃趋出庙门，徘徊泮水，则见一坊□□，两亭旁峙。余横览久之，窃叹兹坊与亭也，气象峥嵘，霞泽云□□，增歙艳于庙貌，益弟于雍桥，而第不知何年经始也。至癸丑冬，抚台李建旆施于雍岐，沛雨露于函谷，下所司清陈牍而后知，坊亭构造，乃万历二十年秦府永寿王府国中尉讳惟□用金四百余两所成也。愍贤宗之已逝，参高义之冠群，檄藩司以□异，属翼圣以撰文。盖章德载于皋谟，扬善象于大有，苟德善之不褒，世焉知所趣取。抚台此举，即虞书周易，励世雄风之意也。翼圣恪遵成命，乃为辞以记之。其辞曰：自鸿蒙始判，两仪肇分，逾绳越契，丘索典坟。虽群圣之载春，然沉奥而烟煴。惟我夫子者，铎响鲁山，经成麟囿，络五典于纮埏，开长夜为白昼。自历代以迄今，崇庙宇而云构。盖夫子天也，尊夫子所以尊天也。悖凶修吉，惠祥逆殃。囷尊而不淑畴，违圣而能昌第。圣教炳晃，习俗易流，阴瞳溅漓，滔滔可忧。刿夫天潢之派，世禄之家，每怙侈而敝化，易席宠而矜侉。谁能景行圣道，脱埃塕而出纷华？惟兹圣宗，赋性超然，钦崇夫子，如尊昊天。于是捐金四百有奇，于庙门外特构一坊，上书："太和元气"。坊之左右，各建碑亭，左书："道妙时中百代斯文之主"，右书："德弘参赞万年儒教之宗"。其坊则□□屹立，彧彧华滋，势铁鉴而轩鬄，彩灌濩以陆离，飞□彤之绣楣，烂楗鸟之瑰奇。其碑亭则丹绮□□，文藻婷敷，影横清泮，照耀绅儒。斯诚华标之峥嵘，庙门之壮观也。嗟嗟世人趋利，有如江河，潜迤淡漫，谁能不波？黄金四百，亦云孔多，君然弃掷而不恤，何其傲傥而巍峨。圣益旷度，揣其游神，岂非眦臧人间之蟥蟥，扈绉圣道以为珍，晞泰山以企想，眇沧海而尘。不然，胡为捐人所不能捐，而为人所不能为，有如斯乎？昔沧浪歌手孺子，采掇动于尼□。斯固明藩之盛事，实乃贤达所心孚。假令为诸生者而□

其趣，则将断放利之意，息□刀之求，惟□兰儿□□，正启乐而先忧。义使诸生将志莅官而钦其风，则将等阿堵如瓦砾，励廉贞其若水，方饕冰而噙霞，岂瘠民而肥己。然则贤宗之为此举也，鸶鸶焱举兮万里，虬蟓□躞跇兮忽□。夫且洒濯乎人心，匪直媵蔚乎宫墙。身已没而事未纪，良可为之歔伤。抚台慨慕而欣赏，敞心仰高而倾芳，爰□兔颖，副以墨卿，只赋其事，镂石用旌。庶几乎此高义于不朽，挽世教于明万历甲寅季夏吉日。

奉国中尉男怀□、孙敬□

赐进士第提督学校陕西按察司副司洪翼圣撰

陕西等处承宣布政使王舜鼎，右参政史允中，副使兼右参议史文焕

陕西等处提刑按察使熊应占，副使陈鸣睿

西安府知府杨邦宪，同知毕如松、伍维新，通判白镞，推官程策

咸宁县知县张允第

长安县知县李烨然、府学教授贾重□同立石

西安府生员□□□

碑考：此碑刻于明万历四十二年（1614年）。原碑立于西安文庙，1953年由原陕西省博物馆掩埋于碑林院内，现存拓本。碑文共25行，每行72字。《咸宁长安两县续志》著录全文。

重修庙学记

赐进士第通政司右参议前户科右给事中咸宁王绍徽撰

钦察提督学校陕西等处提刑按察司副使夏邑梁鼎贤重修会省文庙，府县三学，建自宋元，其故址居城东南隅，地称形胜，人文蔚起。二百五十年来，其缮葺各有记存，秩祀严备。历时既久，土木败蠹，庙貌弗饬，学舍相次颓塌，弦诵乐育之区，几于附赘，风气日漓，青衿之士进去诎焉。先是，学士大夫，孝廉茂才，数请当事新之，思振起式微。会夏邑梁公领郡此土，岁时谒奠文庙，眷怀圮敝，隐文治之未朗，谓宜如前请。乃檄咸宁尹丁，长安署篆，郡丞伍，纠役徒，料木壁丹膲，

记非数千缗不可。适当上下告匮，无所取办，于是周记帑中，得库贮各属扣解缺廪银壹仟贰陆两有奇。居胥请之，院司俱报，可。遴选府知事潘善督文庙、府学工，咸宁丞张待礼、长安丞郭知彰督两县儒学工。公复亲莅视之而即工焉。于力历四十六年孟夏肇工，增陴营缮，先庙堂门庑，次祠斋廨舍，次棂星泮壁，与夫庖廪厨库之属，并协殚厥□，次第大饬其旧。榱敝者□，栋挠者易，垣倾者筑，路秽者辟。又增修云路于府学门外，层台南向，高可登览。并丹垩两旁坊牌，新建碑亭，规模益拓宏丽，风气攸完。越明年仲春告成，数十年之废，一朝具兴。是知昌明之运启于一方，亦有其时，非偶然也。邑大夫相与骏奔，歌舞其中，谓公实妥我圣灵，大造人士，思勒伐用垂不朽，而征记有余。余追维西安，固成周旧地。当文武时，家有塾，党有庠，无地非学。故其教洽丰镐，思皇辈出，蔚为国桢，迄千载不泯。迨我明以来，章缝之士，被服成俗，家诗书而户礼乐，其襄南宫之举，与公车之上，累累右贯，勋名昭揭，齐轨前辙，思皇而桢国者，犹周也。迩来因循固陋，流习失真，其文采著，升进之数，于昔不无少□矣。堂故具在，尔邦人士所扼腕也。窃意山川之气，不尽于宣泄，则将有所储，以钟其灵淑。今天子申饬功令，广厉学官，弟子一时首先丰芑，矧又身值文翁、吴公为之师帅，广薪樵而辟周行，固尔千载一时已。夫事有启而兴有兆，而合士躬逢于今，宜何如矜奋昔先王之教，务以性命相期，使天下自得乎性而还其质，出则效其实，处则植其表，其为道也贵，为文也尊。今世学士，溺于见闻，支离糟粕，修身正心真切之学废，而训诂词章之习滋，多骈藻饰，黠慧□捷，而先王之文澌尽矣。明体□用，安所取给，其所关离合大数，良不外是。夫宫室敝，必改新之，而后可观；学术敝而必改新之，而后可久。梁公以前郡守，复督学关西，近所程量取士，一准诸先生之正鹄，而不少徇源流。正学溯于前，修业固有其人焉。传曰：不有废也，孰能兴之。夫修业有力而遵道有仪，其在斯乎，其在斯乎？余因建学造士之意，敢并及之，以俟游斯地者览焉。是役也，文庙、府学公用金柒佰壹拾柒两有奇，两县学共用金叁佰玖两有奇。额给不足，复于募夫银两申请，共动银壹佰壹拾玖两有奇。云路两旁坊牌、碑亭，共用前樽节支剩金柒佰捌两有奇。梁公工未迄，升本省提学副使。嗣郡守陈并先署印，郡丞潘锺继始迄功，先后协力经营。咸宁尹丁，长安尹李，其功俱可述矣。

万历岁次庚申仲秋吉日

西安知府陈并先，同知潘达、伍维新、吴之才，通判苏桂，推官金新祚

咸宁县知县丁流芳

长安县知县李□茂

督工：知事潘善，咸宁县丞张待礼，长安县丞郭知彰

西安府儒学教授郭胜基，训导刘涝、杨多学、王涎

咸宁县儒学教谕杨可大，训导关世教

长安县儒学教谕王宪，训导景文秀、李应祥同立石

西安府学生员李光辉书篆

碑考：此碑刻于明万历四十八年（1620年）。原碑立于西安文庙，1953年由陕西省博物馆掩埋于西安碑林院内，现存拓本。此碑文共22行，每行78字。此碑未见著录。

重修文庙碑记

丙子秋八月，营大成殿，厥工既成，廊、庑、亭、祠、门、坊、池、阁各如其制。时藩、臬诸长偕太守司李襄乃事者，咸诣余，谓当纪言以示来兹。余曰：此诸君子之绩也，余不毂且嘉赖，再谢不敏。诸君子以余实倡斯举，益复请，余不能辞，乃为之记曰：

国家立太庙，即立文庙，檄郡县春秋享礼至隆也。诸君亦知文之所以为文乎？自鸟迹代绳，文字始炳，炎皞遗事，记在三坟。溯唐虞则焕乎称盛，援成周则郁哉可从，此政化贵文之征也。大人虎变其文则炳，君子豹变其文则蔚，此饬身贵文之征也。然则熔殖六籍，金声玉振，写天地之辉光，晓兆民之耳目，可不问其宗主哉？汉高帝马上定天下，过鲁以大牢祀孔子，千古美之。唐宋令主，以蹑其徽。我朝正师礼，寻易木主，经大儒条定精且详，是以淑古修行，名贤辈出。关以西为理学渊薮，数年前，少墟冯氏尚能诠明绝学，以训释多士，则文教之所流亦且远矣。比年秦大饥，萑苇作难，汲汲治武备不遑，虽率循故事祀春秋，而庙貌浸圮，顾瞻

不扬，文事遂衰。余巡兹事，心窃痛之。谓士人诵法孔子，无所观感，而恍然见诸羹，见诸墙，此上士也，岂可多得。太史公过阙里，观孔子车服礼器，则心向往之。故入庙思敬，治身之要言也。若徘徊几楹之下，周旋俎豆之间，而无所以示观瞻，易耳目，则名教之□沴不光亦已甚矣，而况乎为禋祀之大典也哉。余于是出俸金百，以告诸一时同志，司、道、府、厅以及州县长吏，咸允乃心，各捐俸金有差，不借官帑一锱，民间一力，而大工毕。其殿七楹，东西庑各十九楹，启圣三楹，覆以琉璃，坚以材木，饰以丹垩。而棂星门、戟门、敬一厅、碑亭、牌坊，悉比于旧，焕丽有加。尊经阁峙于后，泮池带于前，祭祀之具，各瞻其物。自棂星门而入，池深而宇崇，如见阙里焉，见车服焉，见礼器焉。多士于此见羹见墙，以对越尼山之灵，追关西先辈之盛，岂偶然哉？落成之日，会军师克捷，获伪王献俘，余乃为之赓泮水之诗曰：既作泮宫，淮夷攸服，矫矫虎臣，在泮献□。其六章曰：烝烝皇皇，不吴不扬，不告于讻，在泮献功。然则文事克修，武烈益光，孰谓此举非助我折冲之要务也哉？而又焉可以萑苇未靖，治武备不遑为辞乎？此一役也，提调率作，则藩司梁黄三、陈壹云、李和廷，臬司朱澹修、闵符娄、贺见吾也。索材鸠工，则西安李融峰、王景仲、孟能儒也。料资图物，经画指掌，事不费而民不扰，则司李王禹烈也。督催夫匠，日省月试，则咸宁宋胎簪、长安贾西铭也。若谓余，敬事右文，不敢以身为诸君后，则余岂敢。是为记。

龙飞崇祯九年岁次丙子仲秋之吉

赐同进士出身巡按陕西监察御史钱守廉撰

督工：西安府学训导□牧民，理刑厅吏役张擢、唐泰熙并书篆，张大利、田有年、巨国臣、王允升

长安卜桢、卜栋、卜得魁镌

碑考：此碑刻于明代崇祯九年（1636年）。此碑原立于西安文庙，1953年由原陕西省博物馆掩埋于西安碑林院内，现存拓本。碑文共22行，每行68字。《咸宁长安两县续志》有著录。

清代文庙碑刻

重修文庙碑记

若稽古大义衍言：未有易前，易在天地，既有易后，天地在易。余三复斯言，恍然曰：未有天子，夫子在天地，既有夫子，则天地在夫子。人知画后有易，不知画前原有易也。人知周后有夫子，而不知周前原有夫子也。说者曰：尧舜立君，不极孔子立师之祖，德比乾坤，光其日月，崇高足以长世，宽容足以包广，幽明足以测神，文藻足以辩物。所以历代春秋，俎豆在用，牺象在列，四海九州，咸奉如一，庙貌巍焕，炫丽日新。矧我关中，自秦汉隋唐以来，邦国肃焉，无思不服。后之君子，范其绥来动和，足以创百代之业；式其仕止久速，可以立一身之仪。人日在典常伦教中，如戴天而不知高，履地而不知厚也。今时值清帝龙飞，斯文不振，一时皋夔稷契，乘运而起，腾骧虎变。如大总制孟公乔芳，大司农王公朱用，大中丞黄公尔性，三公祖秉钺督镇，忠君爱民，劳瘁悉备，狐举潜消，士民安堵者。顺治乙丑，总制孟公祖□出督师，二公长至日拜庙，阅殿楹、两庑、泮水、宫墙，渐为倾圮，怆焉兴怀，各捐俸五十金，命西安府学广文杨先春董葺。损者易栋，缺者增补，风雨妒蚀者妆颜。绀宇琉甍，靖白云而亘起，丹栅碧树，映泮水以澄鲜。此皆三公祖念根本而重源流，敦师崇儒之念所不容已者也。三越月而事竣，广文杨子问言□记其事，聊赘一颂。颂曰：祖述尧舜，宪章文武，上律天时，下袭水土，三皇之宗，斯文之主，代崇岁新，俎豆千古。

钦差巡按福建等处监察御史长安霍达□□拜撰

长安后学费甲铸书丹

西安后学王乃牧篆额

顺治七年岁次庚寅仲夏吉

卜材镌字

碑考：《重修文庙碑记》刻于清顺治七年（1650年）。碑原刻立于西安文庙，1953年由原陕西省博物馆掩埋于碑林院内，现存拓本。此碑碑文17行，每行46字。

《咸宁长安两县续志》中有著录。

重修庙学碑记

粤稽历代哲王，肇造区夏，必先钦崇宣圣，广厉黉序，以为敷治本。盖以文运昌明，国治休隆，相蒸而蔚所固然已。秦省庙学，居城东南隅，建自唐宋，历年久远，前辈贤达修葺，各有记存。余来视学兹土，只□先师，环瞻殿宇，倾圮荆榛，非所以尊圣道而敷名教也。洪惟皇清定鼎，□三灵而肇兴，布四海以文治，岂可令庙学颓弊，有玷盛化？感慨久之，实有志而力谓逮焉。大中丞雷公出镇雍土，报匡定之材，翊斯文之统。丙戌仲春，行释奠礼，目睹咨嗟，慨志修饬。乃不费公藏，不扰民力，捐俸五拾金为诸僚倡，属吏暨乡土景高风者，咸乐助之，汇数百金。遂以其事则诸余，余曷敢辞？殚厥心力，并鸠工教官上官弘道等，生员邵震元等，作之平之，既涂既塈；笾豆簠簋，修其残缺；管龠笙镛，考其遗亡；庙貌改观，芹藻壮丽，而西安之学遂焕然聿新矣。昔僖公修学于鲁，诗诵其功，文翁修学于蜀，史赞其烈。雷公较二公之功何多让焉？呜呼，孔子为帝王师，兴学系风化源，矧西安乃历代畿辅胜地，郡学即国学遗址在焉。文武周公之化，素所渐被，先儒横渠张子，近如少墟冯公，阐明绝学，垂世立教，人□□蒸蔚起。说者谓世变风移，士□不古，岂其秉性有殊，良由训迪未至耳。果能敦诗书，明礼乐，蹈忠孝，守廉让，出而登朝，伟树鸿勋，为国之光者，咸雷公之有造于□西，大禅于文运也乎。落成，余故为文以记之，其辞曰：文明攸渐，肇自义轩。姚姒嗣兴，心学不宣。逮子暨姬，孰得心传。惟我夫子，斯道之渊，六经诞敷，两议攸奠。河山亘地，日月守天，洙泗汪洋，百代弗湮。皇清飞龙，薄海宴然。惟兹奎壁，炳炳灿灿，节钺硕辅，来句来宣，邦家之桢，道德之干。式濯圣域，陆离彩焕，菁莪朴樕，于斯万年。□诸贞珉。嘉绩克阐，后祀子衿，悠悠永念。

顺治三年（1646）岁次丙戌黄钟月吉旦

钦差陕西提督学政按察司金事杨瑊撰

钦差总督陕西三边军务兼理粮饷兵部右侍郎兼都察院右副都御史孟乔芳

钦差巡抚陕西都察院右副都御史雷兴

巡按监察御史赵□

布政使司左布政使聂明楷，右布政使刘弘过

参议白士麟、张国□

按察司按察使刘□，金事冯士标、陈□春

西安府知府崔允升、白龙升，同知王缵圣、贾含真，通判刘文淇，推官秦镜，
教官上官弘道、全国桢、赵墨儒，廪生邵震元、王琳

咸宁知县白秉真，教官任□业、李□星，廪生杨克敏、华开先

长安知县王允中，教官李宁、宋诗□、郭眉，廪生张素贤、晋尔□

西安府学生邵震元篆

咸宁县学生华开先书

卜才镌

碑考：此碑刻于清顺治三年（1646年）。原碑立于西安文庙，1953年由原陕西省博物馆掩埋于西安碑林院内，现存拓本。碑文共22行，每行63字。《咸宁长安两县续志》有著录。

重修西安府文庙记

粤稽古雍州，神圣诞育，文教丕兴，自□□而下几万年。我清统一寰瀛，嘉惠道绪，将自今而后几万年。惟兹西安，古京兆，为□郡三陆一州之会。□□□先师孔子文庙，历代尊崇，礼器乐悬，秩秩皇皇，春秋之祀惟虔。汉复自中州来抚此郡，□入宫墙，瞻拜祠下，□□□□灵降□□，为殿，为庑，为亭，为堂。石经□萃，遗文炳蔚。予谘于学士大夫，何以维新？金曰：癸甲之交，城既破甑，庙□□草。伪逆□之，先师九天之鉴弗歆，其牢礼嗣？人民狼狈，衿佩流离。虽幸鼎初底定，财用匮诎，抚兹者不忍以土木役众。迨三韩张大中丞，乃倡捐输而为之。予昔在豫，□□用事于文庙矣。其会城灾于□泥淤数仞，官民之宇，不可踪迹，矧□庙祀。今见西安庙学，而深为雍州幸也。犹记与张公、元公奉诏入都门，谈及缮修

文庙事，公之锐意经营业，其于雍□首善，□□卓识，在纪纲法度之上矣。学士大夫至于今不能忘。甚矣，雍州之□于向化□，得朝廷恬冒之厚泽也。工成于顺治庚子秋，未有记。雍人士念于予，求载事以纪其功，并告将来，乃仰记为之。安□□□西周之丰□在焉，周兼四代，□□□□之事备，严师重道，故有天下者之大典。周公以□圣亲臣，羽翼道统，制□经纬，诗书所载，□□□哉。是故尼山文□□敢及文考□□□□□周公□□□初之孔，于子，乃春秋之周公，盖前代以周孔并祀于文庙。其祀孔子独也，犹同□也；其有文庙独也，犹□□□□同也。雍州郡□，视□安为斗枢。庙新则学兴，学兴则道明，道明则心正，心正则才成，才成则俗美。上有裨于国家，下有益于风俗，元公之举与于殆同心焉。中州为周公营洛之区，卫、宋、陈、蔡，孔子之车之所经也。故雍州师周公，庙孔子，不必孔子之入秦也。□其时□孔子游者，七十人中有数人焉。孔子之香坛、周公之辟雍，即谓俱在关中可也。汉唐大儒，不胜史仆。中州有二程，眉县有子厚，周孔之道，雍豫同□，独□有明理学，关中为盛。予于书院，因怀关学之授受，仰□西河□夏之址，实□郃阳，□紫阳，客云台，□安定，治延安，皆孔子之徒而行周公之道者也。或谓秦士□水深，有幽岐同先□之遗风也。公孙鞅用以富强，文教几□，几有虎狼之訾。然□戎驷骄，蒹葭□露，不相矛盾，其使士贱之秦□□□士贵之□由元公之意，以昭兴代之化，文庙□□有造于雍者，且数万年矣。公之属员同事者例得备书。

大清康熙四年岁次巳乙夏吉

钦差巡抚陕西等处地方兵部尚书兼都察院右副都御史加二级曲沃贾汉复撰

碑考：《重修西安府文庙记》刻于清康熙四年（1665年）。此碑原立于西安文庙，1953年由原陕西省博物馆掩埋于碑林院内，现存拓本。碑文共20行，每行60字。《咸宁长安两县续志》有著录。

重修文庙记碑

上御极之九年庚戌，特命大中丞鄂公来抚关中，以关中境接边壤，地实丰镐，撰文奮武，非猜的兼备如公者，弗能责績以邺而顺也。公卜牢揭至圣届，趋进伏摔，行礼毕，环顾而叹：栋攉檐剥若斯乎，梲损甍圮若斯乎，丹壁琉璃毁败黯澹若斯乎，何以安圣之灵，肃士民之望也？于是偕前制府晋大司寇莫公，鞠筹轮奂，因咨藩伯今抚军阿公，枭使今藩伯吴公，以暨天参金公，闻使张公，及职学使郎，属其郡县僚吏而告之曰：余与诸君子承天子命，来□兹土，虽所司不一，而文教之倡均有责焉。至圣文教之宗，为人才□出，首宜聿新庙貌，使观瞻严肃，则多士之气不振而自奋矣。今天子以聪明神圣之资，敦缉熙光明之学，拔万几，行临雍礼，为之隆祀典，新庙宇，以先天下，且欲天下之祀典无不隆，九州之庙貌无不肃，重道崇儒，迈古越今，匪区区过鲁一祀所能仿佛其峻极。臣子承宪出守，可慢不敬事，□敷扬天子之风化哉？闻者咸拜手恭命，而制府罗公亦□。于是倡表群僚，鸠工庀材。自大成殿、两庑东西序、厨库以及棂星门、木石坊、泮池，皆易檐改栋，变梲申籍。资费既浩，公一以己力独任。凡朱壁漆龛琉璃黝甓，无不焕然一新。工其于辛亥之春，迨岁暮而落成焉。大役既寝，新枭巴公来复补缀其宜备。既不淫用乎民力，又非徒市乎虚名，公之倡德文教，可谓公而独矣。昔者鲁公子鱼好洁，其宫庙取俎俎徕新甫之材以治之。夫子录其诗曰：新庙弈弈，奚斯所作，孔曼且硕，万民是若。公今率作于斯，功成而己不有，业集而人思善，较乎视之弗为，为之弗力，引誉以传名，因动以计利者，其相距为何如耶？秦省，隋唐旧京也，其先文庙所在，远不可稽。自皇清定鼎而后，屡经重修，为记不一其人，而王公给谏为记于庚申者，犹近而可考。然彼此视而为、为而力者，亦不能有过于公焉。公好善如渴，操持严正，纪纲表率，一事不苟。凡敬孔夫子之道者，得天下□兴问学宜，其尽心竭力之诚，不饬润色之备，集庶尹之功以为事，而不敢有自私自伐之心也。公修文庙毕，又立舍学五所，自减薪资以为塾师馆榖，有司良者欣承教之。民间骎骎知学，□达之风既息，□狯之俗亦化，熙熙然礼陶乐淑，陕以西，已复召公之旧，丰镐不独为成周之美矣。天子因最嘉其绩，而有少司马总督全陕之命。其奠安疆域，巩固金汤，以撰文教者，奋武卫，知不类，宵盱而乃顾也。由是进端，撰专调变，必以夫子之言为言，夫子之行为行，夫子之心为心。而今日所修夫子之庙，亦可垂千百祀而不朽云。公讳善，莫公讳洛，罗公讳多，阿公讳席熙，吴公讳努春，巴公讳锡，俱帝里人。金公国器，三韩人。张公梦椒，代州人。郡县输修职名，以次列于碑左。时康熙十一年岁在壬子季秋之吉。

陕西提督学政按察司佥事石门钟朗撰文并立石

郡邑弟子员晋文煜、张奋鹏集唐石经并篆额

（以下略西安知府邵嘉胤等33名府、州、县官员姓名）

监修官：布政司理问前署西安府清军同知事茹珍，西安府儒学教授李敬修

镌字匠卜升

碑考：此碑刻于清康熙十一年（1672年）。原碑立于西安文庙，1953年由原陕西省博物馆掩埋于碑林院内，现存拓本。碑文共30行，每行80字。《咸宁长安两县续志》有著录。

重修西安府学宫碑记

学校之设，为国家元气所盘。自古驭天下者，敦崇圣道，攸叙彝论，储贤养才，以为世用。上自二千石，下及令长，皆有学，诚重之也。西安首关中郡，大宋时即建有学，元、明代修之，制未光也。本朝康熙十一年，总制鄂公善捐资劝修学，使者钟公朗为记，规模倍□昔。今又逾年岁，周遭倾圮。乾隆三年，中丞崔公纪抚秦，以绅士十六人董翰鹏等捐修之请闻于朝报，可之，令董其役。而中丞崔公遂移节，余适逢令甸宣是邦。夫秦，故伏羲、神农、黄帝、尧、舜、禹、汤、文、武、周公之所治，开辟以来，神圣继作，十常九人秦产也。厥后以祖龙烈焰，功鏖六国，而儒风灰烬。汉高跨马上收三秦，而诗书阙遗。然自惠文酝酿，以逮唐宋，千余年间，其鸿儒伟彦，纬武经文，若孟坚、伏波、汾阳、横渠、权载之之徒，犹蝉联不愧前哲，炳炳娘娘，照耀史册，此岂徒谓水流清，二华耸秀，山川间气所成哉，其亦储之者厚而养之者豫矣。夫我皇上，承重熙累洽之后，天亶首出，锐意兴文。雕题凿齿之乡，咸知奉圣人为依归，顾关中以首郡学，而令制乃其朔，颓圮相寻，无以壮陕左右之观瞻，亦曷以副圣天子储贤育才之至意。爰是踵前贤武，捐资率属，得金一千八百余，合咸、长、临潼三邑绅士所捐，共计八千金。遂于戊午下

鸠工庀材，择日始事，撤旧更新，腐者以易，倾者以立，隘者阔，卑者崇，缺者补，丹垩黝漆，彩缋如昔，垣墉壁茨，增修悉备，而告成于己未之冬。盖是举也，财不敛民，工不扰下，规制宏丽，功成迅驶，亦前所无而有今有之者。夫昔者鲁僖复土字而新泮宫，奚斯董役，史克作颂，千载下艳称之。睹兹伟举落成，其与僖有光欤？虽然育才在学，兴学在教，生才在山川，而成才则存乎其人。自制科之途辟，假文义以梯荣贵，或逞其师说，炫他术以叛我大同之道，人心风俗阶之厉矣。痿痹不仁，元气内耗，岂建学者意哉？继自今入斯门，忾然而动遐思，慨然为己任，念孔氏家法，淑身心者惟天德王道，养穷节者惟廉静，励达施者惟忠荩。群说乱经，功利背道之谋，屏绝退听，未尝为纯粹之瑕颣。幸而发闻当时，则为德为民，扬名显亲，金石出声，生色汗青而后已。即不得志，则展庭闱之乐，抱江湖之忧，以其学私淑诸乡人，亦不失善人君子之归。斯学成而教兴，教兴而才美，家国赖之，所谓元气固也。夫秦风小戎，女子奋以王之兵，忠义激于性生，况礼陶乐淑之久也。则自一郡而声全秦，士气完粹，足为世用，其将与孟坚以下诸贤后先争烈欤？盖元气固，国脉之永，文治之隆，其征之也。是为记。是乾隆九年岁次甲子新正中浣榖旦。

钦命护理陕西巡抚印务特授陕西等处承宣布政使司布政使加二级纪录一次奉新帅念祖撰

长安县拔贡生李品镐书

频阳□忠义、杜之孝镌字

碑考：此碑刻于清乾隆九年（1744年）。原碑立于西安文庙，后来于1953年由原陕西省博物馆掩埋于西安碑林院内，现仅存拓本。碑文23行，每行62字。《咸宁长安两县续志》有著录。

中丞崔公方伯帅公倡捐重修文庙颂并序

今上御极之三年，中丞崔公，方伯帅公，相继莅西安。以学宫额圮，无以称朝廷重道作人至意，于是提倡修议。一时当道各宪咸襄盛举，而宗耀等乐从其后。崔公闻于朝报，可，叨委宗耀等董其役，鸠工庀材，揆日始事。自戊午五月迄己未十二月，凡年余工成。维西安关中首郡，炎宋时建立学宫，历元、明代加修葺。本朝康熙十一年，总制鄂公捐资劝修。兹则址仍其旧，材取其良，而人乐趋事，规模布置，恢廓于前。自殿庭及庑、及门、及屏，递相标揭，木巧之饰，层峦浮柱，翎翔槺攀，□平阁扇，文砖雕膜，启庠并焕，戟门两张，翼翼延延，灿如星日。睹者莫不肃然于杰峙，伟峨而翘首，斯文之蔚起矣。且夫学校之设，国家元气所聚也，守土者所谓宣上德意，修叙彝伦，为国家维固根本，首先乎此。春秋传曰：郑人游于学，而可以议执政之善否，良有以也。我朝崇儒重道，自二千石以及令长皆有学，典至钜矣。而奉命旬宣者，咸礼圣天子储贤育才之意，加意振作，偶见倾落，即矢志兴修。绅士以白于邑长，邑长即以告于台使者，台使者即以达于朝廷。自台使者以下，悉捐俸钱，踊跃趋事，为绅士倡，遂咨嗟立成之。上不耗国，下不朘民，是执政之有为而议善之不可已也，况乎修复者学力之籍也。我秦士风质朴，材多可造。值我皇上锐兴文教之秋，更遭上宪作养人才之典，继自今入斯门，有不砥廉砺隅，敦崇实学，以副兹盛心也哉？崔公名纪，永济人，戊戌科进士。帅公名念祖，奉新人，癸卯进士。中丞工未竣移节而去，而方伯公实始终其事。兹又立石，以志颠末，宗耀等亦乐述而为之颂。颂曰：尔惟三代，首建学宫，九房八闾，通于国中。三辅巍巍，庙貌穹隆，大昕入奏，圣教是崇。汉唐而暨，惟尼山宗，发蒙振□，如日之瞳。报诸课赜，飨之钟镛。日月既积，风雨攸降，樽枅瓦确，散失难封。谁其兴之？大吏之功，又谁成之？群僚以共。鸿材博植，以匠以工，既勤拔擢，乃资垣墉，栌丹桷赤，山雕木砻，翠钱结牖，黄金为缸。睹兹巍焕，群材以风，佑文重士，盛典欣逢。幸厕奔走，勉效寅恭。奏功迅驶，鼕鼓无庸，民安其业，费不烦公。终南郁郁，八水融融，伟烈并峙，同流罔终于。布之后来，以昭明临。

乾隆九年岁次甲子春正月穀旦

督工绅士尚芝庭、元宗耀、杨天爵、李生苳、晋运泰、安永贞、元宗荣、马呈图、何秉瑁、孙宗教、王文铨、王章、郭荣宾、董翰鹏、王元善、苏焜同拜手泐石

频阳□忠义、杜之孝镌字

碑考：此碑刻于清乾隆九年（1744年）。原碑立于西安文庙。1953年该碑由原

陕西省博物馆掩埋于西安碑林院内，现仅存拓本。碑文共24行，每行60字。《咸宁长安两县续志》有著录。

重修西安府学碑林记

古之所谓三不朽者，亦或假于物以传。三代以金、彝、鼎、尊、卣、盉、甗、敦、匜之有铭是也。三代而还以石，夫碑用丽牲，亦以识日景，而刘熙谓葬时所设，臣子追述君父之功美，书其上而建于道陌。由斯以谈其制，殆昉自两汉，而后世仍之。关中固历代京邑，石刻号为繁富。余往岁入秦，所至之地，故宫墟墓，浮图寺观之属，其遗刻仅有存者，必摩挲审视，将以考见古人之立事立功，若或遇之。然按籍以求，无论郦元所载，如龙门石室诸碑，渺不可见，即欧、赵、洪、薛以及陈思之宝刻丛编所论列者，以什不二三。间以请巡抚毕公曰：顷游富平，见李临淮神道碑虽置学宫，而镵凿就尽，有峄山野火之厄。今碑林之在西安府学者，栋宇倾圮，古刻率委诸榛莽，将不为李碑之续乎？公瞿然顾虑，遂命葺治。其事实自余发之。尔来三十年矣，会上元叶君来丞是郡，兼掌书院之教令，博学嗜古，为政有声迹。暇日观乎碑林，以为昔之葺者将废，不可不复加缮完。乃谋诸郡守阳湖盛君，相与出俸钱以倡，而士大夫之有文好事者踵成之，焕然复还旧观，属余之为记。夫碑以林名，盖上下数千年诸刻在焉，而开成石经最重。且碑之萃于郡学，由宋吕大忠移石经始也。唐时在务本坊，朱梁时刘鄩用尹玉羽请，迁唐尚书省之西隅，宋元祐中始迁今学。则自未迁以前，虽以先圣训典，犹褺置之，其他之不碑为礌石，及以供杠梁柱础之用者几希。夫惟有吕公之移，而后诸石刻亦得林立黉序，俾无坠失，厥功茂焉。由开成而上，若汉之熹平，魏之正始，皆尝正定五经文字，立于太学，载祀悠远，划削消磨，固然其无足怪。乃若由开成而下，孟蜀亦刻六经于石，毁弃之余，得者视如残圭裂璧。而宋之开封立石，扫地无存。又若光尧御书立于仁和县学者，亦非足本。独兹刻岿然尚在，微吕公之力不及此，而继之者毕公，今兹复克绍厥美，殆于人存则政举乎？后之服官兹土者，苟有同志，虽至于无穷可也。间尝论之，夏之有关石和钧，周之有河图大训，皆所以昭法守，若群经之托于贞石者，大书深刻，悬诸日月，其为宝贵，何多让焉。矧近世如京兆之石林，吴兴之墨妙，区区游观翰墨之好，犹有咏歌记述之者。兹郡学之所裒集，固汉史所谓正文字惟学林者，足以佐盛世稽古右文之治。斯事体大，曷为乎寂寥而无称？余所以不能已于言也。载考石经，独遗孟子，盖唐时七篇未登于经，故陆氏经典释文亦缺，盂蜀犹唐制也。国朝康熙中，巡抚贾公效宋席益知成都，取石经字摹勒凡十七石。然如顾氏炎武，助氏彝尊，杭氏世骏，于石经本末最为详洽，亦皆未之及。余故表而出之，以彰盛美。若夫枚数诸碑之甲乙次第，察若列眉，则叶君所刊之碑目具在，故不备书。

嘉庆十年（1805年）岁次乙丑八月日陕西邠州直隶州知州庄炘撰

赐进士出身前掌江西道监察御史军机处行走署陕西都粮道道街西安府知府盛惇崇书丹

咸宁县知县庄逵吉篆额

江南黄润章镌

碑考：此碑刻于清嘉庆十年（1805年）。碑高280厘米，宽86厘米。碑文共18行，每行64字。碑文在《咸宁长安两县续志》有著录。此碑现藏于西安碑林博物馆。

复修碑林记

关中碑林之建，自宋龙图阁学士吕大忠移置石经始。石经由汉迄唐凡六刻，其开成以前石，均为荡为寒烟，渺无见者。而碑林独如鲁灵光，巍然具存，书贾日毡椎诸帖，以饷遗天下士，非有神力□呵守护之不及此。我朝天帝炳焕，叠臣恭奉列圣宸翰，摹刻尊藏于敬一亭之北。盖自康熙七年，巡抚贾汉复补刻孟子七篇。后至康熙庚子，县令徐朱□葺之。乾隆壬辰，巡抚毕沅再修之，嘉庆乙丑，知府盛惇崇续修之。逮今已三十余年矣，臣富呢扬阿来抚是邦，仰瞻御墨，并旁览汉唐以下各家书，恪然思所以垂示万世者。惟庭楹廊庑，日就催落，爰商司、道诸君，亟捐赀新之，三阅月工毕。窃惟关中为金石薮，而图经载，宋姜遵知永兴军，取汉碑代砖甓以建浮图，是碑林未建时，碑版已多散佚，况其爬搜抉剔于元明兵燹之后者，其珍惜重兴废范也，昔昌黎且作石鼓歌，患其埋没湮废，至欲移之太学。论者谓：公三为国子博士，一为祭酒，卒不得取岐阳旧刻，安置妥帖于深檐大厦之间，以实其言，其于中朝大官又何责焉？不知公当德宗朝，政出多门，方摈斥佛老异端不暇，何暇讲求石墨。今海内承平九，好古之士益众，居是邦者，与二三同志从容访古于公退之余，又兴值年丰民乐，政平讼理，得乘农隙以修举废坠，一复开成旧规，固非躬逢重熙累洽之日不能也。视昌黎之西望吟哦，蹉跎自慨者，相越岂不远哉。惟时布政使为黔阳陶廷杰，按察使为宝应朱士达，督粮道为安化罗绕典，署潼商道为那丹珠，署凤邠道为贵麟，例得备书。

道光二十二年（1842年）岁次壬寅二月吉日建

碑考：此碑刻于清道光二十二年（1842年）。碑高244厘米，宽85厘米。碑文共15行，每行50字。《咸宁长安两县续志》中有著录。此碑现藏于西安碑林博物馆。

民国文庙碑刻

重修孔庙记

长安文庙，肇于盛唐，宋元明清，代有修葺。自乾坤九年后，迄今甲子三旬，曾否重修，则无记载可考。历年既久，破损遂多。民国纪元，迭经奉祀官呈准修理在案，惟以时艰款绌，迄未动工。七年春，希仁代理教育厅长，重申前请，蒙省长嘉允，令会同财政厅办理。七月动工，十一月竣事。谨遵祀孔，典礼颜，曰：孔庙既于八年一月朔落成致祭，兹再记述工程始末，俾后来又所考鉴焉。大殿后檐正中西偏大柱，建置之初，不知如何较他柱抵尺四五寸，以致屋上低凹聚水。又后檐因隔在碑林，修理时多部措意，破坏特甚。比拆动后，则长二丈径尺四五寸之槽檩朽者三，并随方径尺许者亦朽大半，计共易大檩三根，大方二根，椽二三百根，栈板更十之七八，琉璃瓦亦在二千以上。东西庑原估除东庑倒塌数间照旧式新补外，其余筹正挖补者半，揭瓦者半。后以房大且多筹正不易，兼之檩柱横梁亦有必须更易者，遂加赠工料，一体拆毁改建。墙壁硝杀者，从新修砌。暖阁座位，旧用土砌，既碍观瞻，且不坚固，今统易以砖。神主旧用墨书，有两次改作、一主上现二名者，乃改用镌刻朱髹，字涂以金，用昭敬重。从祀先贤先儒，旧列木主，未具事实，无以起人观感，兹因修理之余，编为小传，端书屏幅，装轴分悬，虽限于篇幅，不详不尽，然随人观览，不无裨益也。旧制有照壁，有围墙，张翔初兼长民政时，拟改门首，规模拆去，致泮池石栏不能保存，数年塌坏过半。此次重修照壁，本刘省长之意，力求堂皇冠冕，围墙亦别玲珑，籍起人瞻仰之心。又新修东西门房三间，计用款约在二千元以上。此外乡贤、名宦二祠，二门，碑亭，官厅，月台，甬道，亦一律修补整齐。惟宫庙前后，因款乏尚未髹漆。崇圣祠及西面宰牲所，亦未及修理，是为憾耳。材料一项，公用大小木料约五百根，椽约一千根，栈板约三百丈，砖瓦各约十万，铁三千余斤，石灰十万余斤。琉璃瓦、猫头筒瓦、滴水之属，无以购制，从陆军监狱、师范附属小学等处拆换若干，张翔初家捐助七百余件，张聚亭家捐助百余件。自去冬以来，道路梗塞，建筑材料短少且昂贵，石灰需用最多，无以购买，其九万斤挪自教堂，省款约在千元上下。至木料，则农业学校捐助大小二百四十八根，皆辛亥反正后从各处拆积，拟修学校未动用者，所值亦不下二千元，此则万难之中凑巧者矣。初经费预算四千五百元，由财政厅拨付。嗣以宫庙建筑规模宏大，一切材料，均极伟壮，即有损坏，难遽塌倒，勘工之初，仅能就表面估计，及动工兴修拆启以后，始知与原估计相差甚钜。既已改作，又未可敷衍涂饰，为苟且一时之计，且军需紧急，公款亦不能即付，不得已募捐接济。幸蒙督军、省长热心提倡，又得各界同情赞助，始克蒇事。计共用款约九千元，财政厅付三千元，又拨陕北赈捐尾数约六百元，余以捐款弥补，谨刻碑阴以彰义举。是役也，监修者胡焕章、翁焕章、贺昌麟，编小传者毛昌杰、李博、贺景贤、雷溥、梁海峰、杨鹤年、张鹏一，书匾额、木主小传者刘晖、张绍元、贺伯金+箴、黄福藻、洪道昭、康寿、沈伯龙、郝成德、李德声，泥木工头雷万魁、张文涛。记事碑张聚亭所捐，书石者贺伯箴，刻石者王尚玺，例得叙及，与捐款题名并垂永久也。临潼郭希仁记。

中华民国（1920年）九年十月穀旦

碑考：《重修孔庙记》碑刻于民国九年（1920年）。此碑原立于西安文庙，

1953年由原陕西省博物馆搬迁于碑林院内，现存帽水。碑文共19行，每行60字。碑阴为重修孔庙捐款题名。

重修西安碑林记

文字之流传，竹帛卷册外，有镌金刻石之作。然金少石多，钟鼎镂刻，工费事繁。秦汉以来，刻石大兴碑版遍天下，文字记载，无问官私。考古者莫不以石经为校经证史重要物矣，故大书深刻，照耀通衢。而历劫兵火，石刻每与之具毁，是以访碑记录，名目浩繁，传世长久者，千百之中不过二三而已，是可惜也。西安一隅，汉唐都会之所在，汉碑见于《水经注》诸书者，今多不存。唐时碑刻尤多，今惟开成石经屹然存在，余则各方搜集之下，得以观仰当时制作，盖自吕汲公大防保存于前，元明清三朝地方大吏防护于后，西安碑林之名，始闻于天下。民国以来，碑林屋宇日就倾圮，只以兵事不息，修葺不暇。民国二十四年春，中央古物保管委员会于西安设立办事处。本年九月，古物保管会开第三次委员大会，委员黄文弼、腾固、徐炳昶三君提议，与陕西省政府合组修理碑林，请中央政府补助经费。当时决议，由黄文弼拟具工程计划。适国民政府行政院蒋院长中正莅西安视察碑林，亦赞成修理事，于是在西安设立整理西安碑林工程监修委员会。二十五年九月，内政部聘请陕西省政府主席邵力子、西京筹备委员会委员长张继、中央古物保管委员会黄文弼，为碑林监修委员会委员，又以黄君兼秘书，专任监修事。外由监修委员会聘绅耆宋联奎、寇遐、赵玉玺，张知道暨不佞，为本会顾问。其工程指导，又聘李俨、张羽甫、刘祝君、沈诚诸君为工程顾问。二十六年六月，又由内政部加聘现任陕西省政府主席孙蔚如、民政厅长彭昭贤、教育厅长张伯敏、财政厅长续式甫、建设厅长雷宝华为监委会委员。各碑中以开成石经一百一十四石最为巨制，而自明代地震石裂，此次移碑接补。又请耀县张木生君详审校正，计其中错行者三十一石，残缺者四十八石，均分别改正。碑以原样排立，分段加钢筋混凝土梁柱，以期巩固。工兴启土，又得石经残石二方，计《论语·子禽问于子贡》二十七字，《左传·吾闻胜也好复言》亦得二十七字，嵌补碑中。又发现石台孝经石座三层，雕刻

西安文庙研究

花纹，计高合营造尺三尺一寸二分，又得唐碑赑屃九座，皆雕刻精美，埋没于数百年间，今始轩豁呈露。又发现唐不空和尚译经碑、唐慧日寺真言碑、佛经残碑，其他碑侧雕刻、各碑残石，尚有数种。此外碑石一千余石，迁移补修，分类排列，繁难殊甚，说详黄君工程报告。其覆碑各室，此次重新建筑为第一、二、三、四、五、六、七各陈列室，排列各碑。又划入旧咸宁县学地基一段，建第八室楼房一座，分储今监察院于右任院长收藏石经一方，魏唐墓志石三百八十七方。此外储藏室、休息室、大门楼、卷棚、游廊、引路，均依次修筑。碑林后围墙倾圮已久，无界可考，居民赵姓让地基宽五分尺，长三十六公尺七寸，盛姓让宽五公尺，长六公尺七寸，得以修筑围墙，划清界址。各工程均有北平鸿兴公司承造，经始于二十六年四月，毕工于二十七年二月。凡用国币约七万圆，内中央政府发五万圆外，余由陕西省政府补发。惟自去年七月北平战事发生，上海失陷，国府迁移，本会工程，后援维持，千余年名迹巨观，轮焕一新。黄君毅力任事，筹划工程，昕夕督促，其劳尤不可没也。工程将竣，监修诸君请撰文叙述其事，谨备始末，以告来者。与修工程诸君，例得列名，今以次备书于后。

富平张鹏一撰文

碑考：此文为张鹏一为1937—1938年整修西安碑林所撰写的记事碑文，但是不知何故并未刻石。此文稿保存在西安碑林档案之中，是研究西安碑林的珍贵资料。该碑文未见著录。

主要参考文献

一、史料

［1］王云五. 丛书集成初编. 北京：商务印书馆，1937.

［2］［北宋］王溥. 唐会要. 北京：中华书局，1955.

［3］张机高编. 佛坪县志. 台北：成文出版社，1968.

［4］［清］张廷玉. 明史. 北京：中华书局，1974.

［5］［北宋］欧阳修等. 新唐书. 北京：中华书局，1975.

［6］［元］脱脱. 金史. 北京：中华书局，1975.

［7］［明］宋濂等. 元史. 北京：中华书局. 1976.

［8］［五代］刘昫等. 旧唐书. 北京：中华书局，1976.

［9］赵尔巽. 清史稿. 北京：中华书局，1977.

［10］［元］脱脱. 宋史. 北京：中华书局，1985.

［11］［元］马端临. 文献通考. 台北：台湾新兴书局，1995.

［12］［东汉］班固. 汉书. 北京：中华书局，2000.

［13］［南朝宋］范晔. 后汉书. 北京：中华书局，2000.

［14］［西汉］司马迁. 史记. 北京：中华书局，2000.

[15]【北齐】魏收. 魏书. 北京：中华书局，2000.

[16]【清】毕沅. 续资治通鉴. 北京：中华书局，2009.

[17]【春秋】孔丘. 论语. 长春：吉林出版集团有限责任公司，2010.

[18]【战国】孟轲. 孟子. 长春：吉林出版集团有限责任公司，2010.

[19]【战国】荀况. 荀子. 北京：光明日报出版社，2014.

[20]【西汉】戴圣. 礼记. 郑州：中州古籍出版社，2016.

[21]【明】赵廷瑞等. 陕西通志. 明嘉靖本.

[22]【清】舒其绅等修，闫长明等纂. 西安府志. 乾隆本.

[23]【元】吴澄. 吴文正集. 文渊阁四库全书本.

[24]【清】高见南. 相宅经纂. 清道光二十四年刻本.

二、著作

[1] 王友三. 中国无神论资料选注与浅析（第一册）. 南京：南京大学出版社，1977.

[2] 武伯纶. 西安历史述略. 西安：陕西人民出版社，1979.

[3] 马勇. 曲阜孔庙建筑. 北京：中国建筑工业出版社，1987.

[4] 陈戍国点校. 四书五经. 长沙：岳麓书社，1990.

[5] 中国大百科全书编辑部. 中国大百科全书—教育. 北京：中国大百科全书出版社，1992.

[6] 赵立瀛. 陕西古建筑. 西安：陕西人民出版社，1992.

[7] 袁明仁. 三秦历史文化辞典. 西安：陕西教育出版社，1992.

[8] 赵力光. 西安碑林大事记. 兰州：西北大学出版社，1993.

[9] 高文. 中国孔庙. 成都：成都出版社，1994.

[10] 阎涛. 孔子与儒家. 北京：商务印书馆，1997.

[11] 路远. 西安碑林史. 西安：西安出版社，1998.

[12] 萧默. 中国建筑艺术史. 北京：北京文物出版社，1999.

[13] 孙大章. 中国古代建筑史. 北京：中国建筑工业出版社，2000.

［14］周绍良. 全唐文新编. 长春：吉林文史出版社，2000.

［15］朱正威. 中国传统文化精义. 西安：西安交通大学出版社，2000.

［16］潘谷西. 中国古代建筑史（第四卷）. 北京：中国建筑工业出版社，2001.

［17］楼庆西. 中国古建筑二十讲. 北京：生活·读书·新知三联书店，2001.

［18］申福煦. 中国古代建筑文化史. 上海：上海古籍出版社，2001.

［19］赵力光. 古都沧桑：陕西文物古迹旧影. 西安：三秦出版社，2002.

［20］徐振贵、孔祥林. 孔尚任新《阙里志》校注. 长春：吉林人民出版社，2004.

［21］刘临安. 中国古建筑文化之旅（陕西）. 北京：中国水利水电出版社，2004.

［22］陈传平. 世界孔庙. 北京：文物出版社，2004.

［23］陕西省文化遗产保护研究中心等. 西安碑林保护规划. 2004.

［24］范小平. 中国孔庙. 成都：四川文艺出版社，2004.

［25］西安市地方志编纂委员会编. 西安市志. 西安：西安出版社，2006.

［26］赵克生. 明朝嘉靖时期国家祭礼改制. 北京：社会科学文献出版社，2006.

［27］樊宏康. 西安建筑图说. 北京：中国机械工业出版社，2006.

［28］陈志华. 文教建筑. 北京：生活·读书·新知三联书店，2007.

［29］中华文明史话编委会. 孔庙史话. 北京：中国大百科全书出版社，2007.

［30］申万里. 元代教育研究. 武汉：武汉大学出版社，2007.

［31］单雨翔. 走进文化景观遗产的世界. 天津：天津大学出版社，2010.

［32］路远. 碑林语石 西安碑林藏石研究. 西安：陕西出版集团，三秦出版社，2010.

［33］孔祥林. 世界孔子庙研究. 北京：中央编译出版社，2011.

［34］彭蓉. 中国孔庙建筑与环境. 郑州：中州古籍出版社，2011.

［35］曲英杰. 孔庙史话. 北京：社会科学文献出版社，2011.

［36］王世仁. 大壮之行——王世仁说古建筑. 北京：北京美术摄影出版社，2011.

［37］陈启泰等. 历代文庙研究资料汇编. 北京：国家图书出版社，2012.

［38］耿素丽，陈其泰. 历代文庙研究资料汇编. 北京：国家图书出版社，2012.

［39］柳银珠. 国尚师位：历史中的儒家释奠礼. 北京：宗教文化出版社，2013.

［40］［韩］柳银珠. 国尚师位：历史中的儒家释奠礼. 北京：宗教文化出版社，2013.

［41］李文. 孔庙文化功能的当代价值. 南宁：广西人民出版社，2014.

［42］彭定求. 御定全唐诗简编（中册）. 海口：海口出版社，2014.

［43］董宁喜. 孔庙祭祀研究. 北京：中国社会科学出版社，2014.

［44］王大千. 中国人，你真的了解孔子吗？青岛：青岛出版社，2014.

［45］朱鸿林. 孔庙从祀与乡约. 北京：生活·读书·新知三联书店，2015.

［46］付远. 儒家思想与建筑文化100讲. 北京：中国建筑工业出版社，2015.

［47］成一农. 地方志庙学资料汇编. 北京：中国社会科学出版社，2016.

［48］成一农. 古今图书集成庙学资料汇编. 北京：中国社会科学出版社，2016.

三、期刊

［1］武伯纶. 西安碑林简史. 文物，1961（3）.

［2］王翰章. 碑林简史. 文博，1986（3）.

［3］路远. 1937～1938年整修碑林始末. 文博，1987（5）.

［4］路远. 明代西安碑林、文庙及府县三学整修述要. 文博，1996（1）.

［5］史红帅. 明清西安城内教育设施的发展变迁. 中国历史地理论丛，2000（4）.

［6］申万里. 元代文庙祭祀初探. 暨南史学，2004年下半年刊.

［7］白海峰、王如冰. 西安府文庙的择址及其对周围环境的塑造. 文博，2010（1）.

［8］刘东平. 浅议西安碑林发展保护规划. 碑林集刊，2011（17）.

［9］周洪宇，赵国权. 文庙学：一门值得深入探究的新兴"学问". 江汉论坛，2013（5）.

四、硕博论文

［1］柳斐. 中国文庙文化遗产价值及利用研究. 山东大学博士学位论文，2008.

［2］彭蓉. 中国孔庙研究初探. 北京林业大学博士学位论文，2008.

［3］刘二燕. 陕西明、清文庙建筑研究. 西安建筑科技大学硕士学位论文，2011.

［4］周春芳. 明清陕西教育建筑文化研究. 西安建筑科技大学博士学位论文，2016.

后 记

文庙是我国儒学思想文化传承和发展的重要载体，长期以来为历代政府所重视。当前，在我国大力倡导"道路自信、理论自信、制度自信、文化自信"的背景下，持续推进对我国儒家文化的认同和发展具有重要的理论价值和现实意义，而加强文庙的研究是深化儒学文化研究的重要切入点。

西安文庙发展的历史可以追溯到唐代初期建于国子监内的孔子庙堂，随着北宋时期将文庙迁入府学，形成我国历史上的"庙学合一"制度。当时，著名的《开成石经》和《石台孝经》就立于西安文庙之中。北宋时期，虞策将西安文庙及府学迁建于"府城之东南隅"，即今西安碑林博物馆现址，使西安文庙、府学、碑林同在一处，形成了西安文庙不同于其他各地文庙的标志性特点。

后来随着迁入文庙的碑刻不断增加，慢慢地形成了碑林且碑林的规模日益壮大，最终发展成为蔚为大观的西安碑林，被誉为"经史宝库""书法渊薮"。经过数百年的发展，西安碑林发展成为世界闻名的博物馆，西安碑林也于1962年9月被国务院确定为全国重点文物保护单位。而随着西安碑林博物馆的影响越来越大，它逐渐取代西安文庙而居于统治地位，造成人们只知碑林而不知义庙的奇怪现象，这对于文庙的发展是极为不利的，因此加强西安文庙的研究显得极为迫切。

但由于本人学识鄙陋，水平有限，加之对西安文庙、碑林资料的掌握还比较欠缺，在写作的过程中曾一度陷入困境。后经实地到西安碑林博物馆、陕西省博物馆、陕西师范大学图书馆等地搜集资料，并与相关人员进行访谈交流，取得了大量宝贵的一手资料，思路也渐渐由模糊到清晰，为本研究的顺利进行奠定了基础。

在本书成文的过程中，始终得到了周洪宇老师和赵国权老师的悉心指点，也得到了西安碑林博物馆工作人员的大力协助，并充分借鉴和吸收了前辈们对西安文庙的前期研究成果。周口师范学院图书馆张凤响老师为本书的资料收集和书稿校对做了大量的具体工作。同时，山东教育出版社的领导和责编同志也为本书的编写及修改给予了大力支持，付出了辛勤劳动，在此一并表示诚挚的感谢！

黄宝权

图书在版编目（CIP）数据

西安文庙研究 / 黄宝权著 . — 济南：山东教育出版社，2021.10
（中国文庙研究丛书 / 周洪宇总主编）
ISBN 978-7-5701-1633-1

I. ①西⋯ II. ①黄⋯ III. ①孔庙—研究—西安 IV. ① K928.75

中国版本图书馆 CIP 数据核字 (2021) 第 056510 号

SERIES OF STUDIES
ON
CHINESE
CONFUCIUS
TEMPLES

A
STUDY
ON
XI'AN
CONFUCIUS
TEMPLE

西安文庙研究

黄宝权 著

选题策划：蒋 伟 苏文静
责任编辑：杜启朕
责任校对：任军芳
装帧设计：姜海涛

主管单位：山东出版传媒股份有限公司
出 版 人：刘东杰
出版发行：山东教育出版社

地　　址：济南市市中区二环南路 2066 号 4 区 1 号
邮　　编：250003
电　　话：(0531) 82092660
网　　址：www.sjs.com.cn

印　　刷：山东临沂新华印刷物流集团有限责任公司
开　　本：720 毫米 ×1020 毫米　1/16
印　　张：20.5
字　　数：253 千
版　　次：2021 年 10 月第 1 版
印　　次：2021 年 10 月第 1 次印刷
印　　数：1-2000
定　　价：89.00 元

如印装质量有问题，请与印刷厂联系调换，电话：0539-2925659